知识产权法律保护学说概论

王润华◎著

知识产权出版社
全国百佳图书出版单位
—北京—

图书在版编目（CIP）数据

知识产权法律保护学说概论/王润华著. —北京：知识产权出版社，2022.1
ISBN 978 - 7 - 5130 - 7845 - 0

Ⅰ.①知… Ⅱ.①王… Ⅲ.①知识产权保护—研究—中国 Ⅳ.①D923.404

中国版本图书馆 CIP 数据核字（2021）第 233221 号

内容提要

本书在介绍法律发展哲学、经济与科技背景的基础上，着重阐述知识产权法法哲学思想、知识产权部门法的具体法理学说、法律实然问题的解决、知识产权关于人工智能技术的适用等，对国家实现高质量发展、加快技术创新具有重要意义。

责任编辑：王瑞璞	责任校对：谷　洋
封面设计：杨杨工作室·张冀	责任印制：刘译文

知识产权法律保护学说概论

王润华　著

出版发行：**知识产权出版社** 有限责任公司	网　　址：http：//www.ipph.cn
社　　址：北京市海淀区气象路 50 号院	邮　　编：100081
责编电话：010 - 82000860 转 8116	责编邮箱：wangruipu@ cnipr.com
发行电话：010 - 82000860 转 8101/8102	发行传真：010 - 82000893/82005070/82000270
印　　刷：三河市国英印务有限公司	经　　销：各大网上书店、新华书店及相关专业书店
开　　本：720mm×1000mm　1/16	印　　张：14
版　　次：2022 年 1 月第 1 版	印　　次：2022 年 1 月第 1 次印刷
字　　数：250 千字	定　　价：88.00 元

ISBN 978 - 7 - 5130 - 7845 - 0

作者简介

王润华 法学博士，北京科技大学副教授、硕士研究生导师，美国纽约州注册律师，主要研究方向为知识产权、创新政策、法与经济、创新行为，擅长法学实证研究与比较研究。

2011 年毕业于北京航天航空大学，获管理科学与工程（工业工程）与法学双学士学位。2016 年毕业于美国伊利诺伊州厄本那香槟分校法学院，获法学硕士（LL. M.）、法学博士（J. S. D.）学位，从事知识产权、税务与金融政策对中小企业创新行为影响的有关法经济学理论与实证研究。曾任美国伊利诺伊大学厄本那香槟分校法学院博士后助理研究员、美国乔治梅森大学法学院汤姆·爱迪生创新研究员、日本知识产权研究所（IIP）研究学者，其间承担多个国际研究项目，对中国、美国、日本专利及司法制度就专利价值、创新激励、政策效果等问题进行实证研究。

2018～2020 年，任美国伊利诺伊理工大学芝加哥肯特法学院知识产权研究员，教授知识产权导论、公司金融、法学学术写作等课程，同时，研究美国商业秘密法及著作权法、中国指导案例制度对激励创新动机的影响。

曾在 *Minnesota Law Review*、*Buffalo Law Review*、*UMKC Law Review*、*Technological Forecasting and Social Change*、*Journal of Small Business Management* 等法学与管理学领域国际重要期刊发表研究成果，著有专著《第四知识产权——美国商业秘密保护》，创办、运营公众号"IP 罗盘"。

为知识设定权利

——知识产权哲学的研究起点

（代序）

易继明

北京大学国际知识产权研究中心主任、研究员

引　子

与王润华博士交往无多，甚至未曾谋面，但我却能感受到她的率直、爽朗与热情。在知识产权研究中，她视野开阔、思维活跃，同时富于思辨精神。2021 年中，收到她的大作《第四知识产权——美国商业秘密保护》。❶ 同年底，她微信给我其新著《知识产权法律保护学说概论》（以下简称《学说概论》），并让我为之作序。我浏览一下，已知她在知识产权基础理论建构方面的勃勃雄心，便不顾忙碌，欣然接受了。

《学说概论》意识到知识产权已经成为世界各国发展的重要战略资源，认为"知识产权及其保护涉及自身及其相互间诸多层面关系，是一个多层面关联矩阵问题"。这也激发了我关于知识产权基础理论问题的一些思考。事实上，在《学说概论》前言中，作者将全书分为五个部分（关于法律发展的哲学、经济与科技背景；支撑知识产权法的法哲学思想；知识产权部门法涉及的具体法理学说；法律应然与实然问题的解决；知识产权法关于人工智能技术的适用），实则是在科技与经济一体化的背景下探讨了知识产权三个层面的问题：一是知识产权合理性基础；二是知识产权（部门法）的内在法理；三是因应国家战略和科技发展的知识产权制度建构。这三个层面的问题，也就是困

---

❶ 王润华. 第四知识产权：美国商业秘密保护［M］. 北京：知识产权出版社，2021.

扰当下知识产权基础理论的根本性问题。

一、罗马法"羊皮交易"与宋代"版权之利"

（一）为知识界权

随着社会、经济与科技的发展，知识产权研究在中国逐步兴起与繁荣起来。新中国成立之初，我国采取苏联模式，对发明等科技成果实行类似行政奖励的激励措施，尚未设置相应的民事权利并将其纳入法律体系。到了20世纪70年代末，中国再次打开国门之后，"知识产权"在国际谈判中日渐扮演着重要的角色，西方知识产权法律制度开始被介绍到中国。20世纪80年代以来，中国法学、经济学、管理学、社会学、政治学、国际关系等领域频繁地出现"知识产权"这一词汇，知识产权问题逐渐成为我国社会各界越来越关心和重视的话题。直至本世纪初，中国对接国际规则构建起知识产权法律制度体系，并加入了世界贸易组织（WTO），知识产权问题已深刻地影响着中国与世界的关系。及至2017年，美国特朗普政府动用"知识产权大棒"打压中国，引发了中美两国一系列的贸易摩擦，知识产权问题已经在国家发展中扮演起了十分重要的角色。在新的历史条件下，以"泛知识产权竞争"为基础的技术壁垒、科技脱钩、贸易战、产业竞争等，逐步成为全球化与贸易自由化这一主旋律中压制竞争对手的配套政策工具。❶

总体上讲，中国传统文化和计划体制倾向于将知识视为公共产品，这不同于传统财产制度史上人们能够建立起的朴素所有权观念。相对于传统财产法体系中的有体物，"知识"或者"信息"的非物质性及其相伴随的易于传播的特点，使得所有权人不能像对待有体物（或称"有体财产"）那样，通过实际占有实行物理上的控制，从而达到排斥他人侵害的实际效果。因此，我们对知识产权权利人的保护必须更多地借助于法律上赋予的独占及排他权利，通过相应的制度和规则之构建，逐步形成区别于有形财产保护机制的特殊制度。但是，"为知识设定权利"，将民事权利体系中的财产权体系由对物的控制发展到对知识的控制，这一做法具有合理性吗？从历史主义的视角观察，或许能够为我们提供一点线索。

在财产法意义上，"为知识设定权利"也即为"将知识作为财产"。从罗

---

❶ 易继明，李春晖. 美对华启动301调查与我国的应对措施［J］. 西北大学学报（哲学社会科学版），2018，48（1）：65-81.

马法上的物，到纳入了"知识财产（权）"❶之后的现代财产权制度，"将知识作为财产"的历史探索可以追溯至 1623 年英国颁布的《垄断法案》。但从法律史层面的追根溯源来看，"为知识设定权利"这一思潮，其实早在更加古老的时期于不同法域中就已然萌芽。从罗马法上的"羊皮交易"，到宋代的"版权之利"，我们都能够找到一点版权思想的影子。

（二）罗马法"羊皮交易"

罗马法时期，已有"羊皮交易"这一项与知识权利相关的学理。查士丁尼大帝说："如在他人的板上绘画，有人认为板从属于画，另有一些人以为不问画的质量如何，它从属于板。朕认为板从属于画的意见比较正确，因为如果将亚贝列士或帕拉西等的绘画作为附属物而从属于价值非常低微的板，那是可笑的。"❷ 这是基于绘画而产生的物的所有权之争，查士丁尼大帝的观点明显地倾向于知识创造者。而对与之相关的书写文字，则采取了相反的规则。查士丁尼大帝认为："文字即使是金质的，仍从属于书写文字所用的纸张或者羊皮，如同一切营造或播种的东西从属于土地一样。"但无论采取何种规则，书写者都应该获得书写的费用，否则可以提出"欺诈抗辩"。❸ 罗马法上的理论，似乎为书写、绘画等带有知识创造性质的劳动获益，提供了一种理论支撑。❹

无论这种智慧的创造活动是绘画还是书写，也无论由此产生的是物的所有权还是构成合同法意义上的"对价"，均是对知识及其创造活动的尊重，就是一种知识产权思想的萌芽。事实上，罗马法上的所有权观念，经历了从物（res）的抽象化和权利（ius）的实在化的演变，逐渐摆脱了纯粹的物之客观性的直觉，这才是"知识"产生权利的私权理论基础。"基于现实的需要，要式物和略式物在所有方式和交易方式中的统一，意味着权利的实在化，所有权（propreta）成为了一种私人的权利（ius）。"而且，这种权利摆脱了原始社会集体公有与氏族分配，"在罗马法中所体现的则是对劳动、物质资料和需求的承认，即在以劳动为纽带的国家或城邦范围内，由权力来维持的等价原则，亦

---

❶ 本文中，有时为了强调作为权利（right）的知识产权之客体（或称"对象"），会用"知识财产"（intellectual property）的概念，以区别于"知识财产权"（intellectual property right，或者 right of intellectual property）。另外，作为权利的知识产权，与"知识财产权"在本文中内涵和外延均相同，属于同一用语。

❷ 参见：J. 2. 1. 34. 查士丁尼. 法学总论 [M]. 张企泰，译. 北京：商务印书馆，2009：59.

❸ 参见：J. 2. 1. 33. 查士丁尼. 法学总论 [M]. 张企泰，译. 北京：商务印书馆，2009：58 – 59.

❹ 易继明. 评财产权劳动学说 [J]. 法学研究，2000，22（3）：95 – 107.

即被表述为正义观念的理念。"❶

（三）宋代"版权之利"

"版权之利"之所以会在我国宋代萌芽，雕版印刷术的产生是一项关键的因素。这一过程，同时相伴的是市场的"保真"（因为翻版会出现粗制滥造现象）和社会思想的控制（出版管制）。这似乎与现代知识产权制度因应科技发展以及英国王室曾意图通过印刷专利制度实现舆论控制的想法如出一辙。❷ 或许，技术、市场和思想控制这三种因素汇集，共同催生了宋代的版权观念。

诚然，雕版印刷术的普及与宋代出版管制的出现密不可分。宋代书籍刻本主要有三种：官刻本、私刻本、坊刻本，其中坊刻本大都署有书商字号，出版目的主要在于营利。❸ 但是，基于利益最大化的目的驱使，坊刻本与不惜工本的官刻本、校勘精到的私刻本相比在质量上有很大区别，内容上也多有或故意或过失的谬误。因此，宋代一方面建立了一定的出版前审查机制，书籍出版必须由"选官详定，有益于学者，方许镂版，候印讫送秘书省，如详定不当，取勘施行，诸戏亵之文，不得雕印"；另一方面颁行法令严格控制涉及政治利益的书籍出版与流通，例如宋太祖在《宋刑统》中禁印八类："妄议朝政、政令、刑法敕令、本朝史籍、伪造佛说妖术、天文地理、兵书、科场舞弊等"。❹

但是，雕版印刷术的普及同样在宋代催生了版权观念的思潮。一是随着印刷术的出现，作品的载体——图书的生产成本降低且可以成为商品，从而为印刷商（或作者）带来收益，由此催生了出版商力图独占著作利益的追求；二是大量的复制与传播，使得印刷者（或作者）无法像控制手抄本那样管领自己的无形财产，从而产生法律给予特别保护的需要。❺ 而在中国古代，由于缺乏以私权为核心的民事法律制度，且知识财产的无形性使其无法通过被占有、

---

❶ 包大为. 从物到权利的政治叙事：《罗马法》的所有权概念 [J]. 学术界，2019（7）：143 - 149.

❷ 吴汉东. 知识产权法的制度创新本质与知识创新目标 [J]. 法学研究，2014，36（3）：95 - 108；黄海峰. 知识产权的话语与现实：版权、专利与商标史论 [M]. 武汉：华中科技大学出版社，2011：10.

❸ 官府出版的官刻本目的在于普及某类有利于政治教化的书籍（如向社会推行官方标准的《四书》《五经》），私家刻本要么印制私人文集，扩大社会影响；要么通过刻印前人书籍以求名垂千古，实现立言、立德的道德价值取向。这二者出版的初衷都不在于牟利（尽管可能达到营利的客观效果）。因此如果盗版行为不增损原著意义，则这种行为可能因为扩大了原著的影响而为官刻本、私刻本所欢迎。这就决定了它们与以营利性质的出版商有根本区别。参见邓建鹏. 宋代的版权问题：兼评郑成思与安守廉之争 [J]. 环球法律评论，2005（1）：72.

❹《宋会要辑稿·刑法》二之三八 [M]. 台北：新文丰出版股份有限公司，1976.

❺ 吴汉东. 著作权合理使用制度研究 [M]. 北京：中国政法大学出版社，1996：2.

支配等传统方式排除他人的使用,出版商们唯有寻求国家公共权力的干预,才能够使权利人对于无形知识产权的再现予以控制成为可能。❶ 例如,近代版本学家叶德辉在《书林清话》卷二《翻板有例禁始于宋人》中详细记载了宋代段昌武《丛桂毛诗集解》三十卷有在国子监登记的"禁止翻版公据",出版商以作者投入大量精力、作品具有原创性、他人印本的质量不如本社、他人印本内容可能有所偏差四项理由,申请国子监赋予其禁止他人翻版之权利。❷ 不难看出,其主张拥有版权的依据与现代版权的构成要素有相似之处,这一出版商要求官府严禁其他书商翻刻特定书籍的努力体现出了私权的利益。虽然宋代的版权形态仅仅表现为某些营利出版商的版权利益主张与个别地方官府偶尔、零散的行政庇护的结合,尚未形成完善的版权制度或是立法规则,❸ 但宋代版权观念或许业已萌芽。对此,我国学者郑成思认为,这说明我国早在宋代就有以禁令形式保护印刷出版者及作者私权利的情况。❹ 而且,版权在宋代作为特权出现后不久,就已经被作为创作者而非出版者的民事权利受到保护。❺ 与此相反,哈佛大学的安守廉却认为,中国古代的有关出版法令只不过反映了"帝国控制思想传播的努力",同时这也是中国无法产生版权法以至知识产权法的主要原因。❻

二、知识产权本质主义的追问

(一)"李约瑟之谜"的隐喻

深入探究中国为何没能在宋代版权意识中衍生出一套自主的知识产权财产制度,"李约瑟之谜"可能是某种隐喻。英国人李约瑟认为,中国在 19 世纪

---

❶ 张志成. 论知识产权的合理性问题:一种法理学形式上的分析 [M] //易继明. 私法:第 3 辑第 1 卷. 北京:北京大学出版社,2003:327.

❷ 该出版商以作者投入了大量精力"口讲指画,笔足成篇""平生精力,毕于此书"、该书具有原创性"一话一言,苟足发明,率以录焉"、仿刻质量差、原本"校雠最为精密"、其他出版商嗜利盗版"则必窜易首尾,增损意义"、辜负了罗氏出版及原作者良苦用心为理由,向国子监提出申请,给付"执照",禁止他人翻版,并赋予该出版商对其他盗版者"追版劈毁,断罪施行"的权力。参见邓建鹏. 宋代的版权问题:兼评郑成思与安守廉之争 [J]. 环球法律评论,2005 (1):74.

❸ 邓建鹏. 宋代的版权问题:兼评郑成思与安守廉之争 [J]. 环球法律评论,2005 (1):76.

❹ 郑成思. 中外印刷出版与版权概念的沿革 [M] //中国版权研究会. 版权研究. 北京:商务印书馆,1995:113 – 114.

❺ 郑成思. 知识产权论 [M]. 北京:法律出版社,1998:14.

❻ 安守廉. 知识产权还是思想控制:对中国古代法文化透视 [M] //梁治平. 法律的文化解释. 北京:三联书店,1998:336 – 338. 原文见 ALFORD W P. To steal a book is an elegant offense:intellectual property law in Chinese civilization [M]. Redwood City:Stanford University Press,1995:9 – 29.

中叶有着领先世界的技术，如铜制农具已出现 3000~4000 年，铁制农具已出现约 2500 年，"百炼铜"已出现约 2000 年，"灌铜"已出现约 1800 年，并有数千年的丝织史和 600 年的棉纺史，❶ 但却无缘近代科技和工业革命的诞生，没有实现由经验科学向近代理论科学的演变，没有成功地发动改变世界的工业革命。这是令人费解的"李约瑟之谜"。❷ 这一矛盾，早在我国宋代的版权之利中就已有所体现，虽然其表现出了一种私权的雏形，但仍然以寻求行政庇护的形式实现利益，最终没有形成一套以私权为基础的知识产权制度。❸

在当代，我们可能同样面临着"李约瑟之谜"。例如，我国已经发展成为一个知识产权大国，为何大量的知识产权没有能够转化为现实的生产力，知识产权对于社会的贡献仍然没有能够充分发挥出来？是制度扭曲了事实，还是事实在篡改制度？也许，在自然权利与公共政策之间，我们偏离了权利的本质？知识产权固然已经成为重要的国家战略资源，但其建立于私权之上的本质并未改变，财产权利的一般逻辑仍旧需要被尊重。

更有甚之，在对待知识产权问题上，我们是否更加重视"术"却放弃了"道"的追求，从而失去了对变动不居的科技发展与财富增长的人文关怀？是否正确处理了短期利益与长期利益的博弈？或许，这些都是我们面临当代的"李约瑟之谜"时需要深刻反省和检讨的地方。比如说，在知识产权发展的过程中，立法关于新的权利类型与权利客体的界定能够在一定程度上反映"重商主义"或"人文主义"两种价值观。❹ 我国《民法典》第 123 条第 2 款从权利客体角度定义知识产权，采取严格的法定主义及对"科学发现"视而不见。这些就反映出了制度设计的理念：具有浓厚的重商主义倾向，缺乏基本的人文主义关怀。❺

（二）重述"苹果的故事"

我曾经通过一则案例，探讨知识产权类型化不足时的司法适用问题。❻ 该

---

❶ 李志宁. 大工业与中国：至 20 世纪 50 年代 [M]. 南昌：江西人民出版社，1997：17.

❷ 李约瑟. 中国科学技术史：第一卷导论 [M]. 北京：科学出版社，1990：1-2；林毅夫. 李约瑟之谜、韦伯疑问和中国的奇迹：自宋以来的长期经济发展 [J]. 北京大学学报（哲学社会科学版），2007（4）：5-22.

❸ 邓建鹏. 宋代的版权问题：兼评郑成思与安守廉之争 [J]. 环球法律评论，2005（1）：75.

❹ 吴汉东. 利弊之间：知识产权制度的政策科学分析 [J]. 法商研究，2006（5）：6-15.

❺ 易继明. 知识产权法定主义及其缓和：兼对《民法总则》第 123 条的分析 [J]. 知识产权，2017（5）：3-11.

❻ 易继明. 知识产权的观念：类型化及法律适用 [J]. 法学研究，2005（3）：110-125.

文中，我讲述了一个苹果的故事，并呈现了财产演化的过程。

按照现代民法中的物权观念，对于一颗处于野生状态下的苹果，先占苹果者就享有所有权，这属于所有权原始取得中的一种方式。❶ 但在农耕时代，个人需要自己种植再去收获，才能取得对于苹果的所有权，这属于以取得"附和"取得所有权，亦属于一种原始取得。而在知识经济时代，苹果的故事又有所不同。例如，科学技术的改进可能会产生新品种的苹果，虽然与农耕时期的逻辑相同，个人对于自己种植的苹果仍可享有实物（有体物）上的所有权，但对苹果品种完成技术改进的行为同样投入了大量的人力、物力和财力，却难以在基于有体物所建立的传统财产理论中获得保护，这无疑有可能挫伤技术创造活动的积极性。那么，"技术改进"这一智慧劳动创造者是否享有"改进技术"本身的所有权呢？如果回答是肯定的，这种权利的形态又可能是什么呢？显而易见，新品种的苹果可以直接获得植物新品种权的保护，相应的技术方案、设计图纸等可以获得专利权、著作权、商业秘密等保护；经过申请或者使用，还有可能获得地理标志、商标等保护。

"苹果的故事"给我们讲述的是在财产上配置权利的过程，也是财产权利形态随着社会发展而不断演化的过程。财产的类型从宗教意义的财产，到家族意义的财产，再到物理意义的财产，在这一宏大叙事中得以实证化、具体化，这就是一种制度上的进步。奥古斯特·孔德的实证主义哲学❷进一步促进了物理意义上的财产具象为"物"；而"物"又根据物理特征划分为"动产"和"不动产"。❸ 虽然以此划分财产的观念早在罗马法时期就已经存在，但直到近代社会才真正建起一套以动产与不动产的划分为基础的财产法制度。❹ 而在现代社会，技术革命从另一个角度为现代财产权制度带来了改变，产生了"有形财产"与"无形财产"的界分，也催生了与无形财产有着紧密关联的知识产权制度。至此，财产重心从有形转换到了无形，让我们再次寻找财产权的法律逻辑及哲学基础。

当然，眼下的中美"泛知识产权竞争"的事实告诉我们，关于知识产权的思考并未就此终结。如果我们想想那家用"被人咬了一口的苹果"作为标

---

❶ 拉伦茨. 德国民法通论 [M]. 王晓晔，等，译. 北京：法律出版社，2013：312 - 1008.

❷ 孔德. 论实证精神 [M]. 黄建华，译. 北京：商务印书馆，1996.

❸ 参见刘得宽在《政大法律评论》第 1、2 期合订本发表的《大陆法与英美法》。

❹ 稻本洋之助. 近代所有权的成立过程 [M] //甲斐道太郎，等. 所有权思想的历史. 东京：有斐阁，1979：107.

志的跨国公司，其2021年市值已超三万亿美元●，是否可以再思考一下：知识产权可能并非只是一个法律上的财产权利及其结构配置的问题。或许，知识产权是人们摆脱物质世界束缚的某种精神诉求，是公司在国际市场开疆拓土的基础，是国家经济社会发展的保障。而在法律上的难题却是知识产权与知识强权的平衡，在国际竞争中映射出了合作、竞争，乃至斗争的基本态势。

（三）自然权利与工具主义

在寻求利益平衡的过程中，明确法律的基础价值是一项重要的前提。20多年前的一篇文章，让我几乎成为国内主张劳动学说（自然权利理论）的代表人物。● 而事实上，另外有关财产权合理性基础的诸多理论，或多或少地都在修正自然权利理论。在财产权哲学基础中，体现出了包含知识产权在内的财产法律制度的多元价值取向。我曾较为广泛地列举了一些理论：（1）自然权利理论（劳动学说，洛克）；（2）意志学说（人格理论，黑格尔）；（3）社会学说（社会利益理论，庞德）；（4）经济说（经济分析理论，科斯和波斯纳）；（5）正义论（社会正义理论，罗尔斯）；（6）其他理论如契约说、先占说和神授说等。诚然，这一研究略显粗糙，特别是忽视了激励理论（边沁）的独特价值及其影响力。但是，这些理论从不同的角度论述了财产权利的合法性基础，或源于自然理性，或体现人的意志，或实现正义，或协调社会利益，或追求效益最大化，为我们理解财产权的权源、功能和意义提供了思想基础，并对我们制定财产（权）的范围、种类和运行规则等有重要的指导作用。● 在知识产权领域，对利益平衡的追求，应当遵循着多元价值与理论统合，试图通过价值的重塑，寻找知识产权的基础价值。

基础价值的寻找，容易让人们转入"为知识界权"的本质主义追问；而与此相伴的，就是一种法律的实用主义路径。本质主义理论色彩浓厚的，包括劳动学说、人格权理论，或许还包含激励理论；而对此加以修正的思想如经济分析理论、社会利益理论、社会正义理论，或许还包含激励理论等，反映出的是基于经济社会之现实的实用主义妥协。值得注意的是，激励理论的特点在于，其既可能反映知识产权制度的基础价值，也带有浓烈的修正主义色彩，因为激励理论在功利主义指导之下奉行的是一套实用主义的逻辑。

● 苹果：全球首家市值破3万亿美元公司！［EB/OL］.（2022 - 01 - 04）［2022 - 01 - 04］. https：//baijiahao. baidu. com/s? id = 1721004453482566976&wfr = spider&for = pc.
● 易继明. 评财产权劳动学说［J］. 法学研究，2000，22（3）：95 - 107.
● 易继明，李辉凤. 财产权及其哲学基础［J］. 政法论坛，2000（3）：11 - 22.

知识产权法中的激励理论可追溯至边沁的功利主义，其思想核心在于"最大多数人的最大幸福是最大的善"，即有助于增加社会福利总量、实现全体社会成员"最大的幸福"的制度便是合乎道德的。英美传统的知识产权体系正是建立在强调激励（stimulus）或报偿（reward）的功利主义理论（utilitarianism）之上，这使得经济学理论对知识产权制度的理性具有较强的解释力。❶ 而传统的知识产权法经济分析将全部的知识产权议题归结为"激励"（incentive）与"接触"（access）之间的一种交换，即"激励"表现为赋予知识财产创造者以垄断地位，而其目的是向公众提供"接触"（access）的可能。❷ 如此看来，激励理论一方面含有对知识产权制度基础价值的考量，认为知识产权制度以独特的"激励"机制寻求公众接触权利人的智慧财产所引起的、社会福利总量的增加，这体现了其本质主义的色彩；另一方面通过经济分析判断知识产权制度的有用性，在基础价值之外关注这一制度的运行能否实际产生增加社会福利总量的效用，这反映出其还兼具实用主义和修正主义的色彩。

那么，实用主义的修正和本质主义下的基础性价值，到底应当以何者为本位？这是一个逻辑起点问题。但事实上，我们可以从社会效果角度进行社会学意义上的分析，能够就此发现知识产权功能主义在社会秩序构建中的作用。

三、权利构造及其实现的法理

（一）知识产权功能主义的构建

20 世纪 90 年代，我国与西方世界曾就人权问题、台湾问题和知识产权问题进行对话，而其中只有知识产权问题是我国可以讨论或者作出让步的。时至今日，中美贸易战背后的问题实质上有三个：知识产权问题、经济结构问题、政治民主问题，同样也只有知识产权问题是我国可以讨论或者作出让步的。这是知识产权问题在我国政治逻辑中的现实场景。虽然革命性制度构建与现实的法文化不能完美契合，但由此在短期内形成较为成熟的知识产权制度，对我国长足发展具有深远意义。从这一层面来说，知识产权功能主义（functionalism）的构建是必需的。

---

❶ 兰德斯，波斯纳. 知识产权法的经济结构 [M]. 金梅军，译. 北京：北京大学出版社，2005：2.

❷ RICHARD A，POSNER. Intellectual property：the law and economics approach [J]. The journal of economic perspectives，2005：57. 转引自杨明. 知识产权制度与知识财产创造者的行为选择 [J]. 中外法学，2012（4）：742 – 760.

知识产权制度的构建首先需要某种宏观思维，能够将社会中的各个部门视作协力合作的整体。其中，既具有区别性的问题，也能找到具备共性的思路；既有局部视角下的特殊差异，也应有整体视角下的考量。知识产权的价值不止于个体价值，也存在于产业经济的价值之中。知识产权制度本身的不完全或处于发展期起点，这并非一个纯粹的政治问题，只是目前在政治上在把知识产权当作一种战略进行运用，因此有必要以更为综合性的、功能主义的视角考察这一问题。董涛曾提出，要通过推行知识产权国家战略，让我国走上知识经济发展之路，这就需要处理好十组对象之间的关系：（1）自主知识产权和技术引进之间的关系；（2）国家先进科技规划与激励社会大众创新之间的关系；（3）为国内企业发展拓宽空间与应对国际压力之间的关系；（4）知识产权保护的"源"与"流"的关系；（5）激励技术创新与产业化应用之间的关系；（6）政府部门利益与国家整体利益之间的关系；（7）制定地区知识产权战略与提升区域创新能力间的关系；（8）促进高技术产业的发展与产业结构优化之间的关系；（9）知识产权文化与我国传统文化之间的关系；（10）"追赶"与"跨越"之间的关系。❶ 这是一种较为典型的结构功能化视角，明确我国知识产权制度建设与战略安排系一项系统化的工程，是需要各方协力合作的整体，需要为完成共同的目标分工合作，协调矛盾关系，形成和谐高效的运作整体。

当然，国家治理结构和理念不同，知识产权制度设计与理念自然各不相同。因此，知识产权应该置于不同的社会制度和治理模式中进行分析。在我国计划经济时期，科技创新、科研成果以及相应的激励机制由科技部管理，但倘若科技成功却不能投入运用，其存在的意义便是相当有限的。有些国家则将知识产权制度置于工业或信息产业的背景下，作为产业发展的重要支撑。还有一些国家则将知识产权制度置于经贸背景下，使其在市场中发挥作用，美国就是典型。我国自 2018 年机构改革之后，知识产权体制及运行机制也在转型之中，提出要与市场结合，目前却较多地整合进入了较为特殊的市场监管部门。

纳入市场监管体系之下的知识产权管理体制，或许反映出当下知识产权保护不力和政府试图强化保护的意图。但就知识产权价值链的维度来看，我曾经在多种场合提出过中国知识产权发展的"十二字方针"，即科技推动、产业支撑、经贸融合。在这一方针中，科技是一个从创造前端推动的要素，产业是一个支撑生产发展的要素，经贸是一个市场融合的要素。事实上，知识产权作为

---

❶ 董涛. "国家知识产权战略"与中国经济发展 [J]. 科学学研究, 2009, 27 (5): 644－649.

一项公共政策工具，贯穿于"科技、产业、经贸"体系之中，其价值也在其中得以体现和实现。如今，知识产权日渐成为国际贸易及对外关系的重要组成部分，而中美贸易战或许能够成为中国知识产权制度和科技法律政策变革的契机，我国应借此进一步完善知识产权及科技法律体系，推进知识产权综合管理改革，树立负责任的知识产权创造和保护强国的形象。❶

（二）权利构造的法理

产权界定或许只是经济学上的一个口号，哲学思辨更多的是提供制度与规则的价值取向；随后，他们便将具体权利构造及其规则拟定的任务，不负责任地推卸给了法律学。《学说概论》并未如此地不负责任，而是试图统合哲学思考和经济分析，用以阐释知识产权之部门法法理，包括专利法、著作权法、商标法、商业秘密法四个主要法域，其梳理知识产权部门法内在机理的用意十分明显。

在《学说概论》中，一方面，功利主义和法经济学在专利领域大行其道，衍生出了专利制度设计的诸多理论，如专利报酬理论、专利激励理论、激励披露理论、专利前景理论、专利竞赛理论、交易成本理论、累计创新理论等；另一方面，制度设计的功能分析，著作权合理使用、人权理论，商标混淆理论、淡化理论，商业秘密财产说、关系与义务说等，都反映出创造者的基础价值，以及权利人利益与社会公益之间的博弈。特别令人瞩目的是，在专利领域，作者揭示了给予专利保护的功利主义目的，即激励创新和知识公开化；在著作权领域，作者不遗余力地讨论了著作权人权理论。毫无疑问，这些论述深入浅出，简洁明了，同时又透析了知识产权部门法之基本法理和要义。

事实上，这种思考可以推而广之，延及知识产权各种权利类型，进而形成知识产权统合的理论：因为激励创新和促进知识公开，甚至包括商业秘密保护在内的知识产权保护二元结构理论，而人权思想更是在各类权利形态中都有体现。知识产权的基本要义是鼓励创新，同时以公开换保护，甚至包括商业秘密保护。王润华博士在探讨商业秘密法鼓励发明和激励披露机制之作用时，认为法律上的保护可以降低企业自我保护商业秘密的安保成本，同时为企业向特定群体即商业合作对象（包括潜在的商业合作对象）披露信息提供保障。

"在知识产权形态中，著作权是财产与人格利益相对立而并存的典型。"❷

---

❶ 易继明，李春晖. 我国知识产权制度及科技法律政策之新节点：评 2017 美对华 301 调查报告及我国之应对 [J]. 陕西师范大学学报（哲学社会科学版），2019（1）：61 - 75.

❷ 易继明，周琼. 论具有人格利益的财产 [J]. 法学研究，2008（1）：12.

但这并不意味着人格利益只在著作权领域存在。"作者中心主义"（author - centrism）是法国大革命之后的欧洲著作权法传统；同样地，发明人制度的人格取向，同样阐发了未被资本完全吞噬的人权理念。在地理标志，甚至是在商标保护方面，"商誉"所承载的，其实是一种具有人格意义的财产。贾斯汀·休斯认为，知识产权中存在三种相互分离的人格利益，即创造性（creativity）、目的性（intentionality）以及来源性（sourcehood）。❶ "实际上，更多的时候，知识产权中人格利益的保护来自一项社会承认：归属权（the right of attribution）。从这一点看，商标、地理标志、产地名称、商号及其他商业标记等相关权利，其财产与人格利益是一体的。"❷

诚然，通过知识产权部门法法理，能够对各种类型的权利样态和权利规则展开细致入微的分析。而统合了各种类型权利样态的理论思考，更加有利于在财产理论中找到一以贯之的统合理论，进而达致社会治理与国家统治层面的理论同构，实现价值层面的通融。"从历史及其经验事实分析，一切权力起源于三种：父权（后直接转换为一种政治权力）、财产权以及除此之外的对他人的精神依恋（如爱情、宗教或道德等）。"❸ 其中，财产能力是基础，或许也能够成为父权和"对他人的精神依恋"的基础。事实上，财产（包括知识产权）不仅表达了一种"拥有"的幸福，或者是"获取之际"的快乐，而且包括对财产的"利用"而产生的某种幸福感，这一分析思路暗合了知识产权创造与运用的价值。同时，在增进人类共同福祉的过程中，个体也获得了人生的快乐。从财产之于人生及社会进步的意义来看，个人与社会二者本来就没有绝对的分际。无论如何，通过财产权这一法律工具，我们发现了财产之于人们生活的意义。财产权的三维价值即"拥有之乐""获取之乐"和"利用之乐"，共同形成了财产的价值构造。这一构造并非线性的，也是财产给人们带来幸福的根源。❹

（三）权利实现的法理

在权利实现的法理中，大陆法系的法官们有时候会纠结于"权利""利益""法益"等缺乏清晰界定的词汇，在缺乏法律文件规定法定权利的前提

❶ HUGHES J. The personality interest of artists and inventors in intellectual property ［J］. Cardozos Arts and Entertainment Law Journal, 1998.

❷ 易继明, 周琼. 论具有人格利益的财产 ［J］. 法学研究, 2008 (1): 12.

❸ 易继明. 财产权的三维价值: 论财产之于人生的幸福 ［J］. 法学研究, 2011 (4): 75.

❹ 易继明. 财产权的三维价值: 论财产之于人生的幸福 ［J］. 法学研究, 2011 (4): 84.

下，抱着不无遗憾的态度冷眼旁观着利益受损的受害者，同时还振振有词地说"没有法律依据""缺乏请求权基础"等。事实上，这涉及知识产权始终存在的类型化不足，以及权利属性模糊导致请求权基础不清晰的问题。

《民法典》第 123 条第 2 款对于知识产权客体的规定，采取了"7＋N"模式，即著作权、专利权、商标权、地理标志权、商业秘密权、集成电路布图设计权、植物新品种权这七种权利，再加上代表"N"的兜底款项。不过，这一兜底款项采取严格的法定主义，排除了行政性法规、地方性法规、司法解释和判例创设新的知识产权类型。❶ 那么，我们是否可以据此就对那些智力创造活动产生的成果视而不见，任由他人利用或者侵犯呢？在"叶某某等诉索佳公司"技术成果权侵害案中，湖北省高级人民法院二审法官回到当事人交往的过程和场景，通过契约关系理论分析双方的权利和义务关系，考虑到叶某某等人的信赖利益和索佳公司技术获益的因素，最终通过合同义务进行了判决。事实上，"知识产权所具有的私权属性，说明它本身就是一项民事权利，是整个民事权利体系中的一部分。相应地，民事制度中的相关学说、理论与规则，可以克服知识产权法定主义与类型化不足的局限，对完善知识产权法律救济体系起到重要的补充作用。"❷

王润华博士所论及的商业秘密保护的财产说、关系与义务说，实则是我们如何看待商业秘密的属性问题。财产权，还是基于"信赖利益"的关系理论？前者，财产规则下的请求权基础十分清晰；后者，如果"信赖利益"缺乏合同关系（保密协议或者禁业禁止条款等）基础，那么寻求救济的方式则令人堪忧。不过，由此也牵涉出行为、义务和责任问题。正因如此，在与职业规范、职场伦理相关的自治领域，公权力的干预就显得十分必要，有关侵犯商业秘密入罪门槛也降低了，因为职场伦理转化为商业道德，进而挑战的是市场竞争秩序。"关系与义务说"固然存在一些不确定性，但也提供了一些改进的思路，比如雇主要完善与特定雇员的劳动合同和保密协议，相关部门也需要为此提供一定的政策指引。"财产说"基于商业秘密之所有权，救济思路也十分清晰。但是，有一个显现的问题呈现在我们面前：如果今天的雇主告诉我这个雇员，他知道地球是圆的，让我为此保守秘密，那么这个议题以及其人所共知的

---

❶ 该条第 2 款第 8 项"法律规定的其他客体"一说，包含了对知识产权权利类型和内容实行严格的法定原则。这一规定表明，除上列七种客体之外，其他客体的知识产权保护，必须由全国人大或者全国人大常委会制定的法律规定，才能作为知识产权加以保护。参见易继明. 知识产权法定主义及其缓和：兼对《民法总则》第 123 条的分析［J］. 知识产权，2017（5）：3－11.

❷ 易继明. 知识产权的观念：类型化及法律适用［J］. 法学研究，2005（3）：124－125.

常识，是值得被雇主财产化的吗？王润华博士介绍说："在美国商业秘密诉讼案件中，原告胜诉率不高，采取和解的比例高，这些现象都与商业秘密主题资格的认定有关系。换言之，实践中，是非常难证明一项信息构成商业秘密的主题，进而成为商业秘密保护客体的。"毕竟，商业秘密是未经行政审查的自我认同，打开之后的创造性和新颖性审查，或许很难过关。那么，商业秘密"财产说"对于保护创新之智慧成果的知识产权，是否合适呢？换言之，对于商业秘密保护，我们到底是采取财产规则，还是实行行为规则？的确，这是一个问题。或许，它还是涉及整个知识产权领域权利人的权利通过何种路径得以真正实现的问题。

四、代结论：历史是平的

《纽约时报》专栏作家托马斯·弗里德曼认为，"技术、资本和信息"全球化背景下，"世界是平的"。❶ 从历史角度观察，这一说法似乎也可以适用于版权：历史是平的。版权利益在历史发展的历程足以说明两点：第一，印刷技术的发展对版权萌芽产生了重大的影响。"一般认为，印刷机的发明对于版权的发展构成了一个重要的刺激因素。"❷ 时至今日，版权制度的发展在很大程度上仍然与相应的科技进步密切相关，尤其是复制、传播等技术发生颠覆性改变后，版权法体系中的许多制度可能都需要进行相应的调整。例如，网络技术在变革传播模式的同时，也导致作为服务提供者的互联网产业与作为内容提供者的版权产业之间出现难以调和的矛盾，使得各方在版权法应对传播技术的调整方式上出现僵持局面。❸ 第二，从对物的控制到对知识的控制，这其中是否存在思想控制的转换？虽然出版管制在宋代版权问题中扮演着重要的角色，但其所代表的思想控制与坊刻之私利并非不可调合。英国中世纪后期，王室通过授予书商公会出版专有权以换得它们对书籍实施审查作为对价，从而催生了制度化的出版特权，并在近代多种力量的影响下将特权平等化为现代版权。虽然政治角力的基础不同，但思想控制与私权利益相互结合的状况与宋代如出一辙。❹ 然而，即便认为版权作为私权的思潮在我国宋代已经出现，其仍未在后来形成一整套制度体系；而版权制度于西方启蒙的过程中，出版商的利益与特

❶ 弗里德曼. 世界是平的："凌志汽车"和"橄榄树"的视角 [M]. 北京：东方出版社，2006.
❷ 德霍斯. 知识财产法哲学 [M]. 周林，译. 北京：商务印书馆，2008：139.
❸ 熊琦. 互联网产业驱动下的著作权规则变革 [J]. 中国法学，2013（6）：79.
❹ 邓建鹏. 宋代的版权问题：兼评郑成思与安守廉之争 [J]. 环球法律评论，2005（1）：79.

权、财产性的利益相结合，形成了一种垄断性的财产利益，而这种特权逐步转化为一种私法上的利益。可以说，这种特权、集权再到私权夹杂着思想控制的博弈，直到今天仍旧存在。

总体来说，对于知识的控制存在两种方式：一种是思想层面的控制，这来源于集权或政治角力的考量，以政治权力为制度的基础；另一种是作为私权的控制，强调在财产认同上的控制，其缘何成为可能，是思考现代知识产权合理性的一项重大议题。知识产权问题与财富、人才、创新文化等问题密切相关，对知识财产之权利边界的探寻，也即为探寻私主体对于无形知识之创新部分为何，而其中哪些又能够成为私权主体的财富（可权利化的客体）的问题。

如此看来，倘若将知识产权与财富、人才、创新文化问题三者相联系，一种私人的财产性权利（right）便由此产生。从另一个角度而言，经由公权力授权或者自然垄断产生的这种财产权，会不会衍生出一种私人的权力（power），即私权主体对其他私主体的控制力呢？知识产权资源是更为宽泛的存在，虽然过去可能很少考量这样的问题，认为那只是私权主体自己的事情，但在平台经济（尤其是网络平台）日渐发达的今天，考虑这一问题却显得非常的必要。当平台商以网络平台为基础，"占有"了大量的用户和海量的数据之后，作为私主体运营网络平台的权利（right）便逐渐发展成为一种权力（power），作为公共产品的属性逐渐显现出来。这也是为何对平台商苛以更多的义务与责任，并对其权利边界进行控制的重要原因之一。然而，如果我们对私权主体衍生出"私权力"隐忧转化为直接的公权力干预，而不是通过宏观调控和法治下的监管，那么知识产权永远也无法助力企业走向市场，参与国际竞争，即便通过政府扶持发展起来的那些企业，虽然对国内市场一个个虎视眈眈，但在国际市场中，也不过是些外强中干的"巨婴"而已。

在传统的法学分析框架内，私权与公权往往被作为彼此对立的两项因素进行考虑；但在知识产权领域，私权利与公共政策的考量角度或许都是存在的。知识产权不仅是一种私权，更与一国的公共政策密切相关；而知识产权制度作为公共政策的组成部分，能否充分发挥其推动社会发展、促进知识创新的功能，不仅取决于立法的完善，更决定于制度运用的成效。❶ 这就需要考量三个层面的问题：第一个问题是如何对知识产权基本权利进行战略运营；第二个问题则是战略运营中应当运用哪些权利素材，哪些权利是应当被考量的；第三个

---

❶ 吴汉东. 中国知识产权法制建设的评价与反思 [J]. 中国法学, 2009 (1): 66.

问题是面对个体与社会资源的张力，我们知识产权制度的根本目标及价值取向到底为何。这似乎又回到了本文开头所提出的问题。或许，历史真的就是平的！

（易继明，2022 年 1 月 5 日于北京会议中心 9 号楼 A 栋 1327 房间）

自 序

以网络技术、生物技术、新能源技术、智能技术为先导的技术创新取得突破性发展之后，社会生态随之产生了深刻变化，人类社会在 21 世纪初进入了一个全新的发展时代。这是经济基础决定上层建筑、上层建筑反作用于经济基础的社会辩证进化发展的结果表现。知识产权这个人类所拟制的一体两面的社会精灵，继神权思想、主权思想、人权思想后登上了社会发展生态的核心舞台。在知识产权这个概念自提出以来的 300 余年时间里，其"经济基础"一面与其"上层建筑"一面就一直在社会发展中发挥着举足轻重的作用。

人类对自己所拟制知识产权的本质认识，随着自身认识能力的提升、知识产权在社会发展中权重的变化，也在不断地深化，其内涵和外延也在不断地拓展与调整。新时代人类命运共同体所面临的需求，如公共卫生健康、大气气候等，正变得迫切。知识产权所具有网络性、数字性、智能性的新时代特征，决定了其在新时代的地位与角色。

人类自理性思想取代神性思想后，知识产权的一体两面性就没离开过人类的视角，并作为撬动社会发展的杠杆一直在发挥作用。洛克的"劳动成果论"、康德与黑格尔的人权论、卢梭的"人民公意论"从不同角度给予解释，从本体论的法理上建立起知识产权的理论大厦。功利主义和以其为基础法经济学另辟新境，以方法论为入口试图达到本体论的效果。随之以法经济学为理论基础的法理理论来支撑知识产权及知识产权法的正当性和有效性的学说不时出现。时至今日，我们对"知识产权就是为鼓励创新与分享创新而对人类智慧劳动成果所拟制的一种权利形态"的理解与认识渐进深入，对这种权利形态已从最初的"权利与关系"向"权利、关系、平衡"的方向发展，本质就是人民的利益至上，"权利、关系、平衡"均是人民利益的不同层面。知识产权已成为追求共同富裕、人类命运共同体全球治理的重要话题与任务。法经济学仍然不失为一个支撑和评价知识产权正当性和有效性的最佳工具。

在国际形势跌宕起伏、错综复杂的环境中整体把握知识产权的本质内涵与走向，对于实现国家统筹发展和发展安全至关重要，知识产权已是自主发展、安全发展、可控发展、营造发展环境直接而有力的工具。

本人在美国开启了十余年知识产权领域的学习、教学、科研历程，以传统理性、法经济学、功利主义、实用主义为起点，以创新政策、创新动机与行为、知识产权治理为应用；在这个过程中，随着大数据、人工智能等前沿技术领域的发展与社会形态的相应调整，又逐渐深感传统主流知识产权理论在新时代下所展现出的认识论与本体论方面的不足，有必要时常回归至知识产权理论的源头。故本人将所研习的知识产权法律保护的各种学说，通过本书进行概括式整理，以供大家在学习、工作中参考，不妥之处，敬请批评指正。

谨以此书献给在学习知识产权道路上的各位海内外导师与同路人。

王润华　2022 年 1 月于北京

前　　言

　　人类智慧劳动及其成果为人类社会带来巨大的红利。这种智慧劳动成果在现代社会以一种特殊的法律表达形式存在——知识产权。自近代以来，法哲学与法理学就一直对知识产权正当性进行研究。在各种关于知识产权保护正当性理论的指导下，人类创制了知识产权法的专利法、著作权法、商标法和商业秘密法，并不断对这些法律进行调整。知识产权法律保护已成为世界贸易组织成员必须共同遵守的法则，并成为推动各国技术创新、改善营商环境、提高国际竞争力的重要举措。特别是进入 21 世纪，随着新一代工业技术革命的到来，对知识产权法律保护的必要性、紧迫性尤显重要。

　　随着量子技术、网络技术和人工智能等重大基础、前沿性技术的颠覆性突破，先进的技术虽然对人类社会生产、生活方式产生巨大影响并带来巨大红利，但红利的另一面是对人类社会带来深刻的影响和冲击，特别是在伦理道德方面让人们进行反思。这些影响、冲击与反思要求现行知识产权法作出回应，以适应、完善、变革来推动社会进步。

　　在新一代工业技术革命迅猛发展之际，回顾、梳理、分析传统知识产权法律保护学说不仅是必要的，而且对国家实施高质量发展、加快技术创新具有重大意义。因此，本书对经典知识产权法律保护的相关学说进行回顾与梳理，引导读者在面对新技术环境下的新问题时，回归到知识产权权利与义务设定的根本之中。

　　全书共分为五个部分，分别介绍关于法律发展的哲学、经济与科技背景，支撑知识产权法的法哲学思想，知识产权部门法涉及的具体法理学说，法律应然与实然问题的解决以及知识产权法关于人工智能技术的适用。

　　第一部分包含第一章和第二章。知识产权法律的起源、发展及实践，以及所涉及的法哲、法理思想以西方最为完整，特别是以美国为代表。因此，对法律发展相关的理论梳理也从西方思想入手。第一章从认识论、方法论、本体论的角度对西方哲学与法学、法哲学与法理学作面板式的梳理，并为读者理解知识产权法律作精心的编排，为理解知识产权的法理学说打下哲学基础。第二章对法与经济、法与科技的关系在梳理前人研究成果的基础上，作全面互动关系的论述。这些论述更将有利于理解经济、科学技术与法律的互动关系，为理解法律适应经济、科学技术快速发展的需求而必须作出调整及变革提供思想便利。

第三章为第二部分，主要梳理支撑传统知识产权法的法哲学理论。这些法哲学理论主要包括洛克的劳动成果理论、康德与黑格尔的人格理论、卢梭的人民公意论、边沁的功利主义哲学及法经济学，同时针对各个理论对知识产权的实用性作全面的分析，以便使读者对知识产权法哲学有一个全面的认识。

第四章、第五章、第六章、第七章为第三部分。这部分以专利法、著作权法、商标法和商业秘密法为媒介，对不同类属的知识产权法理学说作全面的介绍和分析，使读者对不同类属的知识产权法理、法律主体与客体的学术观点进行全局把握。

第八章、第九章为第四部分。前三部分介绍的法理正是为该部分所讲述的法律解决实然问题而服务的。首先主要论述笔者对鼓励技术创新政策效率来检验法理对推动科技创新、促进社会进步的实际效果的研究结果，并展示政策推动实践发展的机理。主要阐述作为市场主体的企业如何选择知识产权战略组合进行知识产权管理。知识产权战略管理主要包含使用和不使用专利、商业秘密的主要原因，为企业优化知识产权管理提供思想支撑。

第十章、第十一章为第五部分，专门讨论人工智能与知识产权法的互动适用问题。在信息社会时代，具有颠覆人类已有认知模式的人工智能技术正以不可阻挡之势闯进人类社会，由于其不可分割的两面性带来的人类社会生态的变化，对已有知识产权法产生碰撞，需要人类对现行法律进行反思与回应。该部分从伦理道德、现行法律以人类中心主义服务的立法本意对人工智能与现行知识产权法进行全方位的分析，提出促进、鼓励、发展人工智能为人类造福的新路径，简称"第五知识产权路径"。

我国已进入高质量发展阶段，就如何保持可持续发展、实现第二个百年目标，构造具有中国特色的知识产权支撑理论，提高法治治理能力及加大知识产权保护国际话语权，本书给出了明确回应并对知识产权立法、法律完善、司法保护与促进企业技术创新具有重要意义。

目　　录

第一章　因法之名之一：法学与哲学及法哲学与法理学

　　人类对自然的认知及与自然的交互行为是辩证式演进的，这种认知与行为的内涵和外延也是在不断调整和变化的。就知识产权及其保护而言，当今世界对它们的认知与活动已普遍达成共识，但对其精确内涵和边界却不十分清晰。知识产权的整体现状就是这样一种客观实在。知识产权与知识产权保护是基于知识拓展的表达（智慧劳动成果），是对人类自身福利提升的认知，以及给予为提升这种福利的知识拓展的表达（智慧劳动成果）而提供的相适应的产权式保护与鼓励模式的有效途径。因此，知识产权及其保护已成为世界各国发展的重要战略，并在国际层面达成共识。同时，知识产权及其保护涉及自身及其相互间诸多层面关系，是一个多层面关联矩阵问题。它既涉及知识产权及其保护的思想认知问题、行为实践问题，又涉及各要素构成及各要素之间的关联问题。思想认知问题是指哲学、法学层面的动机与正当性问题，是一个应然问题。行为实践问题是指科技与创新的进步或颠覆性发展而带来的政策与法律层面的保护与规范问题，是一个实然问题。关联问题是指应然与实然、实然与实然的关系问题等，例如哲学、伦理，法律保护、法律规范，科技发展、经济发展，个人利益、集体利益、公共利益及各要素、各体系相互之间的关联。这些问题既有包容的一面，又有冲突的一面；既有分离的一面，又有不可分割的一面。同时，这些问题是人类社会客观存在的，而又是不得不需要稳妥解决的。知识产权及其保护面临的情形就是如此。本章将就这些元问题或基本问题所涉及的知识与认识进行梳理与分析，为读者了解与认识围绕知识产权及其保护的各种法学说的分析与使用提供基础。

第一节　哲学发展之流变

知识产权及其保护的诸多元问题必然绕不开哲学、法律和法学，因为这些学科或概念既是构成知识产权及其保护的元概念，又是构成知识产权及其保护的主体、客体的支撑与来源的核心。

对这些元问题系统性认识的起源、流变及发展基本源自西方。西方思想、哲学、法学、经济的研究传统、主流的史学研究都是以学科分类进行的。这些研究大多是以面板方式在各学科下开展的，即以历史发展过程中某主流学派的兴起与式微或发展为纵轴；同时，各主流学派的兴替在时间上又有交集，横轴以该主流学派内部各支流或其对立学派的观点展开。了解这个基本规律，就比较容易把握这些知识的核心及它们对人类社会在历史长河式发展过程中发挥的作用。

一、概述

哲学发展的历史、对哲学史的研究与梳理，各哲学观点的提出与各哲学流派的形成，对各哲学流派的继承与发展、批判与创新，从古至今的研究或研究成果可以说是汗牛充栋。但若以系统性、条理性为索引进行梳理评价，多以梳理西方哲学发展史的逻辑主线为首要。

历史梳理传统上既有按时间进行梳理评价，又有按学派进行梳理评价等。为更清晰顺畅，本书采用时间面板的方法进行梳理，即可以将哲学的发展历史过程划分成古代哲学、天主教哲学、古典哲学和现代哲学等发展时期。古代哲学时期主要划分为前苏格拉底时期的自然哲学时期（约公元前 7 世纪～前 5 世纪）、从苏格拉底到亚里士多德时期的希腊三贤哲学时期（公元前 5 世纪～前 4 世纪）、希腊化时期的哲学（公元前 4 世纪～公元 5 世纪）；天主教哲学时期主要划分为教父哲学时期（2～6 世纪）❶（沃尔克，1991）和经院哲学时期（11 世纪～14 世纪）。在长达千余年的中世纪时期，天主教哲学占据哲学统治地位并禁锢着人们的思想。

哲学是人们对世界的总体看法，属于认识问题，但认识观点起点及认识方

---

❶ 公元 313 年米兰勒令标志着基督教在罗马帝国获得合法地位。

法确是不尽相同的。在古典哲学时期（源于文艺复兴时期，兴盛于十七八世纪），以自然法哲学为核心理念。在近代哲学时期（18世纪），以实证哲学为核心理念。现代哲学是近代哲学的一个转向，在该时期（20世纪初起），以分析哲学为核心。

哲学、政治学、伦理学、科学、法学从诞生之日起并在相当一段时期内是糅杂在一起的，并没有形成相互分离或完全各自独立的学科。这些知识与学问都是环绕在哲学的周围，并以哲学为统领。12世纪，法律率先从哲学体系分离出来，逐渐形成独立的法律科学体系，17世纪中叶或晚一些时间，由于深受自然科学颠覆性发展、文艺复兴运动、宗教改革运动、社会变革运动、启蒙运动等综合影响或这些变革本身的直接或间接推动，哲学、政治学、伦理学、科学等诸多学科才开始从哲学中分离、独立、发展并完善，形成当今的自然科学、社会科学等诸多学科的独立与发展局面。

进入21世纪，我们可以看到，生命科学、量子科学、认知科学等不断取得重大原创性突破，信息技术、人工智能技术、生物制造技术、计算技术等不断取得颠覆性进展，各学科、各领域的传统技术与新技术不断深入融合，人类社会正迎来新一轮的工业技术革命。同时，前所未有的涉及公共安全的卫生、环境事件也不时地侵扰人类，如新工业技术革命发展带来的巨大红利与伦理道德的价值问题、人类命运共同体所遇到与面临的前所未有的问题。这些问题带来的影响、冲击与挑战都是人类思想认识层面、行为实践层面、关联与解决层面必须直面的问题。而对这些问题与挑战的思考与行为实践使得哲学与法学、科技与法律、经济与法律等认知科学及行为实践科学等必然与必须产生交叉与融合。这将成为21世纪自然科学与社会科学融合与发展的大挑战与大趋势。

二、古代哲学

古代哲学时期主要有三个阶段，分别是自然哲学、希腊三贤哲学、希腊化时期的哲学。

（一）自然哲学

古时候，人们由于蒙昧而迷信于神造万物，然而仍然不乏追问"我是谁，我从哪里来，我到哪儿去？""万物的本原是什么？"诸如此类的本原问题。哲学出现的意义在于激起人们对探索世界本原的强烈兴趣。这一时期，哲学家以研究或考问世界本原问题为哲学命题，同时并没有将人与自然界截然区分，提出诸多关于世界的本原之说、哲学研究的对象亦就是自然的"本体论"问题。

由于哲学研究的对象为自然界本原问题，可将这一时期的哲学称为"自然哲学"。这一时期形成四大哲学学派，分别是米利都学派（提出泰勒斯的不定形论）、毕达哥拉斯学派（提出数字论）、艾菲斯学派（提出赫拉克利特的不定形论）、埃利亚学派（提出巴门尼德的存在论）（希尔贝克、吉列尔，2016）。古代哲学的基本特征是探求世界的最初原理与根本法则，也就是探索万象归一的"一"，即世界本原问题。

泰勒斯（约公元前 624～前 546 年）是米利都学派创建者，提出"万物由水组成"，即世界本原是水。之后，该学派的阿纳克西曼德（约公元前 610～前 546 年）提出"无限定是宇宙的物质本原"，这种物质本原是一种没有固定形态或固定性质的原始物。同学派的阿那克西美尼（公元前 570～前 526 年）提出"气是物质本原"。这三种本原说都有居之不定的特性，对后来的很多思想都有影响。

在同一历史时期，毕达哥拉斯（约公元前 600～前 500 年，创建毕达哥拉斯学派）认为数即万物，万物皆数，科学的世界和美的世界是按照数来组织就绪的。随着时间的推移，赫拉克利特（约公元前 544～前 483 年，爱菲斯学派创始人）提出"火是万物的本原"，主张"万物皆变，万物皆流"。齐诺弗尼斯（约公元前 570～前 480 年，毕达哥拉斯学派）提出"土是万物的本原"。克塞诺芬尼（约公元前 565～前 473 年，爱利亚学派先驱）认为"神是唯一的，神是不动的，神是主宰一切的"，即神是世界本原。恩培多克勒（约公元前 495～前 435 年，多元论者）提出"四根说"，他认为，火、土、气、水是组成万物的根，万物因"四根"的组合而生成，因"四根"的分离而消失。阿那克萨戈拉（约公元前 500～前 428，原子论先驱者）提出"种子是万物本源"，宇宙原本是无数无穷小的种子组成。普罗泰戈拉（约公元前 490 或公元前 480～前 420 或公元前 410 年，智者派主要代表人物）主张"人是万物的尺度"。从某种意义上讲，"人是万物的尺度"意味着现象的价值或意义是相对于人而言的。也就是说，事物本身无所谓善恶，善恶是相对个人或群体而言的。再之后，高尔吉亚（约公元前 483～前 375 年）认为，一切皆无，一切都不可知，一切都不可言，鲜明地体现了怀疑主义。德谟克利特（约公元前 460～前 370 年，原子论先驱）提出"原子是万物的本原"。巴门尼德（约公元前 515～前 5 世纪中叶，埃利亚学派的核心代表）提出"存在"是唯一不动的"一"，创立了著名的存在论。芝诺（约公元前 490～前 425 年）采用悖论的形式提出运动不可分，从另一个角度为巴门尼德的存在论辩护。

如上这一大段历史时期，是人类思想开启时期。首先由泰勒斯开启自然哲学之门，而巴门尼德的"存在"问题将这一时期的哲学"本体论"带到哲学的最高形式起点，即形而上学之路。后世的哲学家，无论是哪门哪派，都是在存在的问题上逐步深入探讨着本体论、方法论、认识论。这些探讨对相关理论与思想有继承、有发扬、有分离、有反对、有创新，并时而发生争执。这种争执影响着人类社会的各个方面，一直到 20 世纪语言哲学的出现也没停止。

（二）希腊三贤哲学

古希腊的哲学三贤主要指苏格拉底（公元前 469 年或前 470～前 399 年）、柏拉图（公元前 427～前 347 年，客观唯心主义的创始人）和亚里士多德（公元前 384～前 322 年，百科全书式的哲学家）。苏格拉底、柏拉图和亚里士多德具有师承关系。

在古代时期的自然哲学，即在苏格拉底前的哲学主要研究或关注的是宇宙或世界的本原问题。而苏格拉底扭转哲学主题研究的方向，开始研究人类本身，即研究人类的伦理问题。他把正义、勇敢、诚实、智慧、知识、国家、品质等涉及人类自身的问题作为哲学研究主题，使哲学研究从"自然中心论"转向"人类中心论"，"从天上回到了人间"，也可以认为，由苏格拉底开启伦理学研究。苏格拉底的名言是"认识你自己"。他的研究方法是启发式的问答方式，他的每一个发问都从概念开始，这是使用认识论的起点，且要经过辩论。这个辩论也被苏格拉底称为辩术，现在也被大家称为苏格拉底式辩证法。

柏拉图是苏格拉底的学生，他采用"二分法"，指出世界由"理念世界"和"现象世界"组成。柏拉图采用"洞穴比喻"阐述人类认识的全过程，即先看到的现象，再从现象到认识理念。理念的世界是真实的存在，永恒不变。而人类感官所接触到的这个现实中的现象世界，只不过是理念世界微弱的影子。现象世界由现象组成，而每种现象都因时空等而表现出暂时变动等特征。由此出发，柏拉图提出一种围绕理念论和回忆说的认识论，将它作为教学理论的哲学基础，并用洞穴比喻代表他的基本思想。这样，柏拉图就将他老师苏格拉底的概念转化成理念。除了"洞穴比喻"，柏拉图还使用太阳比喻和线段比喻来阐明他的理念论，为后世哲学的认识论范式打下基础，即形而上学的基础。柏拉图当时创立的柏拉图学园具有相当的影响力。

亚里士多德是柏拉图的学生，他的哲学研究无所不涉猎，包括伦理学、形而上学、心理学、经济学、神学、政治学、修辞学、自然科学、教育学、诗歌、风俗，以及雅典法律。他是建立哲学系统性和科学性的第一人，被称为百科全书式的哲学家就源自于此。亚里士多德既开启哲学研究的科学方法论即逻辑，同时也开启哲学的二元论即物质与形式。形而上学的概念来自亚里士多德，因为亚里士多德讨论第一哲学（元问题）的著作被后人编排在自然哲学（物理学）之后，所以第一哲学被称为形而上学（物理学之后）。他将哲学本体论的研究范式推到其最高形式，即形而上学。亚里士多德创立的逍遥学派与他的老师柏拉图创立的柏拉图学园一样具有相当的影响力。

可以说，古希腊哲学时期苏格拉底、柏拉图、亚里士多德的哲学研究对象与研究方法，开启人类认识模式的第一次转变与飞跃。哲学研究对象从自然世界的本原转向人类自身，研究方法由本体论作为出发点转向以认识论为出发点。

（三）希腊化时期的哲学

从公元前 4 世纪末的亚里士多德之后到公元 476 年西罗马帝国灭亡这一时期的哲学，在哲学研究史上被称为希腊化时期的哲学。这一时期的哲学学派从认识论出发，哲学本体论从自然界中非人类自身转到自然界中的人类自身。哲学研究的本原问题不再是自然界，而是转到人的幸福与解脱，追求肉体的无痛苦和灵魂的无干扰。这一时期哲学主要包括犬儒学派、斯多葛学派、怀疑主义、伊壁鸠鲁学派、新柏拉图学派（希尔贝克，吉列尔，2016）。

1. 犬儒学派

犬儒学派在公元前 400 年前后由雅典的安提斯塞尼创建，认为身外之物是靠不住的，它们都是幸运的赐予，而不是努力的报酬。唯有主观的财富（德行）或者是听天命而得到的满足才是可靠的。犬儒学派的思想具有厌世无求的味道（罗素，2009）。它不是激发人们进行徒劳的抗争，而是鼓励他们学会在不拥有他们本来就没有的物品的情况下，如何做到怡然自得。其学派主要代表人物有第欧根尼（约公元前 412～前 324 年）。

2. 斯多葛学派

斯多葛学派是芝诺（约公元前 336～前 264 年）于公元前 300 年前后在雅典创立的学派，坚信自然法则，秉承宇宙决定论。这一学派的学者相信宇宙间有公理存在，即所谓"神明的律法"。斯多葛学派的塞尼卡（公元前 4 年～公元 65 年）表示："对人类而言，人是神圣的。"自此，这句话成为"人本主义"的口号，芝诺也被认为是自然法理论的真正奠基者。在人类历史上，斯多葛学派第一次论证了"天赋人权，人生而平等"这一西方人文主义的核心理论。占有论也是斯多葛的中心思想之一，人类的道德追求生来就已蕴藏在其自然秉性中，占有意味着致力于获取自我省察时认为与自己相属的事物。人类占有符合其自然本性的事物，在对自己有利与有害者间作选择。

3. 怀疑主义

怀疑主义由皮浪（约公元前 360～前 270 年）创建，主要观点是对认识论的真和正当的问题采取一种谨慎或消极的观点，即"感官并不提供我们确定的知识""归纳不是一个有效的推理""演绎并不产生新知识""演绎不能证明它们的前提""相互冲突的意见具有同样好的理由"（希尔贝克，吉列尔，2016）。自此之后，怀疑论时常出现在不同的哲学时期，如中世纪的奥古斯丁，近代的笛卡尔、洛克和休谟。

4. 伊壁鸠鲁学派

伊壁鸠鲁（公元前 341～前 270 年）于公元前 300 年前后创办伊壁鸠鲁学派。该学派以原子论为本，伦理学是它的核心。它宣传无神论，认为人死魂灭，人生的原则就是快乐，生命以快乐为目标。而这种快乐是心灵宁静之乐，是友谊之乐。

5. 新柏拉图学派

新柏拉图学派是古代哲学的最后一个大型学派，该学派的创始人是阿摩尼阿斯·萨卡斯（175～242 年），不过最重要的人物则是他的学生普罗提诺（204 或 205～270 年）。普罗提诺将柏拉图的客观唯心主义哲学、基督教神学观念与东方神秘主义等思想熔为一炉，认为世间存在的每一件事物都有着神秘的神圣之光。然而，最靠近上帝的还是我们的灵魂。唯有在灵魂中，我们才能与生命的伟大与神秘合而为一。这一学派的思想既有回到柏拉图的忠实，又有与上帝结合的狂热。

三、天主教哲学

天主教哲学主要有两大哲学派别，分别是教父哲学和经院哲学。它的时间跨度长，历经 2 世纪到 14 世纪，涵盖整个中世纪（5～14 世纪）。[1]

（一）教父哲学

教父哲学学派主要是用创世论、原罪论、救赎论进行教义宣传的。由于使用文字的缘故，教父哲学还有东方希腊教父和西方拉丁教父之分。

教父哲学学派的早期代表德尔图良（约 160～230 年）主张创世论，即物

---

[1] 中世纪始于 476 年西罗马灭亡，终于 1453 年东罗马灭亡。

质世界出现之前上帝就已经存在，上帝是三位一体的。德尔图良最早用拉丁文撰写神学著作，被称为拉丁教父的开创人，教父们依据他的理论提出神真实存在的论断。他的学说也被视为正教。奥古斯丁（354～430年）论证并推广原罪论。他提出，罪是人类的一种状态。罪人，不是因违背上帝的十条律法而被判有罪，而是说罪就是存在于人的正常的生活行为中，即人继承人类祖先亚当所犯的罪。西方拉丁教父哲学学派的主要代表人物除了这两位，还有杰罗姆（具体不详）、安布罗斯（340～397年）、罗马教皇格里高利❶。

在东方希腊，查士丁尼（约482～565年）❷、塔提安（约130～180年）、伊雷纳乌斯（具体不详）、克莱门（约150～220年）、奥里根（约185～254年）等使用希腊文字，并把哲学作为传播基督教义的工具，也由此被称为东方希腊教父。

总体来说，教父哲学中最具有影响和代表性的是奥古斯丁，其思想影响西方基督教教会和西方哲学的发展，重要的作品包括《上帝之城》《基督教要旨》《忏悔录》《三位一体》，把教父哲学推向全盛时期。

（二）经院哲学

经院哲学最初是在查理曼帝国的宫廷学校以及基督教的大修道院和主教管区的附属学校发展起来的基督教哲学。这些学校是研究神学和哲学的中心。学校的教师和学者被称为经院学者（经师），所以他们的哲学就被称为经院哲学。经院哲学派运用理性形式，通过抽象、烦琐的辩证方法论证基督教信仰、为宗教神学服务的思辨哲学。从11世纪末开始，他们围绕共相与个别、哲学与神学、信仰与理性的关系展开长达300多年的争论，最终形成唯名论与实在论两大派别。

唯名论否认共相具有客观实在性，认为共相后于事物，基于事实发生后而提炼而成，只有个别的感性事物才是真实的存在。这派主要代表人物有罗瑟林（Roscellinus，约1050～1112年，唯名论创始人）、彼得·阿伯拉尔（Pierre Abélard，1079～1142年，经院哲学家、神学家及逻辑学家、概念论的开创者）、罗吉尔·培根（Roger Bacon，约1214～1293年，英国哲学家和自然科学家，实验科学的前驱）❸、奥康的威廉（William of Ockham/Occam，约1285～1349年，14世纪唯名论的代表）等。

---

❶ 格里高利是罗马教皇的称号，共有十六世，其中最为著名的是格里高利七世和格里高利十三世。
❷ 东罗马帝国皇帝，史称查士丁尼大帝，他的政策可概括为"一个帝国、一个教会和一部法典"。
❸ 区别于弗朗西斯·培根，后对其有介绍。

实在论认为，共相本身具有客观实在性，共相是先于事物而独立存在的精神实体，共相是个别事物的本质。主要代表人物有安瑟尔谟（Anselmus，又被译为安瑟伦，约 1033～1109 年，经院哲学家、神学家，极端实在论者）、威廉姆·香蒲（Gulielmus de Campellis，约 1070～1121 年，法国经院哲学家、神学家、逻辑学家）、圣托马斯·阿奎那（St. Thomas Aquinas，又译为托马斯·阿奎那，约 1225～1274 年，哲学家、神学家）。

安瑟尔谟被称为"最后一名教父和第一个经院哲学家"，他在《上帝为何降世为人》中提出救赎论（王觉非，2007）。救赎论是安瑟尔谟的神学教义和道德理论，以上帝存在的本体论证明、以先信仰后理解为理论前提，是极端唯实论在伦理上的反映，也是对奥古斯丁神学预定论的修正和发展。救赎论包括三个部分——原罪说、赎罪说和拯救说。该理论成为基督教的正统教义和伦理原则，对整个中世纪产生很大影响。

经院哲学派最著名的是阿奎那，他把理性引进神学，用"自然法则"来论证"君权神授"说，是自然神学最早的提倡者之一，也是托马斯哲学学派的创立者，最知名著作是《神学大全》。

天主教哲学从认识论向本体论出发，用方法论包装其论证过程，最后将本体论落实在认识论上。14 世纪后，神学与哲学日益分离，进入古典哲学时期。

四、古典哲学

自然科学的重大发现，对哲学包含各学科大一统局面的分离产生重大影响。影响最大的是哥白尼的太阳中心学说，它使教会的权威受到极大的冲击，同时使得直接的生活经验革命化。对于那个时代而言，哥白尼所提出的太阳学说的意义在于，人必须从一个完全新的视角看待世界、看待人类。这种逆转与梳理的反思性被称为哥白尼革命。其结果使得自然科学开始从神学中被解放出来，科学开始和神学走向决裂。之后的文艺复兴、宗教改革与启蒙运动，不但使人们对自然界本体论的认识走向科学之路，也使得哲学研究方法的方法论更加科学，逐渐使认识哲学的形而上学体系走向成熟。中世纪的结束使教权至上式微。近代新型国家的出现，需要对国家出现及国家秩序进行新的哲学解释，同时对完美国家与新秩序的憧憬，使得经院哲学走下舞台，古典哲学正式登场。由于时代的发展，古典哲学一经出场，就决裂和神学的关系，并以政治学为开路先锋。

尼可罗·马基雅维利（Niccolò Machiavelli，1469～1527 年，马基雅维利主

义创始人）把国家看作纯粹的权力组织，其代表作有《君主论》。他以人性本恶为起点，放弃逻辑推理的方法，而是以历史事实和个人经验为依据来研究政治问题。他把政治与伦理区分开，为追求建立强大的中央集权国家，阐述一套统治权术思想（麦克里兰，2014）。马基雅维利的政治观点打破中世纪的客观自然法。中世纪存在一种客观自然法则，它提供规定善和正当的规范，而这种自然法也适用于国王和皇帝。但是，马基雅维利把政府看作是现实政治，真正发挥作用的是政治结果。中世纪理论家关注的是理想目标，马基雅维利感兴趣的是如何从事政治。

托马斯·莫尔（Thomas More，又被称为圣托马斯·莫尔或托马斯·莫尔爵士，1478~1535年）反对私有制，轻视经院哲学，有实施教会内部改革的志向，但却无力改变现状。他的代表作有《乌托邦》，对后世影响巨大。人们崇尚乌托邦，可又找不到通往乌托邦的路径。

弗朗西斯·培根（Francis Bacon，1561~1626年）开创近代归纳法，为哲学研究方法论提供新的工具，为实验科学的创始人。留下经典名句"知识就是力量"。

托马斯·霍布斯（Thomas Hobbes，1588~1679年）是最早的关于国家组建的契约论提出者，代表名作《利维坦》。霍布斯认为，契约就是"伟大的利维坦的诞生"——"用更尊敬的方式来说，这就是活的上帝的诞生，对君权神授和教会大加挞伐"。总体上讲，霍布斯以契约论建国，而以自然法治理国家。

勒内·笛卡尔（Renatus Cartesius，1596~1650年）提出哲学第一原理"我思故我在"，具有"普遍怀疑"的主张，为欧洲的"理性主义"哲学奠定了基础（罗素，2009）。笛卡尔认为，哲学中存在着无数个冲突，唯一确定的方法是演绎的数学方法。

巴鲁赫·德·斯宾诺莎（Baruch de Spinoza，1632~1677年）认为，宇宙间只有一种实体，即作为整体的宇宙本身，而"上帝"和宇宙就是一回事，即神就是自然。斯宾诺莎是一名理性主义的一元论者或泛神论者（罗素，2009）。他是理性主义者，认为可以借助理性直觉获得事物本质的知识。他也是逻辑演绎者，把数学作为科学理想的出发点。

戈特弗里德·威廉·莱布尼茨（Gottfried Wilhelm Leibniz，1646~1716年）区别事实真理与理性真理，认为理性真理是必然的。他的研究范畴甚广，被誉为17世纪的亚里士多德。

约翰·洛克（John Locke，1632~1704年）是英国最早的经验主义者之一，其主要代表作有《政府论》《契约论》。他对财产的论述是知识产权研究者使用最多的哲学理论来源，对古典共和主义和自由主义理论的贡献反映在美国《独立宣言》中（罗素，2009）。洛克的《政府论》是现代学者论述知识产权归个人所有正当性的最权威理论来源。

乔治·贝克莱（George Berkeley，1685~1753年）否认物质的存在，他的基本思想是"存在即被感知（作为对象）或感知（作为主体）"，开创了主观唯心主义。

大卫·休谟（David Hume，1711~1776年）被认为在人类科学中引进经验性的探索方法。在休谟之前，传统正义论表现为德性正义论、神学正义论和自然正义论三种历史形态。中世纪的自然法理论基础是上帝创造客观秩序。对于经验主义而言，自然法是与作为行动主体的人相联系的，个人权利不可侵犯。休谟在新的历史条件下从宗教、伦理等方面批判理性主义。在其代表作《人性论》中，他对知识的分析得出既难反驳又难接受的怀疑主义的结论。因此，历史学家一般将休谟的哲学归类为彻底的怀疑主义，但一些人主张的自然主义也是休谟的中心思想之一（罗素，2009）。

让-雅克·卢梭（Jean-Jacques Rousseau，1712~1778年）是启蒙运动代表人物之一。卢梭认为，人民公意是平衡公共利益与私人利益平衡的起点。他提出"天赋人权"和"主权在民"，主张国家正当性的基础在于人民的普遍同意。后人对卢梭评价不一，有人将极权国家归源于卢梭，英国保守主义政治理论家埃德蒙·柏克认为卢梭是革命的祸首。尽管如此，卢梭确是众多批判旧制的最伟大者之一。他的主要著作有《论人类不平等的起源和基础》《社会契约论》《爱弥儿》《忏悔录》《新爱洛伊丝》《植物学通信》等。

伊曼诺尔·康德（Immanuel Kant，1724~1804年）是启蒙运动时期最后一位主要哲学家，是德国思想界的代表人物。他受卢梭的启发，调和笛卡尔的理性主义与培根的经验主义，被认为是继苏格拉底、柏拉图和亚里士多德后西方最具影响力的思想家之一。康德的《纯粹理性批判》《实践理性批判》《判断力批判》三部著作，标志着他所建立的批判哲学体系的诞生，并带来一场哲学上的革命。康德关于人的理性论述是知识产权法法律主体资格的理论来源之一。

格奥尔格·威廉·弗里德里希·黑格尔（Georg Wilhelm Friedrich Hegel，常称为 G. W. F. Hegel，1770~1831年），将辩证法推向成熟。他的本体论哲学标志着19世纪德国唯心主义哲学运动的顶峰，对后世哲学流派如存在主义和卡尔·马克思（Karl Marx，1818～1883年）的历史唯物主义都产生深远的影响（罗素，2009）。黑格尔关于人的自由意志论述与康德的人的理性论述构成知识产权法人格理论的基础。

杰里米·边沁（Jeremy Bentham，1748～1832年）创立了功利主义哲学。在他最著名的著作《道德与立法原理引论》中，阐述了他主要的哲学思想，其中包括两个原理：一是功利原理和最大幸福原理，二是自利选择原理（罗素，2009）。功利主义哲学是知识产权正当性与法律效率研究所使用的最基础的哲学理论。

亚瑟·叔本华（Arthur Schopenhauer，1788～1860年）是哲学史上第一个公开反对理性主义哲学的人，并开创了非理性主义哲学的先河。他也是唯意志论的创始人和主要代表之一，认为生命意志是主宰世界运作的力量。

弗里德里希·威廉·尼采（Friedrich Wilhelm Nietzsche，1844～1900年）的主要思想是对价值、意义、理想的彻底扬弃（罗素，2009），其名言是"上帝已死"。尼采对于后代哲学的发展影响很大，尤其是在存在主义与后现代主义上。

马克思创建了历史唯物主义、辩证唯物主义、马克思主义哲学。马克思的法学理论内核主要由三个部分构成：第一，法的起源和发展规律；第二，物质条件对法的最终决定性和法的相对独立性；第三，法的价值理念（中国法学会研究部，2010）。他的主要著作有《资本论》《共产党宣言》，对无产阶级革命和社会主义运动具有长久影响和重大意义。

五、现代哲学

从希腊三贤哲学开始直到古典哲学，人类认知模式发生第一次转变，在哲学研究的过程中，首先从研究的"认识论"出发，在这一过程中，演绎、归纳、综合、辩证法等哲学研究方法的"方法论"不断接受批判、创新、完善、成熟，从而使得"方法论"自身走向成熟，靠向"本体论"而达到形而上学的程度，再在世界本原的"本体论"的哲学研究中回归到"认识论"的出发点本位。

如黑格尔使辩证法进行充分发展，构架了完整宏大的哲学的形而上学体系。他从认识论的意识出发，采用成熟的方法论，对哲学的本体论研究归结到意识"第一决定"的认识论。马克思通过建立唯物辩证法，同样从认识论的物质出发，采用成熟的方法论，对哲学本体论的研究归结到物质"第一决定"、运动绝对的认识论。这不是一个简单的循环，而是一种辩证式的、扬弃式的循环。在这个循环过程中，从认识论出发的哲学研究方法逐渐走向成熟。

然而，面临着接连不断的科学技术突破、社会的巨大变革、自然环境的不断变换，人的认识思维、行为实践、关系变换也不断受到冲击、刺激、扩容，这意味着思想需要不断地拓展、深化和变革。在以认识论为主要切入点之后的哲学研究中，哲学家不再以建立庞大的哲学本体论的形而上学为己任，而更加重视研究分析方法，在使用已成熟的方法论基础上，如逻辑、演绎、归纳、综合、辩证等，又将科学中使用且渐成熟的方法不断地融入哲学研究的方法论中，且在使用中交叉融合，如心理学、行为分析、逻辑实证、逻辑分析、计量分析、认知模式、控制论、组织论、过程论等，更是把语言分析作为更重要的方法用于哲学研究中，"规范、思辨、分析"形成方法论哲学研究时期的最大特征。这样的发展又一次表现了人类认知模式的转向。哲学研究的方法从方法论尤其是分析方法入手，且不再坚守僵化的形而上的演绎式的方法论，这意味着哲学发展已告别古典哲学时期，走进现代哲学时期。

其中，亨利·柏格森（Henri Bergson，1859～1941年）采用直觉研究方法，从实证科学和宇宙论入手，进而构思他对人生的关怀。"一切皆绵延"是柏格森生命哲学的核心概念。他认为，哲学的真正出发点应该是当下的生活知觉，而真正形而上学的方法应该是直觉的方法。一旦我们采用直觉的方法，就可以通过自身的体悟发现，意识的本性乃至世界的本源不是别的，正是永不止息的绵延（罗素，2009）。查尔斯·桑德斯·皮尔士（Charles Sanders Peirce，1839～1914年）被视为实用主义创始人，和他一起建立实用主义的还有威廉·詹姆斯（William James，1842～1910年）。詹姆斯认为，世间无绝对真理，真理决定于实际效用，而且真理常随时代环境变迁而改变，适合于时代环境而有效用者，即是真理（罗素，2009）。他也由此被称为实用主义哲学之父。实用主义哲学体现的是既怀疑又不绝对、主观与客观相联系的思想。在该领域中，约翰·杜威（John Dewey，1859～1952年）是实用主义的集大成者。可以说，皮尔士和詹姆斯创立了实用主义，杜威建造了实用主义的理论大厦（罗素，2009）。弗里德里希·路德维希·戈特洛布·弗雷格（Friedrich Ludwig Gottlob Frege，1848～1925年）是数理逻辑和分析哲学创始人之一，著有《概念演算：一种按算术语言构成的思维符号语言》《算术的基础：对数概念的逻辑数学研究》《算术的基本规律》等。鲁道夫·卡尔纳普（Rudolf Carnap，1891～1970年）是经验主义和逻辑实证主义的维也纳学派代表人物，著有《世界的逻辑构造》。

20 世纪后现代哲学以逻辑分析为主，尤以路德维希·约瑟夫·约翰·维特根斯坦（Ludwig Josef Johann Wittgenstein，1889~1951 年）的语言分析为主要代表。维特根斯坦是 20 世纪最有影响力的哲学家之一，他的哲学研究围绕语言展开，主要著作《逻辑哲学论》和《哲学研究》。前者主要是解构，让哲学成为语言学问题。后者又把哲学回归哲学，在解构之后进行建构。他认为，创造一套严格的可以表述哲学的语言是不可能的，因为日常生活的语言是生生不息的，这是哲学的基础和源泉，所以哲学的本质应该在日常生活中解决，在"游戏"中理解游戏。

伯特兰·阿瑟·威廉·罗素（Bertrand Arthur William Russell，1872~1970 年）建立了逻辑原子论和新实在论，是分析哲学的主要创始人。他对日常语言提出批评，主张创造精确的人工语言系统，他还提出类型理论和摹状词理论。他的观点对逻辑经验主义的影响尤为强烈。

现代哲学的开启，是人类认知行为的又一次转型。哲学研究既不是从直接考问的本原问题入手，也不是从考问本原的认识论问题入手，而是从哲学研究的方法论入手。这种综合的方法论集合兼容古典哲学时期以及之前已经成熟的方法论，又开创了现代哲学时期特有的方法论。这种方法论以分析方法为主导，20 世纪后又转到语言分析。现代哲学主要及最大的特征就是产生众多的哲学流派。

第二节　法律及法学发展之流变

知识产权及其保护法律体系之完整及法学研究横纵之广泛主要表现在欧洲大陆成文法系国家和英美普通法系国家的这两个主要法律体系中。本节对法律及法学之流变的梳理也从这两个法系展开。

成文法体系与普通法体系这两个法系发展有无渊源、各自的核心法则及相互关联如何？法学研究的应然问题与实然问题有无差异？这两个法系发展之流变与相关的法学研究之流变对当今知识产权及其保护有无影响及如何影响？这两个法系是如何应对知识产权及其保护面临的新问题、新情况的？这些都是基本、关键、重要的问题。

一、法律与法律类属

在梳理法律体系发展之流变与法学发展之流变之前，有几个基本概念必须搞清楚。第一，什么是法律；第二，法律体系有几类；第三，法学研究是如何发展的。

（一）法律定义的维度

法律的内涵，基于不同的法学理念，不同的法学家有不同的解释与阐述。这些对法律的不同阐释有益于我们更深刻理解法的含义，如下是对一些法律不同解释的梳理。

第一，法是神法，维护社会秩序。埃德加·博登海默（Edgar Bodenheimer，1908～1991年）认为，"在古希腊，法律被认为是由神颁布的，而人则是通过神的启示才得知法律的"（博登海默，2017）。同时，在古希腊哲学和罗马法下，法律秩序是维护社会现状并付诸实践，这也是古希腊的概念——"维护秩序是法律的目的"（庞德，2018）。

第二，法律是自然正当理性的表现。这主要体现在斯多葛学派的自然法观。例如，马库斯·图利乌斯·西塞罗（Marcus Tullius Cicero，公元前106～前43年）有一段著名的言论："真正的法律是与自然符合的正当理性；它是普遍适用、恒定不变、永恒持久的；它通过指令召唤义务的承担，通过禁令阻止恶行……罗马与雅典的法律不会不同，现在与未来的法律也不会不同，但会存在一部对于所有国家与时代都有效的永恒、单一的法律……"（Cicero，1943）。

第三，法律是意志自由和权利的表达。黑格尔在《法哲学原理》中表示，法的本质是意志自由和权利，"任何定在，只要是自由意志的定在，就叫作法。所以一般来说，法就是作为理念的自由"，也被理解为，"意志自由的直接定在和权利的直接内容是作为自然界的物"（何勤华，2016）。

第四，法律是统治阶级意志的表达。罗斯科·庞德（Roscoe Pound，1870～1964年）认为"法律，不过就是社会力量、特定时间和地点的文明、阶级斗争、经济压力以及当时统治阶级的利益的表现而已"（庞德，2018）。相对之下，马克思是从国家意志性、阶级意志性和物质制约性这三个维度探讨法律的本质。

第五，法律是关联事物之间的关系。历史法学派创始人弗里德里希·卡尔·冯·萨维尼（Friedrich Carl von Savigny，1779～1861年）曾认为："在自然界，人是最重要的因素，人为了生活，必然地要与他人发生各种各样的关系。在这种关系中，既要让每个人自由地发展，又要防止对他人造成伤害，这就需要法律来规范，由法律来规范的人与人之间的关系。"（萨维尼，1993）而孟德斯鸠（1689～1755年）曾表示："广义上的法指的是源于客观事物性质的必然关系。人们所生活的客观世界是由物质运动构成的，而物质运动必然具有某种固定的规律，即一般的法。"

第六，法律是可论证的。罗纳德·德沃金（Ronald Dworkin，1931～2013年）曾提出："法律不同于许多其他社会现象，法律是论证性的。每个法律实践的参与者都明白，法律实践允许什么或要求什么，都取决于某些命题的正确性。"

第七，法律不是其他什么，而是社会建构。新分析实证主义法学的代表人物贺伯特·赖尼尔·阿道弗斯·哈特（Herbert Lionel Adolphus Hart，一般称为HLA Hart，1907～1992年）认为，法律是一种社会构建，是特定社会在历史中偶然形成的特征。"它出现的标志是体系化的社会控制，由制度来执行。法律取代了习惯，但又立足于习惯。法律是一个社会规则体系，由指导和评价行为的初级规则，与确定、执行、变更规则的次级规则组成。法律和法律体系不是自然物而是人造物。我们可以说法律和法律体系是社会制度。"（哈特，2017）

庞德曾将不同的法学家对法的研究认识归纳如下："第一，法律被认为是神定的人类行动规则；第二，法律被认为是古老的传统习俗，它被神所接受，因此给人们指明了安全的行动路径；第三，法律被认为记载了古时智者的智慧，他们知晓安全的或被神赞许的人类行动路径；第四，法律被认为是一套在哲学层面发现的原则体系，它表达了事物之本质，由此，人类应在行动上与其保持一致；第五，法律被看作是一套对永恒不变的道德法典的揭示与宣告；第六，法律被认为是在政治组织化社会中，人们关于彼此关系的一套约定；第七，法律被认为是反映了宇宙万物的神化理性；第八，法律被认为是在政治组织化社会中，主权者关于人们应该如何导控自身的一系列命令，此类命令的效力最终来源于被人们信奉的主权者的权力；第九，法律被认为是一种经由人类经验而发现的规约体系，依此，个体人类的意志可以实现最为完整的、能够与他人意愿的类似自由相协调的自由；第十，人们把法律理解为一套原则的体系，借由法学著述与司法裁判，它在哲学层面被发现并在细节上得到完善；第十一，法律被认为是统治阶级为了实现自身利益而施加在社会民众身上的规则体系；第十二，法律由经济或社会法则中与社会生活中的人类行动有关的诫命所构成，它通过观察而被发现，表达在通过人类经验而产生的规约中，此经验关乎正义实施中何者有效，何者无效。"（孟德斯鸠，2018）

这些从不同维度赋予的法的含义，体现在立法、司法、守法、用法、法学研究的各个方面。有不同的认识，就有可能产生不同的行动和后果。

（二）法律类属

人类法律思想史都是在法律类属下展开的对法律应然问题与法律实然问题的思考。法律类属按人与自然和人与人自身关系基本分为两大类，这两大分类都必须符合正义。亚里士多德将法律分为自然法和人定法（或称为实在法、制定法）（何勤华，2016）。自然法是由人类自身之外所施加的；人定法与自然法相对应，即法是人类自己定的，而非由人类自身之外所施加的。这两者产生的时间起点在哪里，孟德斯鸠（2018）最早曾就这一问题给出启发性解释。他提出："法基本上可以分为自然法和人为法两类。前者是在人类和人类社会之前就已经存在的法；后者则是进入人类社会之后产生的法，如国际公法、民法等。"（孟德斯鸠，2018）

人定法中最具有代表意义的是成文法，产生很早。具有里程碑意义的是公元前451～前450年制定的《十二表法》。《十二表法》之后又制定了一系列成文法（何勤华，2016）。

自然法与人定法的关系，用哈罗德·伯尔曼（2018）的话说，"神通过自然法来为世俗社会划定路线，世俗社会则有种把自然法的一般原则具体化为实在法的详细规划的任务，而这特别要通过国家来实现"。在人类对法律历史认知的长期过程中，一直伴随着自然法与人定法（实在法）这两个法律概念体系，从而形成一个同时容纳自然法与人定法的二元概念体系。

二、法律发展之流变

无论法律以什么形式或名义出现或存在，它的出现与存在或早于哲学，至少不晚于哲学。如果把人类活动规范的内容视为法律的话，那么至少人类早期的祭祀、图腾崇拜就有法的含义。法律的分科早于哲学的分科。自然的法律、宗教的法律、氏族的法律、王的法律、习惯的法律、古罗马的法律等众多繁杂的法律几经流变形成当今的大格局。

（一）自然法之流变

按照对自然法与人定法关系的理解，自然法形成法则，人定法形成规则。自然法的思想发源于古希腊斯多葛学派。古希腊人在对世界本原的观察、思考、追问的过程中，发现一种永恒不变的自然秩序或法则，而将其引入人类社会领域，演绎成一种规制人类社会的理想法则。历史发展的不同时期，关于对自然法的认识，出现了不同的自然法观。

在古希腊时期，从智者学派（公元前5世纪～前4世纪）到斯多葛学派，都将法律思考居于中心位置。如柏拉图认为自然法是本质的法，其他法律需与此一致；亚里士多德认为有"分配正义与矫正正义"的法；斯多葛学派的芝诺则认为"自然法是神圣的，拥有命令人正确行动和禁止人错误行动的力量"；斯多葛学派的克里希普在其《论主要的善》有一段最为典型的话："我们个人的本性都是普遍本性的一部分，因此，主要的善就是以一种顺从自然的生活方式，这意思就是顺从一个人自己的本性和顺从普遍的本性不做人类的共同法律惯常禁止的事情，那共同法律及普及万物的正确理性是同一的，而这正确理性也就是宙斯，万物的主宰与主管。"（何勤华，2016）

古罗马法学家把自然法置于三类法之首（自然法、万民法、市民法），并认为自然法是笼罩宇宙的正义。西塞罗首次系统地阐述了自然法理论，并认为"自然是正义的来源""自然为正义之基础"（王克金，2008）。

在中世纪，教父哲学家奥古斯丁认为："自然法是上帝的意志，人类在'堕落'之前受自然法制约，而实在法法律是人类'堕落'的产物。"（宁洁，2008）经院学派的阿奎那则在法的分类中将自然法置于实在法之上（李奕伯，2009）。

中世纪后，哲学从神学的"婢女"地位被解放出来，受到自然科学革命性发展、文艺复兴、宗教改革、启蒙运动、社会变革的影响，对正义的来源有重新思考的需求。最开始，以胡果·格劳秀斯（Hugo Grotius，1583~1645年）、斯宾诺莎、霍布斯为代表的契约论提出人性、理性是自然法的来源。理性代替宇宙（或自然）和神性，成为正义、规范的来源和基础。随后，以洛克为代表的哲学家提出不同自然状态的契约论，自然法调整自然状态下的自然权利，通过契约让渡自然法的执行权力。再之后，卢梭主张人民就是君主，主权属于人民，没有人拥有超越契约之上的权利。

19世纪，随着实证主义法学和分析法法学的崛起，自然法学派进入式微。19世纪末20世纪初，特别是经过两次世界大战后，人们重新审视法律与道德、伦理的关系，开始出现新的自然法复兴之说。第二次世界大战后，对法西斯纳粹的纽伦堡大审判就视为自然法的复兴（乔仕彤，2006）。属正义之类价值准则的自然法学说则进一步兴起，代表人物是亚历山大·登特列夫（Alexander d'Entrèves，1902~1985年）、理查德·富勒（Richard Fuller，1902~1978年）和德沃金。

经过两千多年法学思想中心位置的历史过程，自然法对人类世界当今的法律有非凡的影响。博登海默（2017）认为，自然法有两个成就："第一，创造了一些摆脱中世纪约束的工具；第二，掀起了一场强有力的立法运动。"他表示，"自然法倡导者认为，通过运用理性的力量，人们能够发现一个理性的法律制度"。亨利·梅因（Henry Maine，1822～1888 年）认为："自然法所尽的最伟大的职能就是产生了现代'国际法'和现代'战争法'"。（梅因，2018）

在自然法思想发展的历史长河中，不同的自然法学派出于不同的认识论立场，对自然法的本体论都作出过不同程度的发展与贡献，使自然法先后成为"自然规律""神法""理性"等概念的同义语。作为一种先验的正义观念，自然法从神或宇宙的法则到自然的正义，再到人类的道德法则，是西方政治思想的一个核心理念并贯穿着整个历程，成为人们观察、分析和评价实在法的准则和参照系。

（二）人定法之流变

哲学产生之前，人类尚未开展理性的思考，而是崇拜神、迷信神。泰勒斯开启哲学之门之后，在追问世界本原的同时，也在思考人类自身的问题。如古希腊思想家们思考的"正当是因自然而正当，还是因制定或惯习而正当"（庞德，2019）。"自由、正义、民主、法治"都是古希腊围绕自然法开展的，对于系统的人定法可以说是乏善可陈，古罗马开创了人定法的先河。

按照梅因的自然历史观，在罗马法之前的最早阶段，"法律是根据家长式的统治者个人的命令制定的，而他的臣民们则认为他们是在按神灵启示行事。然后便是习惯法阶段，那时是由宣称垄断了法律知识的贵族或少数特权阶级来解释和运用习惯法的"（张文显，2006）。

公元前 451～前 450 年，罗马帝国制定的《十二表法》开始各种冲突的习惯法法典化时期。426 年，罗马颁布的《引证法》更是确立了罗马法的权威。"在罗马，对于'十二铜表法'以前的一切制度，都不予承认。"（Maine，2005）《十二表法》之后又有系列的成文法制定，如 529 年颁布的查士丁尼法典。西罗马灭亡后至 11 世纪末，教会成了控制社会的主要力量。11 世纪末，罗马教皇七世格里高利实施教会改革，使教会不再依附于世俗君主，建立了僧侣等级制度。

在法律发展史上，12 世纪是一个分水岭时代。伯尔曼（2019）认为，"12世纪以前西方流行的法律依然是血亲复仇法，决斗裁判法，水、火裁判法以及宣誓断诉法。习惯（部族习惯、地方习惯和封建习惯）统治一切"。12 世纪被定义为这样一个时代："一切都在被怀疑，有许多道路都可能被选择，而且每一种结果都可能持续影响大数世纪之久。"（卡内冈，2017）英格兰和欧洲大陆的法律在 12 世纪这一特殊时期不可逆转地走上不同的道路。在 11 世纪末 12 世纪初的革命性巨变期间及此后，西方法律哲学的基本框架就已经确定下来（伯尔曼，2018）。欧洲大陆形成成文法系法律体制，而英格兰形成普通法系法律体制，美国因袭英格兰的普通法。

在欧洲大陆，由于教会的权威性据核心位置，法律或者是全欧洲的，或者是地方性的，而不是国家性、民族性的。在英格兰，由于一个统一、中央集权的英格兰封建王国的王室获有强势地位，国王的法适用于整个王国，并存在一个在全国范围内拥有初审管辖权的统一法庭予以实施。

16 世纪德国马丁·路德（Martin Luther，1483 ~ 1546 年）的宗教革命及 17 世纪英格兰加尔文宗教改革的冲击波强烈震荡整个欧洲，国家法律系统开始建立起来。德国革命的结果产生一套反映路德宗信仰的法律系统；法国大革命的结果产生一套自然法信仰的法律系统；英格兰产生一套反映加尔文宗姓信仰的法律系统；美国革命产生一套结合德国理性主义、法国自然神论、英国个人主义的法律系统。这样就形成被保持到当今世界最重要的两个法律体系，即成文法法律体系和普通法法律体系。

普通法以司法为中心，而成文法以立法为中心。普通法只有在权利义务关系的平衡被打破时法律才出面干预、救济，而在此前，法律并不关心权利和义务的具体分配。同时还具有 "遵循先例原则""陪审团审判原则""法律至上原则" 法律特色。"关系" 构成普通法的核心概念。美国大法官奥利弗·温德尔·霍姆斯（Oliver Wendell Holmes, Jr.，1841 ~ 1935 年）的名言 "法律的生命不是逻辑，而是经验"，讲的就是普通法（霍姆斯，2009）。

成文法法律体系具有倾向于理性的演绎推理，将判决建立在抽象原则的基础上，主要是通过列举或其他方式明确人们的权利和义务，并在它们的平衡被打破时指示司法救济通过更多使用概念、定义、特征来实现。成文法的列举是不能穷尽的，所以意志概念主宰了成文法（卡内冈，2017）。

三、法学发展之流变

法学是西方文明的产物。在现代词汇中，法学一词是古罗马法学家留给人类的一笔历史文化遗产。因此，何勤华（2016）总结说，这说明法学诞生于古代罗马，而非希腊，并体现出柏拉图的《法律篇》是西方历史上第一部法学专著。

在研究法律应然问题与法律实然问题两千多年的人类思想史发展过程中，

不同时期的人们使用不同的认识论、方法论、本体论而形成不同的法学学派。主要体现在 19 世纪前自然法法学占据核心地位，19 世纪自然法法学、实证分析法学、历史法学的分别发展，20 世纪自然法学、实证分析法学、社会学法学的流行。19 世纪前的自然法学是与哲学捆绑在一起的，是哲学的一个分支，也称为自然法哲学。

视"自然是法律的最高原则、是法律秩序和正义的来源"是自然法学派的本质。自然法学派经历古代的"自然的自然法学派"、中世纪"神性的自然法学派"、近代"理性的自然法学派"和现代"整体的自然法学派"。

从古希腊到中世纪初这段时期，属于自然的自然法学派时期，柏拉图、亚里士多德、斯多葛学派、西塞罗等都对自然的自然法哲学作出过贡献，如盖尤斯的《法律阶梯》、柏拉图的《法律篇》等。直到大约 1000 年，法律研究才开始缓慢复兴。通过 11 世纪的注释法学派和 13 世纪的评论法学派努力，法学先以意大利为中心，然后以法国为中心向欧洲大陆传播（梅特兰，2015）。中世纪自然法学家把法律的基本要求寄托在神学上，中世纪时期奥古斯丁、阿奎那论述了神驱替自然的位置，建立了神性的自然法哲学。

17 世纪，格劳秀斯的《战争与和平法》标志着法哲学进入新纪元即进入近代理性的自然法学派时期。理性的自然法历经了 17 世纪和 18 世纪，这一时期具体经历过三个时段。第一时段的主要任务是从神性的自然法学派中摆脱神性，进入理性，依赖统治者的智慧和意志实现自然法的实施。格劳秀斯、霍布斯、斯宾诺莎、塞缪尔·普芬道夫（1632～1694 年）和沃尔夫（1679～1754 年）均是这一时期的代表人物。第二时段以人性为基本点，推演出自然法的实施，主要代表是洛克和孟德斯鸠，体现了新兴资本主义要求的自由、权力观。第三时段以卢梭为代表，以"人民公义"推演出自然法的实施。

19 世纪中叶，哲学研究中出现实证主义，渗透到包括法律科学在内的社会科学的分支学科。法律实证主义认为，只有实在法才是法律。所谓实在法，在他们看来，就是国家确立的法律规范。法学实证主义的法学派反对自然法法学派，自然法学派开始式微（麦考密克，2014）。理性的自然法原则成了现代伦理、道德的主要哲学框架。

分析法学派是实证法学派的主要力量，特别重视逻辑分析的运用，主要代表人物是英国学者边沁和约翰·奥斯丁（John Austin，1790～1859 年）。边沁的功利主义法学认为立法的基础不是理性，而是功利。奥斯汀认为，"法理学科学所关注的乃是实在法，或严格意义上的法律，而不考虑这些法律的善或恶"（麦考密克，2014）。奥斯汀主张将法律应然问题与实然问题相区别，这是分析实证主义最为重要的特征之一。

在法律实证主义发展的同时，历史法学派也正在兴起。历史法学派反对理性的自然法哲学秉承的理性观点，他们关注的是法律的历史和发展过程。历史法学派的代表有萨维尼、萨维尼的学生乔治·弗里德里希·普赫塔（1798～1846 年）和梅因。历史法学派认为，法律深深地植根于一个民族的历史之中，而且其真正的源泉乃是普遍的信念、习惯和"民族的共同意识"。显而易见，历史法学派的理论与理性的自然法哲学家的理论是尖锐对立的。理性的自然法哲学面向未来，而历史法学派面向过去。

19 世纪形成理性的自然法哲学、法律实证主义、历史法学派的法学的格局。20 世纪，法律实证主义的法律现实主义出现，导致历史法学派的式微。法律现实主义者认为，"法官、律师、警察、监狱官员实际上在法律事务中的所作所为，实质就是法律本身"（Kessler，1941）。

起源于 19 世纪后半叶、兴盛于 20 世纪的社会法学派与分析法学派、新自然法学派构成 20 世纪法学研究的格局。社会法学派的代表人物有奥地利的欧根·艾尔利希（Eugen Ehrlich，1862～1922 年）、美国的庞德等。该学派把社会学概念、方法引入法学研究之中，同时认为法是一种社会制度，更是一个社会过程，强调法律的社会利益和"法的社会化"。当时，还产生有汉斯·凯尔森（Hans Kelsen，1881～1973 年）的纯粹法学，哈特的建构法学、自由法学和利益法学等。

第三节　法哲学与法理学

一、法哲学与法理学概念起源

1667 年，戈特弗里德·莱布尼茨（1646～1716 年）首次建立起法哲学这个概念。康德在 1785 年使用"法律的形而上学原理"代替"自然法原理"。1797 年，格劳秀斯第一次使用"实证法的哲学"，直接导致法哲学（legal philosophy）一词的诞生。1821 年，黑格尔发表《法哲学原理》，使得"法哲学"（the philosophy of right）的概念被人们普遍接受。1839 年，利奥波德·奥古斯特·文科尼西（Leopold August Warnkonig，1793～1866 年）发表的《作为法的自然学说的法哲学》，使"法哲学"（philosophy of law）很快在整个德语区和欧洲大陆为人们所接受（万胜，2015）。那之后，以"法哲学"为名的专著与教科书层出不穷，近代法哲学的理论体系基本确立，欧洲大陆法哲学开始在世界范围内传播和发展，逐渐影响拉美和亚洲的法哲学理论，并传播到中国。

　　总之，19世纪初，法哲学被德国和欧洲大陆接受之前，法哲学隶属于哲学，就是哲学的一个分支。在此之前各学派的思想家对法学的研究，亦即是法哲学的研究内容，都是融合在哲学的这一大一统体系内。法哲学当然是哲学的一部分，且主要围绕着自然法的一般原理展开。黑格尔（2007）在《法哲学原理》提出，"法学是哲学的一个部门""法哲学这一门科学以法的理念，即法的概念及其现实化为对象"。

　　但是，在欧洲大陆普遍接受法哲学概念同时，英美法学却普遍接受法理学（jurisprudence）的概念。法理学的本意是"法律的知识"或"法律的技术"。早期由1782年边沁所著的《法理学的范围》开创了法理学先河，后有1962年庞德的《法律哲学价值》重构了法理学的概念和内容。

二、法哲学与法理学流变

　　法哲学即是法律哲学，采用哲学研究的范式来研究法律的问题。19世纪以前，政治、哲学、道德伦理、科学、法学等学科尚未独立分离，如卢梭的《社会契约论》和孟德斯鸠《论法的精神》都是兼具政治学和法学性质的著作。那时，人类在其长期的思想发展过程中，各种学派的思想家不乏对法律的深刻思考，但在主流的自然法思想支配下，基本都是围绕自然法的一般原理开展的。从康德开始，对自然法的批判成为潮流，法学家们的研究中心转移到实在法上。19世纪开始，法学从哲学中分离出来，逐渐成为一门独立的学科。我们当今关注的问题是，19世纪后的法哲学是属于哲学还是属于法学。20世纪初，现代法哲学理论体系基本建立，1921年鲁道夫·斯塔姆勒（Rudolf Stammler，1956～1938年）的《法哲学教科书》就是这种理论体系的代表作。

　　法理学由受经验论影响的分析法学派所创，经过后实证主义法学派、社会法学派、综合法学派所继承并发展，本质就是研究法律的本质问题，亦即"法学基础理论"，所以说法理学就是法学。

　　结合法哲学与法理学，阿图尔·考夫曼与温弗里德·哈斯默尔（2013）在他们编写的《当代法哲学和法律理论导论》中提出法学研究的两项基本问题：一是何谓正确之法；二是如何认识及实现正确之法。一直以来，法哲学的发展就是以对这两个基本问题的回答为主线。这两个问题其实也就是法哲学与法理学研究的核心问题。

三、法哲学与法理学的关系

法哲学与法理学的关系是既有区别又有联系，主要体现在研究对象、研究方法、研究目的、研究发展趋势上，如图 1 – 1 所示。

图 1 – 1　法哲学与法理学关系

由于法哲学、法理学起源的背景不同，在研究对象上，法哲学更关心法律的应然问题，侧重于法律的正当性应当是什么、法律的道德价值应当是什么，追求研究的形而上学。而法理学更关心法律的实然问题，更侧重于研究与解释法律的目的、法学的方法、法律的价值以及法的理论体系。在研究方法上，法哲学的研究方法主要采用逻辑演绎、思辨的思路，追求形而上学的风格，而法理学更侧重于实证方法，同时也注意与逻辑演绎的规范模式结合。在研究目的上，法哲学主要探索法的本质、发展规律和发展趋势，试图从哲学层面对法学研究以指导，而法理学具有强烈的实践目的，欲直接服务于立法、司法、执法、法律研究、争议解决、守法和法律预测。在研究发展趋势上，相对发展缓慢的法哲学，法理学的内涵和外延不断扩张，加之其直接服务实践的目的，同时当社会出现综合性前所未有的大变局，服务于实践也有正当性的要求。

法律应然问题与法律实然问题本身就是一个问题的两个侧面，两者既有同一性的内在要求，又有独立分离的客观表现。法理学在研究法律是什么的问题时有研究法律正当性的需求，法哲学在研究法律应当是什么的问题有研究正确的法律如何实施的实际需求，两者有融合的实际需求。所以说，法哲学与法理学在本质上是一个"一元二分"的问题。沈宗灵（1992）总结说："从 19 世纪起，法学哲学也逐渐地从哲学家和政治学家的法学哲学转变为法学家的法律哲学。法学真正成为独立的学科之后，法律哲学已经成了法学而不是哲学的一个分支"。这个总结很能说明这个问题。

第二章　因法之名之二：法与经济及法与科技

第一节　法与经济的相互关系

法律与经济既有非常密切的联系，又有复杂的关系。两者之间有动态、能动的相互作用。经济与经济发展对既有法律的发展、完善既起到提出问题的作用，又起到对法律变革的催生作用。同时，既有法律对经济与经济发展既有维护作用，又有规制作用。关于法律与经济之间关系，相关研究经历了政治经济学、制度经济学、法与经济的历史发展阶段。

一、经济决定法律，法律反作用于经济

众所周知，法律与经济的研究起始于 19 世纪 50 年代的马克思（庞德，2017）。马克思从历史唯物主义的认识论立场出发，使用辩证唯物主义的方法论，在研究法律与经济相互作用时提出经济基础决定上层建筑，上层建筑反作用于经济基础的理论。在这一理论中，马克思将法律划入上层建筑范畴。马克思在 1859 年写的《政治经济学批判》一书的序言中，对经济基础和上层建筑的理论作了精辟的表述："人们在自己生活的社会生产中发生一定的、必然的、不以他们的意志为转移的关系，即同他们的物质生产力的一定发展阶段相适合的生产关系。这些生产关系的总和构成社会的经济结构，即有法律的和政治的上层建筑竖立其上并有一定的社会意识形态与之相适应的现实基础。"（焦佩锋，2013）马克思认为，法的关系源于物质本身的生活关系之中；历史是经济的历史，是一个不可逆过程。他表示，法律本身不提供任何东西，而只是认可现存的关系。经济决定了法律原理和规则的产生、适用和演变，决定了有效的法律体系。对于如何解读马克思关于经济基础与上层建筑之间关系的这一论述，一些人进行片面僵化的解读，得出经济基础决定论——"经济基础

决定上层建筑"。而英国权威的马克思发展史研究专家雷蒙·威廉斯（Raymond Williams）却批判了这种僵化的形而上学式的经济决定论。威廉斯解读的关键是对"决定"与"上层建筑"的语言解读，他认为，马克思所说的经济基础是一个动态的过程，并且经济基础是一个多变的过程（王鹤岩、杨帆，2020）。通过马克思的权威性和威廉斯解读的权威性就可理解经济基础与上层建筑两者之间的关系不是一个简单的决定关系，而是一个动态地发生作用的历史过程。

二、法经济学确立现代主流学派地位

（一）政治经济学对法与经济的研究

政治经济学将财富产生的根源作为研究经济的入手点，重点研究法律政策的社会干预程度对财富的生产过程、生产过程矛盾的产生与解决、财富分配的机制与后果及对经济过程的作用。

从14世纪起，随着欧洲贸易特别是海外贸易的快速发展，至15世纪末，西欧国家进入封建社会的瓦解时期，出现重商主义经济学说。重商主义把对外贸易作为财富重要源泉，鼓励国家法律政策倾斜支持商业贸易经济。随后法国等出现重农主义，认为只有农业才是创造财富的片面观点，鼓励国家法律政策重点支持农业。19世纪，随着资本主义和市场经济的发展，被誉为经济学之父的亚当·斯密（Adam Smith）的《国富论》问世。斯密把对经济的研究从流通领域拓展到生产领域，经济学研究的重点转向财富的制造，因此，斯密的经济学研究也被马克思誉为真正的经济学出现了。斯密开创了古典经济学，主要追随者包括大卫·李嘉图（David Ricardo）、托马斯·马尔萨斯（Thomas Malthus）和约翰·穆勒（John Mill）等，他们的学说都反对封建制度，提倡自由放任的经济。

在经历20世纪30年代经济大萧条后，为解决现实问题和应对时代的需求及矫正自由经济产生的经济周期问题，适时产生了凯恩斯的新经济学理论。新经济学反对自由放任主义，主张国家干预主义。此后，围绕经济与法律的有关政策一直在自由与政府干预之间摆动。

（二）历史学派对法律与经济关系的关注

历史学派反对古典政治经济学的经济自由主义，主张国家干预经济生活和实行保护贸易，促进本国工业独立和生产力增长，强调国家、法律、道德和宗教等精神作用对社会发展的决定意义。这实质是僵化的形而上学式的上层建筑决定论，与马克思的观点对立。马克思认为，经济基础决定上层建筑，上层建筑反作用于经济基础，虽然它们各自都是一个动态的过程。

（三）制度经济学的新视野

制度经济学派开启法律与经济关系的新视野。1899 年，托斯丹·凡勃伦（Thorstein Veblen）出版著作《有闲阶级论：关于制度的经济研究》。在他看来，制度实际上就是人们的思想习惯。私有财产、价格、市场、货币、竞争、企业、政治机构以及法律等，都是一些"广泛存在的社会习惯"。制度受环境的影响，一旦环境发生变化，它就会随之改变，而它的变化是通过个人思想习惯的变化来实现的。

1934 年，凡勃伦的学生约翰·康芒斯（John Commons）出版著作《制度经济学》。他认为，在现代社会中，有经济、法律、伦理三种利益协调方式，或者叫作三种制裁方式。在这三种方式中，康芒斯较为重视的是法律制度的作用，将法制视为影响社会经济发展的决定性因素。他认为，法律居先于经济，正是法律制度促使资本主义制度的产生和发展。

乍比较之下，凡勃伦代表制度经济学中的社会学派，着重于社会结构的发展和变革；康芒斯代表制度经济学中的法律学派。凡勃伦提出的"经济关系的本质是法律和权利的'交易'"已经突破"经济决定法律，法律反作用于经济"的观点，并将法律与经济从根源上就紧密地直接联系在一起。

（四）法经济学确立法律与经济关系研究的核心位置

1958 年，芝加哥大学创刊《法律与经济学杂志》（*Journal of Law and Economics*），标志着法经济学思想体系的正式登场，其中艾伦·戴瑞德（Aaron Director）和罗纳德·科斯（Ronald Coase）为主编。《法律与经济学杂志》的发刊代表一股芝加哥经济学派强劲之风刮来，他们为法经济学的发展作出巨大贡献，并为法经济学打下理论基础。

科斯（1937）通过"交易成本"将法律制度安排与资源配置效率有机地结合在一起。他认为，如果市场交易成本为零，则不需要法律。但是现实永远不会出现这样的情况，而法律的意义在于应降低交易成本。该理论至今都被法经济学分析作为起点与追求的目标。

20 世纪 80 年代，法经济学的理论研究已经具有一定规模，体系完备，出现如芝加哥学派、新制度学派、奥地利学派等流派。理查德·波斯纳（Richard Posner）对法经济进行这样解释：法经济学的根本就是将功利主义的"追求最大福祉"采用通过使用货币来表达功利的方式，转化为追求财富最大化。

换言之，实质就是将法律的正当性转化成对财富最大化的追求。波斯纳将自己的这一观点又归类到法律实用主义。自 20 世纪 70 年代后，以法经济学为理论依据，也出现大量以政策和法律实施效率或效能为对象的实证研究，进而对政策作出评价或优化。

法经济学方法着重于通过旨在提高经济效益的实用主义法律来促进科学和文化产品的生产和分配。在知识产权领域中，法经济学研究试图解决知识产权这种无形财产被市场中其他人"搭便车"的问题。"搭便车"的人在使用他人发明与作品时既没有支付适当的费用，也没有获得许可，可以轻易地复制，而无须奖励作者或发明人。"搭便车"者的抄袭成本远低于创造和开发产品所需的投资。因此，免费抄袭缺乏法律后果威胁着作者和发明者，使他们无法通过生产知识产权产品来丰富我们的世界。因此，法经济学可以充分地解释设立知识产权法的一大重要目的：通过使创造者和发明者对知识产权产品享有专有权，防止他人未经许可和未经付款而使用他们的产品。

三、法律与经济的动态能动关系

（一）法律的动机与经济活动的动机具有同源性

按照功利主义的观点，人类的趋利避害、理性盈利选择既是人类经济活动的元动机，也是法律产生和追求的元动机，这样两者便具有同源性。人类经济活动既是为了改善自己的需求，也是为了满足自己的愿望。面对艰辛的自然环境及错综复杂的社会生态关系，趋利避害、理性盈利选择的动机自然就成了经济活动的出发点。秩序是法律的最强的目的，秩序是实现趋利避害、盈利选择元动机的保障。因此，经济活动与法律两者具有元动机的同源性，这是两者能动关系的基础。

（二）法律与经济的动态能动关系

能动关系是一种相互包含、相互作用、相互促进、动态发展的关系，而不是因果关系、主客关系。能动关系既不是简单的作用与反作用的相互关系，更不是静止僵化决定论式的相互关系。法律与经济之间的关系就可以被形容为这种能动关系，具体表现为以下三点。

1. 法律与经济互为包含

经济活动中处处存在法律的规则，没有法律的经济是不安全的经济。而法律规则处处彰显经济行为，没有经济的法律就会成为死的法律。经济活动与法律实施均是人类的社会实践活动，而社会活动本身就是一个大一统的集合，这个集合的组成元素既不能独立分离与独立存在，又可相对区分。如法律的正当性就是意志自由，而经济活动就是意志自由的表现。

2. 经济活动决定法律存在的价值

法律具有很强的目的性，最重要的社会目的就是经济的健康发展。众所周知，斯密在《国富论》中的主张是自由放任的自由经济。但是，这种自由经济也有局限。斯密在《道德情操论》中更是强烈批判经济发展中的极端利己哲学。因此，自由经济需要法律规制，用以规制自由经济的，还有政府的宏观调控。凯恩斯的调控经济理论则是从经济发展的这个方向阐明法律存在的价值的。

3. 法律与经济的动态能动关系

经济活动的价值如同科学技术的颠覆性突破、社会变革等，构成法律变革的基础性、决定性力量。法律的存在维护着包括经济在内的社会秩序。

第一，能动作用不是互为因果的关系。首先，纯粹的经济活动不能自然地创制出善意的法，即经济不能替代法律。由于每个人的思维能力、行动能力的差异及占有、使用资本能力的不同，趋利避害、理性盈利选择的经济活动的功利行为必然导致财富分配与占有的不均，而分配不均不能完全依靠经济活动自身解决。经济活动可以推动法律的变革，但经济本身不能使法律的应然问题得到解决。其次，法律虽然维护经济发展的秩序，但即使是善意的法律也不会自动地产生人们预期的经济发展结果。单纯依靠法律强制财富均匀化，其法本身就不是善法，一味迁就功利主义动机、效率优先而形成的财富占有的结果也不符合善法的目的。趋利避害、理性盈利选择是动机而不是正义的标准，法的善与恶也不是以此来衡量的。既有法律同样也不会自动地产生积极有效的经济结果。

第二，法律与经济的相互作用是动态的，不是一成不变的。同样的动机可能会产生不同的结果。在既有市场经济条件下，寡头垄断经济的产生就是一个例子。寡头垄断是具有趋利避害、理性、盈利选择的市场经济主体在经济领域的行动结果表现之一，但却不是趋利避害、理性、盈利选择在法律领域所要的结果。产品生产领域的寡头垄断所产生的结果是：该垄断使得除寡头产品外无其他产品供给（不考虑替代产品），形成单一产品市场，剥夺消费者理性、盈利选择的权利，即侵害消费者产品购买的选择权。平台服务领域的寡头垄断的结果是，一方面该垄断使得产品销售者无对销售市场的选择，而对消费者形成单一平台有选择性的供给。另一方面，寡头垄断同样剥夺消费者理性盈利选择的权利。寡头垄断产生后，由于法律正当性使然，必然需要反制力量的法律出现，调整或修改既有法律来打破对市场和消费者造成损害的寡头垄断，如反垄断法等法律或法规。这反映了法律与经济之间关系的动态调整。

人类的社会活动是一个动态、发展的过程，而不是一个僵化、封闭的系统。经济活动及进一步发展动机催生要满足新需求的法律，既有法律保证经济的发展并规制现行经济的秩序，这是一个无固定频率的周期性问题。经济政策是法律与经济之间能动关系的一个重要体现，从商品经济到市场经济的发展过程中，不同阶段的政策都反映这种能动关系。各种鼓励、促进创新的法律政策确实带动经济的发展，而发展过程中产生的异化问题，出现的道德伦理层面的反思，对法律政策调整与更新也起到催生的作用。

第二节　法与科技的相互关系

科学与哲学生来就是一对孪生子，哲学之父泰勒斯开启了哲学之门，同时也使人类踏上科学之路。法律和科学技术都属于社会现象，属于人类活动的一部分，通过人这个媒介，发生相互作用。它们不能同社会相脱离，也就是说，它们既不能自居于社会之外，也不能凌驾于社会之上，而只能在社会中存在和发展，在社会历史发展过程中发挥作用（王勇飞，1986）。法律与科学技术在摆脱神学、宗教的禁锢之后，由于科学技术获得迅猛发展，一方面科学技术对人类社会的发展起到史无前例的巨大促进作用，催生科学技术及其发展所需的制度层面的保障与规治体系，即法律适应科学技术发展而生；另一方面科学技术迅猛发展也带来这种发展所引发的伦理道德的内在约束对法律变革的要求。法律和科学技术的关系从来都不失为法学理论的一个重要内容。总体上体现科学技术对法律是一种决定性力量，法律对科学技术也有巨大的能动反作用（黄跃庆，2003）。善法良治回应了科学技术发展对伦理道德内在约束的需求，同时可以促使其在规范的轨道上加速行驶。

一、法律与科学技术具有哲学追求本体论的同源性

科学是人们在追求世界本原过程中已认知的确切知识或是在确切知识前的黎明状态，而技术则是人类为满足自身需求过程中创造的为人类自身服务的工具，其本身也是人类需求的一部分。在人类功利范畴里，科学与技术在追求

"世界是什么"，从而满足人类的功利需求；而法律道德伦理层面在追求"法律应当是什么"，法律规范层面在追求"法律是什么"。法律既具有追求功利的动机正当性要求又有保护追求功利的规范作用，这两者既有区别又有联系。

这些都属于本体论的范畴，是人类认识世界本原这一问题的两个方面，具有同源性。同源性表现在既追求本原，又尊重规则，这个同源性是人类无法分离的。法律与科学技术通过人自身这个媒介产生能动的相互作用，没有人的社会活动，既不会有法律的出现，也不会有科学技术的出现。

二、法律与科学技术具有认识论的同一性

科学是一种以揭示客观真理、生产知识为目的的社会活动。无论其主观性有多强，科学都以理性思维作为指导。相对之下，技术的创造和实施都反映客观理性知识。法律无论是其法律分类体系的成文法与普通法，还是法学研究，就历史过程和发展来讲也都充满人的理性认识与理性实践。理性认识与理性实践这一认识论的同一性反映人类的价值追求与科学理性，这链接了法律与科学技术，使法律与科学技术互不分离、相互能动。

三、科学技术对法律的能动影响

科学技术对法律的能动影响主要表现在四个方面。第一，科学技术的迅猛发展尤其是颠覆性的发展催生法律，为之发挥保障作用。科学史家乔治·萨顿（George Sarton，1989）曾说过："科学技术是最富有革命性的力量，是一切社会变革的根源。"换言之，科学技术发展呼唤法制建设。第二，各国知识产权法的发展历史及知识产权的法哲学与法理学流变过程都充分说明科学技术发展在先、法律制度建设与优化在后这一道理。第三，科学技术的发展为法律研究、立法、司法、执法提供新方法、新工具，主要表现在物质影响、思想影响、方法论影响上（皮纯协，吴德星，2013）。科学分析方法为法律实证研究提供工具，为立法提供帮助（章翰韵，2014），生物技术、计算机与互联网技术、人工智能为司法、执法提供帮助，促使法在适用过程的规范性、正当性和效率性得到提高。第四，科技新发展为立法增添了新内容（陈蕾，耿宾涛，2008）。新内容主要体现在两个方面：①科学技术发展的新阶段与新内容要求新立法给予其促进、发展、保护提供明确的规范；②新科学技术发展带来的价值层面的思考与规制进入了法律范畴。对于这一点，科技史哲学家刘易斯·芒福德（Lewis Mumford，1983）曾经说过，人类若想在现代技术文明中继续生

存和发展下去，确实到了需要多方面考虑人类本性与机器关系的时候。

四、法律对科学技术的能动作用

法律对科学技术的能动性作用主要体现在两点。第一，法律规范性的稳定保护、促进科学技术的持续发展。法律给予科学技术发展的优先地位，使得科学技术成果有序发挥作用，有利于国际合作的协调机制建立（张艳芳，2005）。科学技术是一步步积累发展的，法律有利于调动各方积极性对科学技术创新的持续投入。知识产权法的创制就是最好的证明。第二，科学技术发展的前突性与法律的滞后性，容易使新技术脱离既有法律规范性的边界，产生科学技术异化。法律必然需要哲学反思，纳入法治新技术发展的道德伦理内在要求的法律内容，保持法律与科学技术的能动一致性，如对人工智能发展与知识产权法的学术争论与反思。

法律与经济、科学技术的能动关系要求在促进人类社会发展的过程中，有机、动态、均衡地发挥好这种能动作用关系。这也体现了"极而易僵，僵而易反，反而易新，新而易规，规而易顺，顺而易谐，谐而易盛，盛而易极"的人类社会活动动态周期性的能动规律（王久彬，2006）。

"极而易僵，僵而易反"，事物的发展循规蹈矩，墨守成规，不能适应适时需求而动，就会出现极端僵化的思想与行为。坚持极端必然走向僵化，僵化是极端趋势的发展，僵化至极必然走向反向。"反而易新，新而易规"，这里讲的是当反向之象出现时，旧的、落伍的方法已不适用，必须采用适应新需求的办法，适应新需求的办法就是新认识、新规制。"规而易顺，顺而易谐"，也就是说，如果有维护秩序的规矩，发展就会减少阻力障碍，而容易获得成功。"谐而易盛，盛而易僵"，这个逻辑是讲，获得成功的事，如果不克制，就会容易达到极端。

就本章介绍的人类社会活动与法律有关联的几个问题，无论是从客观还是从主观来看都遵从这个能动发展的范式。如果理解这个发展范式，就会看到更大的一个世界，对世界万事万物发展变化的认识就会有大致的把握——"如能预则立，如不预则损。"

第三章 知识产权法法哲学分析

从第二章所梳理和讨论的问题可知，知识产权法律保护必然涉及法律的应然问题与法律的实然问题。从法哲学与法理学范畴所关注的角度来看，法律的应然问题是法哲学重点关注的范畴，而法律的实然问题是法理学重点关注的范畴，两者之间的关系已在第二章中阐述。本章主要从法哲学方面分析知识产权法律保护的有关元问题。

至20世纪末，以专利法、商标法、著作权法、商业秘密法为核心内容的知识产权法在主要发达国家已经定型，国际公约也已经得到确认。知识产权法的立法、司法、执法及相关法的使用与预测等方面得到了国内外学者长期孜孜不倦的深入探讨，研究成果比比皆是。

进入21世纪，以信息、新能源、新技术为主要特征的新工业革命时代已到来。为迎接新工业革命的挑战，知识产权法的应然问题与实然问题不仅需要新的认识与反思，同时也需要对既成的知识产权法变革与完善。这些都需要从法哲学的根本层面着手。

第一节 知识产权法律保护的元问题

法哲学涉及知识产权法律保护的几个元问题是关系到法律保护效力、法律效率如何的问题。首先，法律为什么离不开权利和权利关系；其次，知识产权法赋予知识产权权利的法律正当性来自哪里。

一、权利观是现代法律构成的基石

权利是什么，权利在法律中的作用是什么，是法律研究与发展中基础且核心的问题。综观现在所有的法律，无论是成文法还是普通法，言法律必言权利，尚未发现不涉及权利的法的存在。无权利形成不了法，权利观已然成为现代法律的基石。从法律的发展历史、法律的本质特征、法律的目的就可明白权利观作为法律基石这一道理。

（一）从现代法律发展的历史过程看权利观

从现代法律发展的历史过程看权利观，主要有以下三个阶段。

第一阶段，法哲学通过演绎推导出权利观。1621 年，格劳秀斯发表的《战争与和平的权利》标志着法哲学新纪元时代的开始。法哲学新纪元最核心的表现就是把权利观从神授权利转变到由理性推演出权利。这一时期的法哲学高举自然权利的旗帜，为个人的诸种权利辩护。霍布斯、洛克、卢梭先后提出契约论，虽然契约论对自然状态的权利状况、组成国家中个人交出的权利内容各有不同，并且国家与个人之间履行契约的权利内容也不尽相同，但核心都是围绕权利观的正当性及国家的目的展开的。

霍布斯是第一位对自然权利的概念作出明确界定的学者。在霍布斯提出的"自然状态"中，人人平等、人人尽一切努力追求自由且不惜为此伤及他人，所以这一自然状态必然是战争的状态。为了维持和平，处于自然状态中的人通过契约的方式放弃一部分权利来组建国家，国家的权力由国王来行使。霍布斯的理论既带有强烈个人主义，又带有强烈的绝对主义。

洛克所描述的"自然状态"与霍布斯不同。洛克的"自然状态"不是战争状态，而是个人拥有无限制自由的生活形式，并且人类天性平等。洛克认为，国家是众人通过契约方式形成的一种有序的政治安排，所以国家不是一个专制的社会，是一个由多数人统治、服从某些规定的社会，其中，个人拥有最大的自由。对于洛克而言，国家的首要职责是保护私有财产；但是对于霍布斯而言，国家的首要职责是保护个人安全，保护个人生存。

相较于他们，在卢梭提出的"自然状态"中，个人是个坚强的独行者，生活在自然秩序里，并且自爱、自恋。随着分工和私有财产的引进，对财产的占有可能迫使人们进入战争状态。由于安全的需要，人们通过契约的方式组建国家，并把一切交给国家，包括个人自由和私有财产。所有人都在这个契约的群体之中，个人的一切都应在集体意志最高的指导原则之下，这个最高的指导原则就是人民公意，也是人民主权。法律要具有效力，就必须与公意相符，否则就只是个人的命令。公意的表现就是法律，而执行者就是行政机关。总的来说，在国家治理方面，卢梭与霍布斯的理念具有相似之处，而与洛克有所不同。

直到 18 世纪末，法律完成从衡平法与自然法向成熟法的过渡，成熟法把财产（所获得之物）与自由一起置于保护之中（庞德，2018）。在这一阶段中，自然法理论认为，所有的东西一开始都是无主的，人们可通过协议进行分配；对于没有分配过的物，先是被发现，然后被占有，或通过劳动，作为劳动成果归属于劳动者。通过这样演绎，或是通过先占理念，抑或是通过劳动创造的理念导出财产。

第二阶段，形而上学的权利观。18世纪末，康德以个体人格的不可侵犯为理论起点，论证了财产法的抽象理念。他提出"权利是通过确立每个人可以安全行使自由范围的规则来调整自由契约条件下相互共存的自由人的活动"，因此其权利观是一种抽象的、形而上学方式的表达，乃是在法律史中逐渐展现或实现的权利观念。康德认为，没有法律状态的自然状态是一个"原始契约"的状态，只有在这个状态下成立的国家才有可能在不伤害自由与平等的条件下保障每个公民的权利，权利的定言律令是"你表现在外的行为实践，应使你的自由意志伸张在普遍有效的法则下不可抵触每个人的自由"（昆兹蔓，2011）。所有法律规则、法律学说和法律制度或多或少都是对权利这个观念全面或完美的表示，并且未来发展方向也只能是对这个观念更全面且更完美的表示（庞德，2017）。

同一时期的黑格尔认为，权利就是法，即原来是自在的法，现在是被制定的法律。法的本质是意志自由和权利，财产可被视为自由理念的现实化，而意志自由的直接定在和权力的直接内容是自然界的物，从而将形而上学式的财产观推向成熟。在黑格尔看来，人只有占有财产，才能作为真正的人而存在。庞德（2017）通过阐述表示，尽管实证主义法学家与形而上学的法学家在用意上不同，但两者的财产理论是实质上相同的。卢梭则以社会公意理论形成他抽象的财产观。

第三阶段，现代法律构成的表现。16世纪德国革命产生一套法律体系，17世纪英国革命产生一套法律体系，1789~1830年法国革命也产生一套法律体系（伯尔曼，2005）。中国、日本、美国虽然各自情况不尽相同，但都属于典型的"派生型"法学近代化国家。中国的法学近代化以翻译日本法、德国法为起点（梅特兰，2015）。这些现代法律体系总体上类属于以成文法为代表的大陆法系和以普通法为代表的英美法系。法国的《人权宣言》、美国的《权利宣言》充分反映了权利观在现代法律的基石表现。

（二）从法律的本质特征看权利观

最后一阶段从法律的本质特征来看，虽然不同的法理学家对法律的内涵赋予不同的解释，但始终没有脱离黑格尔对法律本质的认识，即法的本质是意志自由和权利。成文法"意志"占据主宰的地位，而普通法"关系"占据主宰的地位，这都是意志自由和权利在实在法中的体现。"大陆法关心的主要是通过列举或其他方式明确人们的权利和义务，并在它们的平衡被打破时指示司法救济；而普通法很少关注这些对于权利和义务的直接分配，相反，将这一任务留给习惯或其他社会规范，很多时候默认这些规范对权利和义务的分配，只在它们被打破时予以救济。"（卡内冈，2017）在普通法的"关系"中，法律对个人利益和财产的保护采取不妥协的极端个人主义立场。普通法给予个人自然权利的影响以抗拒其他个人，特别是国家的自然权利，以极端的个人主义为特征，无比珍惜个人自由、尊重个人财产。对德国和法国具有重要影响的利益法学认为，法律规范是价值判断。在相互冲突的利益中，法律所倾向保护的利益是被认为优先的利益（博登海默，2017）。

（三）从法律的目的看权利观

同时，法律的目的也体现权利观。法律的终极原因是调解社会的福祉，未达到这一目标的规则不可能永久地被证明其存在是合理的（卡多佐，2019）。现代社会的一大福祉就是对人权的尊重与保护。而分析法学派认为，人们依照自然权利以及由它衍生的法律权利来思考问题，这就是人权。对于财产和权利的关系，康芒斯（1997）曾指出："财产是有权控制稀少的或者预期会稀少的自然资源，归自己使用或者是给别人使用，如果别人付出代价的话。可是，财产的权利是政府或其他机构的集体活动，给予一个人一种专享的权利，可以不让别人使用那种预期稀少、对于专用会造成冲突的东西。"

从上述对法律形成的历史过程、法律的本质特性和法律目的综合分析中可以清晰地了解到，权利观是现代法律的基石。

二、知识产权的特征决定其复杂性

21世纪，人类已进入知识经济时代，如果对知识产权问题置之不理，就会形成知识经济的代际差，这个代际差会形成未来经济发展体之间社会发展的巨大鸿沟。由于知识经济时代技术的迅速发展带给社会发展的巨大红利，各主要发达国家都将对知识产权采取促进、发展、保护、规范的战略并作为国家战略来实施。

（一）知识产权的概念

实施知识产权战略，要对什么是知识产权有个基本的认识。自17世纪中叶法国学者卡普左夫首次提出知识产权概念以来（吴汉东，2005），学者们对知识产权都在试图作出一个完整的定义，但目前的情况是仍然没有一个各方都接受的完整、清晰的定义。已有的知识产权定义主要有两类：一类是权威词典给出的定义；一类是研究学者给出的定义。

粟源（2008）对权威词典中的定义进行梳理，大致有以下几种说法：①自然人或法人对自然人通过智力劳动所创造的符合法定条件的智力成果，依法确认并享有的权利；②人们基于自己智力活动创造的成果和经营活动中的经验标识等依法享有其利益并排斥他人干涉的民事权利；③公民或法人对其智力活动创造的精神财富所享有的权利；④法律赋予知识产品所有人对其智力创造成果享有的专有权利；⑤法律赋予知识产品所有人对其智力创造成果所享有的某种专有权利；⑥行为主体以智力劳动的方法在科学、技术、文艺等领域里创造的精神财富的专有权；⑦知识产权是一种私权，指对特定智力创造成果所依法享有的专有权利，或者说是以特定智力创造成果为客体的排他权、对世权。

国内也有学者提出："知识产权是人们基于创造知识的劳动对所产生的知识产品依法享有的专有权。"（周俊强，2004）国外学者如洛约拉马利蒙特大学的贾斯汀·休斯（Justin Hughes，1988）认为知识产权可通用的定义为非物质权，确定为非物质权的整个价值在于它的一些观念或想法，通常具有一般不被知晓的新颖性。休斯同时对知识产权这种专属权的适用展开过较详细的讨论。相较之下，威廉·兰德斯（William Landes）与波斯纳的定义更加直白："我们所谓的知识产权，是指那些独立于某一特定物质载体而存在的思想、发明、发现、标记、图像（言语、视觉、音乐、戏剧）表达性作品，或者简言之，任何具有潜在价值的人为产品（广义地说，即'信息'），而无论该产品是否已经在实际上被'产权化'，亦即被纳入一套财产法律制度之中。"（Landes & Posner，2003）

（二）知识产权的基本特征

从对知识产权的认识来看，现有的定义还不足以精确地刻画出知识产权的全部内涵。由于人们认知世界的能力不断提高，知识产权的定义是开放的而不是封闭的，是发展的而不是僵化的。19 世纪中叶作为独立的法律领域而出现的知识产权法，由于非封闭的特点，给知识产权的发展、促进、鼓励、规范带来诸多不确定性。这些不确定性反映了知识产权保护中存在的法律应然问题和实然问题，也是学者从不同法学层面经常研究、探讨、争论的问题。

提炼知识产权的基本特征有助于厘清和解决这些问题。笔者将学界对知识产权基本特征的研究结果整理如下。

第一，知识产权是法律创设的。权利是制度创设的产物，知识产权虽然是专属权，但也是权利所属范畴。自世界普遍接受契约论观点之后，霍布斯、洛克、卢梭的契约论尽管所描述的自然状态不同，权利划分不同，权利性质不同，但有一点是相同的，即权利源自法律，而这与法律如何取得正当性无关。无论是成文法还是普通法，权利的授权均来自法律，在成文法中权利占据核心的位置，而在普通法中权利关系占据核心的位置。法律对于知识产权赋予的权利在成文法系和普通法系中的情况也不例外。时至今日，世界现代法律共创设四大类知识产权，即专利、著作权、商标、商业秘密，具体的知识产权法律对它们的定义采取列举法和排除法。法律创设的知识产权制度是保护具有创造性的智力（intellectual）劳动成果的，而不是限制知识传播的，不保护知识（knowledge）。英文使用"intellectual property"而非"knowledge"，这正反映知识产权的本质。

第二，知识产权是智慧劳动的成果。虽然对知识产权的定义有不同的描述，但有一点是有共性的，那就是知识产权不是自然的有形物，同样也不是劳动生产的有形之物。如果是有形之物，物权和物权法就可以解决相关问题，而不再需要法律创设知识产权。知识产权是自然人智慧劳动的成果，属于无形物的范畴。

第三，信息是知识产权的本质属性。知识产权是人们智慧劳动成果，但却不是以有形物表现而获得。四类知识产权的一个共同本质属性就是知识产权的信息属性。这种信息属性表现为两点：一是知识产权是以信息的方式存在的；二是这种存在的表达是以依赖于某种有体介质的。信息存在就是信息以某种有形体状态的转变而存在。例如，计算机程序信息的存储就是通过磁存储器物理状态改变而表示的。再举一个智慧劳动成果表达的例子，一家娱乐公司举办一场娱乐晚会，在黑夜的上空打出一行激光字体"欢迎你，参加娱乐晚会"，这一技术无疑属于智慧劳动成果，这个激光字体即是智慧劳动成果的表达，而这个表达必须依赖激光这个有体介质。因此，信息是知识产权的本质属性，而只构成必要条件，不是充要条件。

第四，知识产权具有同时共用性。知识产权与实物产权相比，有很大的区别。实物产权可以重复使用多次，但每次使用只能是一个人或同一组人，使用过后的实物产权并不消失。知识产品同样可以重复使用多次，但在同一时间可以多组或多人使用，如许可影视作品的线上线下同时使用。多人多次使用后，知识产权的专属权利可能会有丧失的风险，如商业秘密类知识产权。

第五，知识产权所有权具有复杂性。由现代法律知识可知，知识产权为法律创设，法律实在的基础就是法律主体及法律客体的资格问题。法律人格是法律主体的资格必备条件，法律主体是所有权拥有者的前提，而客体则是主体权利义务指向的对象。由于知识产权第一至三个特性的不完整性和不封闭性，法律关系客体、法律关系主体及法律人格会出现多样性。首先，在知识产权的客体主题认定标准上会出现不确定性。其次，也会在主体资格认定标准上甚至在人格认定标准上出现模糊和不确定性，特别是在进入知识经济时代后，这个问题越发突出，如人工智能是否适用现行知识产权法而出现的诸多问题。法律人格、法律主体、法律客体的主题不确定性导致知识产权所有权的复杂性，主要表现在所有权在第一顺位的获得。

知识产权具有的这些特性决定知识产权研究的三大法学研究的进路：第一，知识产权法的正当性与伦理性研究；第二，知识产权法律客体、法律主体、法律人格的确定性研究；第三，知识产权法律保护的实在问题研究。

第二节 源于洛克"劳动成果论"的保护学说

文艺复兴后，国家作为社会组织形式踊跃出现，客观现实需要新的国家理论与法律理论为之服务。理性的自然法学派冲破神授权利的自然法学派的禁锢，论述国家的形成、国家所拥有的权力、个人所有权利的正当性成了理性法学派的主要任务，霍布斯、洛克、卢梭的契约论应时而生，并对后世产生重要影响。

一、洛克的"劳动成果论"

洛克首先撑起理性自然法下私有财产具有正当性的理论大旗。洛克的"劳动成果论"直截了当地阐述了劳动成果可以转为私有财产，为产权私有化进行的正当性辩护，成为现代学者研究知识产权正当性的一条主要理论来源。洛克（2007）在其著作《政府论（下篇）》第五章论财产章节中完整阐述了劳动成果归劳动者自己所有这一观点。

"自然之物，因而都归人类所共有，人类共有的，必然通过某种方式归为私有。人的身体所从事的劳动和双手所进行的工作，可以说，是正当地属于他自己。所以，一个人只要使任何东西脱离其自然存在的状态，这个东西就已经掺进了他的劳动，即掺进了他自己所要的东西，因而这个东西就成了他的财产。换言之，一个人只要通过自己的劳动使任何自然之物脱离了自然状态，他就对自然之物享有排他的所有权，财产权就产生了，……是劳动把这些东西区别开来。……财产权行为不会损害他人的利益，因为世界还有足够多的、同样好的，其他人用都用不完。……财产的限度，以供我们享用为度。"（洛克，2007）

二、对洛克"劳动成果论"的解读

（一）"劳动成果论"演变成私有财产保护的法律基石

解读洛克"劳动成果论"，可以得出这几层意思。第一，天下自然之物为人类共有，公共所有的东西通过某种转化方式可以划归个人。"人类共有的，必然通过某种方式归为私有"，如先占的或分配的。第二，自然之物通过劳动摆脱自然状态对它的约束，劳动成果归劳动者所有，"人的身体所从事的劳动和他的双手所进行的工作，可以说，是正当地属于他自己"。第三，劳动成果可能隐含有非物质形态的部分，洛克在阐述劳动成果归劳动者所有时并没有直接阐述劳动成果的形态。多年来，学者们一直在争论，当洛克使用"财产"这个词时他的想法是什么。在他的许多表达用法中，"财产"实际上包括一个人的所有权利，即"生命、自由和不动产"（Gordon，1993）。史学专家梅雪芹（1996）教授在研究洛克关于财产的概念时指出，洛克的财产观念具有侠义和广义之分，广义的财产观念包含有非物质形态。洛克考虑的私有财产的来源主要有两大类，第一类是先占或分配的有形的自然之物，第二类通过劳动获得的劳动之物。洛克财产观中含有非物质形态的东西，很显然，意味着劳动成果可能含有非物质形态的东西。这三层意思（狭义以及广义的物质、非物质）经常被学者用来论述知识产权可以授予产权模式的正当性，学者们所说的洛克"劳动成果论"赋予知识产权的正当性就源于此。

洛克的"劳动成果论"在18世纪的法国风靡一时，《人权宣言》《法国民法典》《瑞士民法典》等欧洲大陆国家纷纷将"劳动成果论"法典化。在美国，洛克的"劳动成果论"成了保护私人财产的理论基石。

（二）"劳动成果论"对知识产权法的适用性

对文献解读的介绍至此，可以发现，对洛克的"劳动成果论"解读应该说还并不算完整，这主要体现如下几个方面。

　　洛克对劳动成果归属于劳动者的论述有必要两个条件：第一个条件是自然之物足够多、同样好、用不尽；第二个条件是劳动成果归属个人，私有财产权的建立不损害他人权益。休斯（Hughes，1988）认为，这个方面可提炼成为洛克财产的核心——先占，由先占继而成为合法的基础。

　　为什么先占是合法的？洛克的"劳动成果论"对此隐含着两项解释。第一，先占是通过劳动获得的。先占不是抢占，也不是专制占有的，更不是剥夺他人的，因此这种方式的占有是合法的。第二，足够多、同样好、用不尽，因此先占也不会伤害他人。

　　洛克的"劳动成果论"是为其财产论服务的。财产论的核心是阐述私有制的合法性，从而反对绝对的君主制。洛克"劳动成果论"占据道德的制高点，因此克服霍布斯所描述的在"自然状态"对财产的占有会导致战争状态的问题。洛克在《政府论》中对财产通过劳动获得的说法与他在关于社会契约论所表达的思想也是一致的。

　　洛克论述财产论的角度是人类群体站在天空俯视自然，个人通过劳动将其属于劳动成果的自然之物归属自己。这不是通过专制的权利将自然之物划归自己，也不是人仰望神、由神赋予人财产。这里的思想表现正好是理性的自然哲学反对自然的自然哲学核心之所在。当今时代对自然之物的有限性认识与理性自然法时代对自然之物的"足够多、同样好、用不尽"的认识情形完全不同。当今时代对自然物的认识多从客观的物理世界来看待自然之物，而洛克看待的自然之物含有主观的人的认识层面。现实世界产生的知识产权竞赛现象就说明这个问题，专利专属权与著作权保护实质上是有主观认识的自然之物和客观认识自然之物之分的。劳动者的智慧劳动成果以信息形式存在，这是无形的主观认识自然之物。但通过专利权和著作权等知识产权对相关信息进行保护，所形成的财产权可以被其他人捕捉并与其他信息区分开，从而也是客观认识的自然事物。

　　"私有财产权的建立不损害他人权益"这项要求显然是不完备的，需要较高的道德标准进行引领和法律规范进行调节。这项条件的非完备性，使得劳动成果归劳动者自己所有的分配正义必须富有矫正正义，从而才能使得该权利的获得具备完全的正当性。❶ 这项条件同时意味着财产的限度应以个人的需求为限，超出个人需求应属于公共所有。在普通法环境下，依据法律保护个人权利

---

　　❶　亚里士多德将正义分为分配正义与矫正正义。矫正正义可以通过法院判决等方式来实现，力求在过程中进行矫正，进而实现结果正义。

至上的精神，加之理性人的自利，当财产的限度超出个人需求时，专属权期间与个人需求限度之间的关系还缺乏有效解决的先例，在实际的司法中也只是以实用主义原则逐案进行平衡。在以立法为中心原则的成文法环境下，专属权期间与个人需求限度之间的关系还未达到精细的程度，因此在知识产权诉讼中，均衡公共利益与个人利益同样也是一个不易处理的问题。这些问题可能是使用洛克"劳动成果论"时需要规避的问题，或者说洛克"劳动成果论"不能完全适用知识产权先占有的正当性问题。

虽说洛克在《政府论》中关于财产权的论述并未直接提及知识产权的问题，但学者们发现将"劳动成果论"用于解释知识产权正当性是很契合的。例如，法学教授吴汉东将以洛克为代表的传统财产理论分解为"先占、需求和劳动"，用以适用对知识产权理论的解释。当代知识产权学者在使用洛克劳动理论时，主要基于两点思考：第一，对获取财产的劳动行为应当给予鼓励；第二，对产生劳动成果的生产者和投入者应该给予奖励。正当性问题属于法律应然问题的范畴，现实社会不仅需要法律应然性来解决正当性问题，更多的是需要法律实然性的解决方案。所以，洛克的"劳动成果论"不能用以完全解决劳动成果归属私人的具体分配问题。

就知识产权而言，对于赋予财产专属权的智慧劳动成果，如果这个劳动是共同劳动，那么这个劳动成果的专属权应该赋予谁？采取何种方式赋予？同时，对专属权保护应该如何保护？保护力度如何？专属权赋予的时间长度为多久？这些问题在不同经济发展阶段和文化背景条件下如何解决还是比较棘手的问题，尤其是在交叉的环境下。因为这些问题既具有同一性，又具有差异性。

休斯从三个方面论证洛克"劳动成果论"对知识产权适用的正当性：第一，思想的产生需要劳动；第二，不考虑社会信仰的情况下，一个人相信思想的产生应当需要劳动；第三，在不违反浪费的条件下，这些思想被创制为财产。休斯在论证过程中使用"回避劳动理论""劳动增值理论""劳动与思想表达的区别"。"回避劳动理论"从劳动者个人角度出发，认为智慧劳动是一项辛劳的事情，智慧劳动不是劳动者心甘情愿所选择的，人们宁可选择回避也不愿意选择智慧劳动，所以应该给予智慧劳动者奖励。"劳动增值理论"也被称为"劳动沙漠理论"，认为智慧劳动是非精神所要求的劳动者产生的对其他人有价值的东西，劳动者要求从这个劳动中获得好处，只有获得好处，才有可能愿意从事这个劳动。从社会整体角度来看，劳动常常产生社会价值，是产生的社会价值值得奖励，而不是生产这个价值的劳动。将"劳动增值理论"通常理解为"工具主义"或"结果主义"的观点认为，如果增加的价值中有一部分是由个人积累的，那么这个增值就会视为公众增值。大家共有相关的增值部分固然最好。虽然大家的财产都是通过个人劳动积累的，但是若个人的劳动成果不能体现出来并从而获得奖励，终究调动不了个人的积极性。然而，当知识产权被更系统地创造出来，例如通过立法，由此产生的财产权学说似乎不那么单一地倾向于回报社会价值。对于"劳动与思想表达的区别"，休斯认为，在劳动过程中，思想表达与表达的执行是合一的，且洛克也没有对此问题使用二分法。

休斯对洛克理论整体的评价是，当由法律创设等方式形成的体系化知识产权种类越多、知识产权数量越多时，劳动成果论越被体现出是强有力的，但直到今时今日，也被认为是不完善的。这主要是在现代，人们一方面追求私人财产保护的力度没有减弱，另一方面要求加强公共利益的声音却越来越强。

从劳动的整个过程及效果来看，休斯的这种说法也不是很完美的。休斯与洛克两人都没有将劳动动机与劳动过程分开，只是两者在论述这一问题时都是有侧重的。洛克从理性出发更看中劳动动机，因为他是用理性的自然法来反驳自然的自然法。而生活在现代的休斯更注重劳动的效果，因为公共利益与个人利益平衡问题越来越凸显其重要性。

总体上，使用洛克"劳动成果论"论述知识产权权利正当性可以被总结为这样一条逻辑线：从鼓励个人劳动出发，个人劳动产生劳动成果，劳动成果归属劳动者自己，劳动成果从公共所有划归为个人所有，个人所有的资产受法律保护，法律保护私人财产是法律的本意。

第三节 源于卢梭"契约论"的保护学说

一、卢梭以人民公意为核心的财产论

卢梭（2007）在《社会契约论》中提出不同于洛克的私有财产形成论，他表示，我们每个人都共同地把个体和个体的全部力量，置于公意的最高指导之下，而且在我们这个共同体之内，接受每一个成员，并且把他作为共同体不可分割的一部分。这意味着，对于契约形成共同体，在建立共同体的那一刻起，一个人就把自己和他的全部力量贡献给这个共同体，随之奉献出的还包括

他能够支配的智慧和享有的财富。契约是人类形成一切合法权威的基础。契约赋予人们在道德与法律上的平等继而来代替自然赋予人的不平等。人们行为规范要以公意作为判断，公意是永恒、不可改变、纯粹的。那些想把自己的利益从公共利益中脱离出来的人，通过实际情况，都很清楚地了解到，他们并不能把个人利益和公共利益彻底地区分开。正义之所在就是"保护个人的权利"，而功利的要义则在于对利益的保障。

卢梭的社会契约论认为，自然先占是个事实，但不是强占有。在国家建立后，需求和劳动不足以表明财产权的成立具有正当性，而是应该以契约为基础、以社会公意作保障，才可以形成强占有的正当性。财产的自然占有，只是一种对财产的享有权。只有在国际认可的状态下，出于体现社会公意的法律所作用的结果，对物的占有事实才成为正式的财产权利，即所有权。这就是卢梭的财产观。

综上可以看出，卢梭的财产观不同于洛克的财产观。洛克的财产观是理性自然，通过劳动获得。而卢梭认为，财产占有必须经过人民公意，才具有合法性；正义就是保护个人权利。卢梭就是通过这样的思维联结财产观和正义观。吴汉东（2003）教授正是通过对卢梭的这种财产观与正义观的联结进行解读，总结出正义理念是卢梭对知识产权正当性的理论贡献。

在卢梭看来，"通过社会契约，人类所失去的，仅仅是他的天然自由，以及他所试图得到和已经成功得到的所有事物的那种无限权利。而人类所获得的，却是社会的自由，以及他所占有的所有事物的所有权。一个人的权利一经确定，他就应该以此为限，并且对集体不能再享有任何更多的权利。"（卢梭，2007）人们尊重的这种权利，更多的是不属于自己所有的东西，是属于别人所有的东西。卢梭在这里严格区分自然状态与契约社会下自由和权利的法律地位，认为只有契约社会的自由和权利才受法律保护。这也说明，在法律上私有财产与公有财产一样受保护。

二、公共利益与个人利益的平衡

社会契约的形成是这样一个过程：一个人已把自己的一切权利交给社会，包括智慧劳动的成果，通过契约可以产生个人的权利和财产。但是，把个人利益与公共利益彻底区分开来是不可能的，这也是知识产权法律保护需要在个人利益与社会公共利益之间寻求平衡的理论依据。可以说，卢梭契约论在专利权、商业秘密、著作权、商标权中都有所体现，最直接的例证是知识产权专属权都是附期限或条件的。

采用卢梭的契约论作为知识产权保护辩护的逻辑线是这样的：首先，每个人通过社会契约，把一切都交给社会，其中包括通过智慧劳动产生智慧劳动成果；其次，通过社会公意的承认与规范，智慧劳动成果归属于个人所有。在这个过程中，社会的正义在于保护个人的权利，但同时，这种契约的制定要平衡个人利益和公共利益。可以看出，卢梭财产观的核心是"社会公意"。源于卢梭的社会公意，财产分配要在公共群体与个人之间进行，知识产权保护需要在个人利益与公共利益之间作出平衡的道理也在于此。

第四节　源于康德、黑格尔"人格权"的保护学说

一、康德的财产意志论

洛克将劳动成果归入劳动者所有，进入私有财产领域。卢梭则通过社会公意确定的法律来承认与规范个人的权利，将智慧劳动成果归为私人所有。而康德在阐述其财产论时，主张通过契约人们双方彼此约束。这种以契约为支点对他人制约的权利即人格标识的作用。

康德认为，当契约将人格权与财产连接起来时，人格权就具有财产性。若对财产权中的人格部分加以否定，将会阻碍原财产所有人依据自己的意志对自己所有物的利用。康德（1991）主张，"要使外在物成为自己的，只有在法律的状态中或文明的社会中，有了公共立法机关制定的法规才可能"。康德所说的契约就是这个法规。由此，自由意志就成了财产权的必要条件，没有自由意志就形成不了财产权。康德关于权利的定义表述是这样的："权利是通过确立每个人可以安全行使自由范围的规则来调整自由契约条件下相互共存的自由人的活动。"（康德，2017）从康德的财产自由意志理论可以看出，他的财产观更强调人与人之间的关系。因此，康德是在财产自由意志观里实质上进一步加强人格标识的作用。康德认为，人的本质是自主的，且是富有道德的存在。这就是康德财产意志论的精髓，即没有自由意志就形成不了契约，没有契约就构不成财产权，而自由意志与人格是等同的。

在知识产权领域中，主要反映康德理论的是著作权领域，即基于自由意志观的财产权保护被康德转化为，知识产权制度是对作者人格利益的保护。以康

德的观点来理解著作权，作品中不仅囊括作者的创作意识，而且更是内在地附着作者的人格权利。这种兼具人格权利的智力成果与有形财产截然不同。作品是作者人格表达的观念，更是承载作者的思想，即意识。简而言之，保护作品的著作权实质就是保护作者的人权。

二、黑格尔的人格论

黑格尔对人格权的认识又有进一步的深化和拓展。黑格尔（2007）认为，人的权利是人格权的一项内容，只有人格权才能给予人对物的权利，人格权与物权实际上是相同的。黑格尔的思想就由此将人格权与所有权连接在一起。

黑格尔认为法的本质是意志自由和权利。法的出发点是意志，因而法是一种精神，意志是自由的，法的实体和规定性就构成自由。进而，意志自由的直接定在和权利的直接内容就构成自然界的物。黑格尔的财产权应该以这样一个过程形成：围绕意志自由的有自然界的物，抓住它，然后在它上面强加一种形式，最后对这种形式作出标记。虽然黑格尔本人对此并没有进行详细的解释，但并不影响我们对黑格尔财产权形成过程的理解。

对于私有财产权和所有权的正当性，黑格尔的观念主要有如下呈现。首先，人作为理念而存在，必须给予人除自由以外的领域，从而才能实施自我的理念。此时，财产权已不再单纯地作为个体人格自我发展、自我强化的要素，而更多的是对"自我"的体现。其次，所有权之所以合乎理性，不在于满足需要，而在于扬弃人格的纯粹主观性，人唯有在所有权中才能作为理性而存在。黑格尔不但阐述私有财产权和所有权的正当性，还强调财产权和所有权的人格身份识别。私有财产权和所有权不仅是人格发展的需要，更多的是人的自身发展。

对于精神技能、科学知识、医术等，黑格尔认为是可以作为物的，因为它们可以通过表达而成为一种外在的现实存在。从这种意义上来说，精神性的东西也是一种物，只不过并不是一开始就构成一种物，而是需要通过表现和转化。黑格尔的这段论述最符合关于对知识产权的论述，其中也结合康德的财产意志论思想，特别表现在著作权上。可以看出清晰的一条线：人格权属于人权，人格权给予物权，物权联结着所有权，人权与所有权连载一起。精神层面的智慧劳动通过表现和转化成为一种物。在知识产权种类中，最能体现人格和意志的自由表达就集中在著作权上，所以黑格尔的人格权与著作权联系最紧密，完整地保护著作权就可以实现保护著作中表现和转化的人权。

三、对人格论在知识产权法中的解读

休斯（Hughes，1988）认为，一个保护人格权的财产制度将难以为人们就特定物品上有或没有"人格利益"找到可靠的标志。因此，为人格辩护也留下一些令人烦恼的理论问题。人格权是否在每一种知识产权中都存在、存在的程度有多大是不确定的事情。这就是坚持大陆法系思想的学者与坚持普通法思想的学者，在著作权保护的究竟是作者的人格权还是给予作者以经济激励的争论之所在。

在"精神权利"的基础上，欧洲大陆法学者与美国普通法学者就人格权问题的看法不尽相同。例如，虽然美国著作权法中没有赋予作者"精神权利"以保护不受歪曲和保障认知的规定，但在 *Bleistein V Donaldson Lithographing Co.* [*188 U. S. 239 （1903）*] 案中，大法官霍姆斯所说的一段话不同凡响："非常普通的艺术品位中，有某种不可简化的东西，那就是一个人他自己的东西。除非有行为语言的限制，否则这些东西是受著作权保护的"。从这段话中也可看出，人格权在美国司法中是一种微妙的存在，有微妙的影响（Hughes，1988）。

再回到黑格尔的思想中，他认为，在契约的条件下人的财产作为人的意志是可以被让渡的。对于人来说，财产之所以是他的财产，就在于财产中体现着他的意志。而人格、人的普遍意志自由是不可以被让渡的。黑格尔（2007）列举了人格割裂的例子，例如，奴隶制、农奴制下，奴隶没有取得财产的权利就是人格割裂。但是，与人有关的一些东西是可以被让渡的，例如，人可以把他的身体和精神的特殊技能以及作为活动结果的个别产品让渡给他人，也可把自己能力的使用在一定时间内让渡给他人。

黑格尔的相关论述引起欧洲学者和美国学者在著作权保护中的不同观点。欧洲学者坚持著作权中具有人格权，作为道德内容以人权方式保护著作权，即著作可以交易，但凝聚在著作中作者的人格权还在，也必须给予保护；美国学者认为著作权作为智慧劳动成果的一部分可以与人格权分离，可以用经济补偿方法保护著作权。

"人格""主体""客体"是法律存在的基础。黑格尔所说的意志，就是指人，它是法和权利的主体。与人相联系，作为法和权利的客体的是物，黑格尔反对将人和物、主体和客体混为一谈。"人与主体是不同的，主体可以指所有的生物存在，而其中只有人这一主题才具有人格。……人之所以高贵，就在于

他能够把'无规定性与有规定性统一，无限性与有限性统一'这一矛盾保持下去。"（黑格尔，2007）当代学者在讨论知识产权主题时，经常将黑格尔的这一观点进行拆分，如对人工智能是否适用知识产权法保护，导致产生众多不一的学术观点。

而关于法律客体，学界有三种认识：一种认为法律客体是物，一种认为法律客体是行为，一种认为物、行为和精神财富兼而有之（胡吕银，2004）。对法律人格、法律主体、法律客体认识非封闭性的讨论，是当前人工智能否采用专利、著作权类知识产权保护学术争论的又一焦点。

从人格权学说总体来看，康德为智慧劳动设置一个信号，将人的自由意志与财产权联结。黑格尔的人格权学说更加深入与开放：一方面体现在人格权就是所有权，人格权具有分离的内容又有不可分离的成分；另一方面体现在法律主体不局限于自然界中的人，可以是所有的生物存在。

产生于 19 世纪的人格权理论为知识产权特别是为著作权保护提供一个法哲学理论。任何一个法哲学理论都具有时代背景，人格权理论虽然在主体性哲学（认识论）角度出发将人格权与所有权连接起来，但较少论述公平与正义。同样，对于知识产权中的专利权、著作权、商标权、商业秘密而言，人格权可以很好地与著作权结合起来，因为著作里面凝结着人的意志，但对于没有人格权表达或不包含人格权的社会创新，黑格尔的人格理论结合得就没有那么便利了。在以知识与信息为特征的新工业革命背景下，知识产权鼓励、促进、创新、发展、规范常显得那么力不从心。对知识产权哲学有深入研究的休斯表达出同样的看法。一种呼唤既为解决现实困惑需求，更为明天发展之所需的新哲学理论时代已经来临。

第五节　源于边沁"功利主义"的保护学说

一、功利主义哲学的原理

功利主义哲学的出现对社会目的的认识产生全面的冲击。边沁既不接受自然权利观，也不接受契约论，出于对权威、政府的辩护，提出功利主义哲学。边沁（2000）指出："任何行动中导向幸福的倾向，我们称为功利；而其中背离的倾向则称为祸害。关于法律特别有所规定的行为，唯一能使人们清楚地看到自己所追求行为的性质和方法，就是向他们指出这些行为的功利或祸害。"边沁以功利代替正义、代替理性来评价人类行为的正当性。

边沁功利主义哲学总体可表达为，快乐是一项具有个人性质的东西。国家或共同体无所谓快乐，也无所谓痛苦。社会利益不独立于个人利益，而意味着社会中各个成员利益的总和。根据这一点，既然幸福能被最好地理解为快乐，"最大可能的福祉"也可以被理解为"最大可能数量的具体个人的最大幸福"（希尔贝克，尼尔斯，2016）。当人们能够最大限度地满足他们的偏好，就是幸福、功利，而无论偏好是什么（Posner，1979）。对现行法律的正当性与效率的评价标准就是看能否尽最大可能使大多数个体成员获得最大幸福。边沁的财产权观点是，私有财产权提供个人保障，进而提供快乐。

二、对功利主义的解读

按照功利理论的理解，只要一项法律或政策能增大共同体幸福的倾向大于减小这一幸福的倾向，就具有正当性，因为这些法律和政策可以增进快乐。要论证知识产权的正当性，首先必须度量知识产权授予增大共同体幸福（社会福祉）的数量与它减少共同体幸福（社会福祉）的数量。其次，把计算出的社会福祉增大量与减小量进行比较。遗憾的是，边沁并没有给出什么是具体的社会福祉及如何度量社会福祉。但是，他提出的功利论核心观念是，社会总福祉的最大化实现使得许多人相信知识产权存在的合法性具备坚实的基础。

从贺伯特·哈特（H. L. A. Hart）对权利的论证也许更能体现边沁功利论具有合法性的基础。他表示，权利是必然属于或授予给人的。权利之所以被授予人，是由于其具有一些特点，即适于将某一相关的限制归属给另外的人，以利于前者的利益。由此，权利通常是法律所保障的某人获得利益或者便利的资格（Hacker & Raz，1977）。

总结下来，应用边沁功利主义理论辩护知识产权法律保护具有法律正当性的逻辑线是这样的：首先，个人的私有财产保障个人需求，提供个人的快乐，因而保护私有财产具有法律正当性；其次，法律将个人智慧劳动成果以物权方式归属个人的私有财产领域并限制这种专属权，在该期间内，智慧劳动物权式的专属权提供个人的福利，具有法律正当性，并且，当专属权结束后，智慧劳动成果回归社会，增进全社会的福利，也具有法律正当性。总的来说，边沁的功利论包含功利原理、最大幸福原理、自利选择原理，所以通过它来论证知识产权法律保护的正当性比劳动成果论和人格论具有更为广泛的适应性和渗透力。

知识产权法教授布拉德·谢尔曼（Brad Sherman）和莱昂内尔·本特利（Lionel Bently）曾讲述过，自19世纪下半叶开始，随着知识产权的概念及重要性越来越多地进入人们的视野，无形资产的地位已经得到明确。关于围绕文学作品是否授予财产、授予财产权的地位如何存在的争议，也在那一时期都已经通过法律得到解决。他们总结道："知识产权则趋向于更加依赖使用政治经济学和功利主义的话语和概念。"（谢尔曼，本特利，2012）

当今，边沁的功利主义哲学在社会生活中得到很大程度的接受，相应的功利主义也已成为欧美学者论述知识产权法律保护、支持政策鼓励的两大法哲学学说之一。同时，这些理论和思想也对国际法和各国立法产生重要影响。例如，《与贸易有关的知识产权协定》（*The Agreement on Trade - Related Aspects of Intellectual Property Rights*，TRIPS）第7条在阐明知识产权国际保护目标时就明确指出："知识产权的保护与权利行使，目的应在于促进技术的革新、技术的转让与技术的传播，以有利于社会及经济福利的方式去促进技术知识的生产者与使用者互利，并促进权利与义务的平衡。"再例如，我国于2020年修正的《专利法》第1条规定："为了保护专利权人的合法权益，鼓励发明创造，推动发明创造的应用，提高创新能力，促进科学技术进步和经济社会发展，制定本法。"

第六节　源于功利理论法经济学的保护学说

通常认为，现代法律纯是世俗、合理的，是用以贯彻特定政治、经济和社会政策的工具，而与生活终极意义一类观念无涉。在重视司法秉承实用主义思想的美国，这种观念尤其盛行（伯尔曼，2019）。

一、法经济学的兴起

20世纪60年代初，以圭多·卡拉布雷西（Guido Calabresi）、罗纳德·H. 科斯（Ronald H. Coase）及加里·贝克尔（Gary Becker）等为代表的新经济分析法学派在众多的批判和斥责声中脱颖而出。1960年，科斯《社会成本问题》一文的发表标志着法经济学的诞生。在这篇文章中，科斯提出的交易成本分析使制度纳入经济学分析成为可能，并将这种分析一般化，形成范式。科斯的制度经济思想被称为科斯定理。作为经济分析学派集大成者的波斯纳以其

《法律的经济分析》及与兰德斯合著的《知识产权法的经济结构》对各个部门法展开系统的规范性分析。对于为什么采用知识产权制度，波斯纳的观点是作者、发明者与社会签订契约。根据契约，社会给予发明者的发明工作或作者的创作工作一定期限的专属权，这个专属权足可以激励发明者和作者创新、发明、创作。

关于知识产权的财产权性质，兰德斯与波斯纳在《知识产权法的经济结构》中表达的主要观点有如下几个方向（Landes & Posner, 2003）。第一，一旦知识产权被"产权化"亦即被纳入某一个在法律上可强制执行的财产权制度，那么权利人就应当拥有与有体财产所有人相同的充分救济。知识产权与一般物权的主要区别就是知识产权的交易成本高。第二，对法律进行经济分析的主要贡献之一就是简单化和提升人们对法律的理解。第三，知识产权正趋向于需要比一般物权意义下的财产权更高的成本。第四，知识产权法范围广，包含各种不同的领域——著作权法、专利法、商标法、商业秘密法、对公开智慧成果的侵权或有涉及关非法挪用相关信息或权利的普通法。知识产权法涉及的对象也涵盖各种不同的行业与行为。第五，知识产权法与调整物权法财产权的法律之间存在强烈共性与重大差异，这一点也恰恰是本书对著作权、商标、专利、商业秘密展开经济分析的重要意义。

法经济学作为一项研究方法，对美国法学界影响巨大。20世纪80年代，法经济学的理论在美国已发展成熟，并对英国、欧洲、日本、中国世界各主要经济体学术研究产生重要影响。也有一些学者认为，这些影响制造一些麻烦（Rahmatian, 2013）。但法律的经济分析依然在过去几十年的知识产权学术研究中占据主流模式（Lemley, 1997），也依然是美国当下知识产权学术研究的主流模式与指导思想。使用法经济学对知识产权保护展开全面的分析研究已普遍。按照波斯纳的阐述，法经济学的根本就是将功利主义的"追求最大幸福"解读为追求财富最大化，并可以使用货币来表达。这个逻辑的实质就是将功利主义幸福最大化的法律正当性转化成财富最大化的法律正当性。法经济学分析的哲学基础是功利主义，而其目的确是法律实用主义。法律和经济学方法的重点是通过旨在提高经济效益的实用主义法律，促进科学和文化产品的生产和分配，从经济学角度来说，通常这种方法就是最大化社会福祉（Kaminski & Yanisky – Ravid, 2014）。

总而言之，财富最大化就是鼓励和奖励与经济进步有关的传统美德和资本。财富最大化似乎比功利主义更能为正义理论提供坚实的基础，无论是分配正义还是矫正正义（Posner，1979）。法经济学分析采用经济学的效率概念对知识产权的每一项法律政策制度都进行检验。知识产权与创新的经典分析是动态收益与静态成本的比较。其中，动态收益是指政府承诺授予知识产权的目的在于鼓励投资于新产品的研发。静态成本是以消费者因为知识产权所赋予的市场力量提高定价而造成的无谓损失来衡量的。无谓损失也被称为社会净损失，是需要通过法律或政策调节而被减小与规避的。最优的知识产权权利授予必须平衡激励和无谓损失，从而实现有效促进创新和最大化社会福祉的目的（Wu，2006）。同时，社会上还会存在"搭便车的使用者"，他们享受产品，却不必为对相关知识的使用支付适当的费用或获得许可。换言之，他们可以很容易地复制某些发明或创作，却不用对作者或发明者进行任何奖励（Yanisky‐Ravid & Liu，2018）。面对这些情况，法经济学的分析与研究方法正可以被用来试图解决知识产权资产作为无形市场产品的有效性与效率问题。

二、法经济学在知识产权法中的应用

知识产权对经济的发展具有广泛、深入的影响。从弗里德里希·哈耶克（Friedrich Hayek，1945）对经济发展问题的描述——"一个没有给予全部任何人的知识的利用问题"就可以看出知识产权与经济发展联系的紧密程度。美国哥伦比亚大学法学教授提姆·吴（Tim Wu，2006）通过法经济学研究知识产权分配模式的发展及分配模式对企业创新的影响，进而理解并推断出，对知识产权问题的重要性怎么强调都不过分。知识产权分配已经成为21世纪经济决策的中心工具。

法经济学由于在法律、政策分析中使用可以量化的单位，开拓了应用视野和适用领域。这种分析方法可以融合并组合经济学、统计学、计量经济学、社会学等各个时代前沿学科。由于相关研究方法具有科学性和精确性并可简单化和直观化，可以被广泛地应用于政策选择、法律效率评估、评价政府行为之中。目前，法经济学分析已经成为知识产权法研究中除哲学外最重要的研究方法。

然而，抛弃哲学，单纯适用法经济学对知识产权法问题进行研究也是不合理的。由于法经济学的哲学基础来源于功利主义，功利主义与伦理的脱节也是单纯使用法经济学研究知识产权法的不足之处。对于知识产权学术研究来说，每当技术出现颠覆性的革命性成果时，知识产权法都需要进行调整。这其中必然需要相关学术研究为法律发展作出铺垫。然而，技术本身及其对个人与社会福祉提高的功利可能产生异化，进而对人产生伤害。因此，对于这种情况必然引起的法律变革，法学研究依然需要回归到哲学层面进行反思，仅仅依靠法经济学分析是不够的。

在知识产权保护与知识产权法的发展中，经济学分析与哲学分析作为知识产权研究的两大重要方法，是需要彼此补充、支持的。在研究知识产权法的学术讨论过程中，法哲学所提供的理论基本上可以解决智慧劳动成果归属私人的正当性问题，但是不同的学者采用不同的法哲学理论。然而，无论是采用洛克的劳动成果论还是采用康德与黑格尔的人格论、卢梭的人民公意论，或是边沁的功利主义，抑或是芝加哥兴起的法经济学理论，在实际的知识产权法研究与论述中都显得不充分。同样，对于解决劳动者动机、劳动投入、劳动过程复杂程度、劳动成果表达形态、劳动成果归属、劳动结果对社会的影响与作用、劳动成果的法律保护等诸多问题，只有单一的法哲学理论显然也不能独立完成这一重任。而且，每一种法哲学理论对正当性的阐述都是盖然性的，完备性还远远不够。这一过程中，是劳动把这一切联系起来。劳动就是对纠缠在一起的双螺旋链条，一条连着法律的应然问题，一条连着法律的实然问题，拆分不可，缺一不可。一个链条上的问题必然反射到另一个链条上。如要对此问题进行全面把握，就要对每一个链条环节综合使用多种研究方法进行深入剖析。

第四章　知识产权法法理学说：专利法

现代学者采用支撑知识产权法律保护应然问题的哲学基础主要来源于洛克的劳动成果论、卢梭的人民公意论、康德和黑格尔的人格理论、边沁的功利主义和法经济学原理。

洛克的劳动成果论阐述劳动成果归属劳动者个人的权利正当性，对欧洲大陆法与英美普通法影响甚大，但用于知识产权的正当性理论来源受他自身两个条件的制约，使得直接用于知识产权的法律政策制定而显得力不从心，洛克劳动成果论中含有的非物质形态却为知识产权法律保护涉及的法律客体本质属性而打下伏笔。康德、黑格尔的人格论阐述私有财产权对于满足人类基本需求至关重要，法律政策制定者应该努力创造和分配资源权利，以最佳方式使人们能够获取这些需求。基于人格中的意志创造有创造性、有价值的东西，知识产权的正当性得以成立。从另一个角度来说，知识产权正当性的建立对人类的繁荣又很重要。边沁功利主义的重点是立法者在改造财产权时的核心思想是净社会福利的最大化。以功利主义为目标的法经济学的重点是立法者通过旨在提高经济效益的实用主义法律促进科学和文化产品的生产（和分配）。通常，从经济角度来讲，法经济学的目的是使整个公共领域的社会福祉最大化。

对于知识产权法律保护的实然问题，由于知识产权的不同种类及各自与社会发展错综复杂的关系，对其发展的研究可以说是面宽、点多、线长且深浅不一，即使是对同一问题的研究也有侧重历史层面的、侧重现实层面的、侧重未来层面的角度，研究的结论与观点也不尽一致，甚至还有可能完全对立。正是这些研究角度的多样性、研究层次的多样性、研究对象的多样性、研究方法的多样性以及研究结果的多样性，才使得知识产权法律保护的立法、司法、执法、政策的发展、变化、完善能够适应社会稳定与发展、科技创新与发展、环境稳定与发展的需要。

第一节　专利法制度设立的法理分析

曾有美国业界专家点评过，专利法是知识产权制度的前沿（McGurk，2015）。"专利"一词来自拉丁文的 patere，意思是"保持开放"。它在 14 世纪首先出现在威尼斯，作为一个君主授予的公开特权来使用。这个制度后来在 16 世纪被引进到英国，以吸引外国工匠将欧洲大陆技术引进英国，后来成为英国的专利制度，继而被引入美国。

当今专利制度被国际社会认为是战略性的国际政策。在这种政策环境中，拥有所需技能和知识的发明人被吸引，即法律承诺给予这样的人享有专属特权。专利权以实用要求为基础，创造一种有期间、有界限的垄断，继而鼓励发明的产生，尤其是法定类别下的某些发明（符合专利主题资格的工艺、机器、产品或其改进）以及物质的组合物。专利系统通过法定交换条件激发创新和披露专利，使公众受益。所谓社会通过专利制度与发明人之间的"交换条件"，就是专利到期后，所披露的创新成为公共领域的一部分，仍然可供公众消费和使用，之后不再容易受到由专利持有者的指控。设置这样一项交换条件的本质就是在授予专利专属权时平衡公共利益。总的来说，专利具有两种功能：一种是通过法律对发明人颁发奖励；另一种是通过法律和专利制度为社会建立起知识仓库。

法学研究者针对专利体制的设立和实施过程中的许多基本问题展开研究，主要集中在以下两个方面：第一，为什么设立这种制度；第二，一项发明是否符合专利权主题资格（工艺、机器、产品或其改进以及物质的组合物）、新颖性、创造性、实用性的技术要求。

一、传统法经济学的专利法法理

法经济学方法着重于通过旨在提高经济效益的实用主义法律来促进科学和文化产品的生产和分配，例如，法经济学研究试图解决知识产权这种无形财产被市场中其他人"搭便车"的问题。搭便车者在使用他人发明与作品时既没有支付适当的费用，也没有获得许可，可以轻易地复制或抄袭，而无须奖励发明人或作者。搭便车者的复制与抄袭成本远低于创造和开发产品所需的投资。因此，缺乏法律后果的免费复制与抄袭威胁着发明人与作者，使他们无法产生创作与发明的意愿。因此，知识产权法尤其是专利法与著作权法的目的之一是鼓励作者和发明人对知识产权产品享有专有权，防止其他人未经许可和未经付款而使用他们的产品。

专利法需要更适合现有关于创造活动、创新和新产品商业化的实证数据的理论论证。如果专属权获得的报酬大于这些成本的支出，那么从经济角度上来说，专利法就是正当的。

（一）专利保护的功利主义目的

观察当今世界专利申请排在第一位的中国、第二位的美国设立专利法的初衷，就可以直观地观察其法理所在。在中国，《专利法》（2020 年修订）第 1 条规定："为了保护专利权人的合法权益，鼓励发明创造，推动发明创造的应用，提高创新能力，促进科学技术进步和经济社会发展，制定本法。"在美国，美国宪法赋予美国国会"为促进科学和艺术的进步，给予作者和发明者对他们各自的著作和发明拥有时间限定的专属权利"的权利，这也是美国知识产权法的源头与基础。促进科学技术进步和社会发展，体现法律政策功利主义的动机和目的，而保护发明人、专利权所有人的权益体现法经济的宗旨。

功利主义与传统的法经济理论解释专利体系的设计理念是这样的：设立专利系统的最终目标是通过对专利技术的公开来给公共领域带来新的设计与技术。因此，专利保护实际提供两种功能——激励创新和知识公开化。专利法通过专利给予发明人对其发明在一定有限时间、有限范围内的专属权，专利持有者凭借这一专属权取得垄断地位，既可以通过出售含有专利技术的产品，也可以通过直接交易技术本身来获得商业回报，继而实现激励创新的效果。专利专属权有效的有限时间一到，公开的专利技术就免费，继而社会可以无成本地使用该项专利技术。其他未落入专利保护范围内的公开发明不具有专属权，社会可以直接免费使用相关技术。基于专利专属权的时间期限实际上就是专利体制在公共权利和私人创新垄断权之间寻求谨慎的平衡。

当交易成本很低甚至可以忽略不计的时候，以古典功利主义为基础的法经济理论可以从整体上很好地解释专利系统。然而，当涉及经济分析时，就需要对创新过程的全成本进行分析。这种全成本分析能否达到激励创新的目的完全取决于实际受益与成本支出的比较，这种成本支出不仅含有对成功科研的支出，也含有对失败科研的支出。因此，这种完全依赖所发生事实的成本与收益的权衡就可能产生交易成本，且交易成本还较高，同时大量创新活动也会提高交易成本。当交易成本较高时，传统法经济理论对专利体制的指导有限。

（二）传统法经济学通过假设与其他法哲学理论的结合

使用洛克的劳动成果论解释专利法的专属权方面也会遇到一些难以克服的障碍。洛克劳动成果论的劳动成果归属劳动者个人会有两个条件，似乎这两个限制条件从根本上违背了专利法（Yanisky-Ravid & Liu，2018）。第一个条件是，一个发明人只有所处的发明领域"足够多，足够好"时才能对他自己在该领域的发明获得财产权，这意味着这个发明人没有剥夺世界上其他人的必需品。这也隐含着在知识产权分配中，当公众利益与个人利益发生根本性冲突时，公共利益优先，因为个人利益不能损害公共利益。知识产权分配时必须平衡公共利益与个人利益。现行专利法授予原发明人独家制造、使用和销售其发明的绝对权利，但这种具有时间限定的专属权有越来越长的趋势，将会违反这一条件的初衷。第二个条件是，要求一个人获得财产权以满足自己的需要，仅此而已。实际上，许多技术公司获得专利的目的远远超出自己对生产与继续创新的需要，而是通过使用专利专属权的垄断性，来阻碍其他人进行专利创新。这违背专利系统促进社会创新的初衷。

同样，仅仅基于洛克劳动成果论的"回避劳动理论""劳动增值理论"解释专利制度也解释不通。"回避劳动理论"总体认为智慧劳动是件辛劳的事情，智慧劳动不是劳动者心甘情愿选择的，应该给予智慧劳动者奖励。专利体制要求，不仅是智慧劳动就授予专利权，还要满足专利要求的具体条件，如现行中国《专利法》第25条规定："对下列各项，不授予专利权：（一）科学发现；（二）智力活动的规则和方法；（三）疾病的诊断和治疗方法；（四）动物和植物品种；（五）原子核变换方法以及用原子核变换方法获得的物质；（六）对平面印刷品的图案、色彩或者二者的结合作出的主要起标识作用的设计。对前款第（四）项所列产品的生产方法，可以依照本法规定授予专利权。"

同时，中国《专利法》第22条第1款对发明除主题外的其他方面进行规定，"授予专利权的发明和实用新型，应当具备新颖性、创造性和实用性"。在美国，美国专利法也有类似要求（虽然美国专利法不保护实用新型）。

从专利权授予条件要求来看，专利权授予的范畴是比较狭窄的。美国法定专利保护的发明类别是工艺、机器、产品或其改进、以及物质的组合物。因此，只有技术条件要求高的一小部分智慧劳动的范畴和内容才属于专利权授予的范畴。显然，"回避劳动理论"不足以解释专利权的意义。"劳动增值理论"也存在同样的问题。增值的劳动不一定能满足被授予专利的范畴和新颖性、创造性和实用性的条件。实际上，无论"回避劳动理论"还是"劳动增值理论"，侧重的都是劳动结果，但是从专利的保护对象来看，发明过程一点也不比发明成果差。

卢梭的人民公意论在知识产权中的应用更多地阐述公共利益与私有利益平衡的正当性，没有涉及太多劳动创造价值与劳动成果分配之间的关联。康德、黑格尔的人格权对于著作权的保护更紧密些，而对于可以分离人格权依附的专利主题就不那么直接了。这样，关于财产权的法哲学理论，如洛克劳动成果论、卢梭社会公意理论、黑格尔人格理论、边沁功利主义、古典法经济理论就不能完全直接地为专利权制度提供法理支撑。因此，需要通过阐述具体理论学说来支撑专利法及其专属权设立的正当性。

专利权所需要的法理研究主要集中在以功利主义为基础、以法经济理论为主要支撑的各种学说。因为从历史上来看，专利理论的主要目的是激励发明人来承担增加社会福利的活动，如果没有专利，一些人会放弃公开自己的创新成果，一些人甚至会放弃对研发与创新进行投入、展开并进行创新活动（Lemely，2012）。这些功利主义理论的支持学说认为，如果没有专利的专属权，发明人即使有机会、有能力，也会很勉强地进行发明活动，因为在成果产出、面世后，其他人可以不再以如此高的成本甚至是极低的成本来复制他的相关发明成果（Yelderman，2016）。这样，授予发明人以对抗其他人制造、使用、销售其创新成果的权利，专利权人凭借专利专属权就可以有机会通过垄断收回他的创新成本。虽然还没有明确专利是否可以真正发挥这些作用，但这些理论仍然是各国专利制度设计的基础。

随着人工智能的快速发展，现行知识产权制度又面临新的问题，功利主义理论也显得颇有局限。这时人格理论又重新加入知识产权法哲学的基础上来。例如，若发明人不是自然人，而是机器，是否需要这样的专利机制用以激励创新？若发明是由机器独立实施的，专利机制对投资人的创新投入是否还存在同样的激励效果？

二、专利制度设计的法理学说

（一）专利报酬理论

给予有效的发明创造的垄断权利以激励是专利制度设计的初衷。专利的报酬理论就是通过专利提供报酬，这个报酬要高到能够促进创新，覆盖发明人投入的研发经费以及未能预计到的失败成本（Maurer，2013）。专利系统所授予的专属垄断权，实质就是提供一类有价值的奖励——专利法对那些成功发明出新的和有用的物质给予 20 年的垄断权。在没有这样回报的情况下，传统的经济理论预示着社会将产生太少的技术创新。

传统的专利报酬理论认为，专利系统是一套使得发明者可以从其投资的发明创造得到回报的机制（Kitch，1977）。专利的效用是就发明创造提供以发明者为对象的适当社会回报，从而促使每一个需求各异的发明者都可以被激励，进而继续进行创新活动。在这种理论框架下，专利系统主要强调对单个发明者的贡献进行补偿与回报。提供这种机制的政府通常认为，因专利权而获得相应的经济报酬是社会各界创新的主要动力，并且专利制度促进更多的技术公开（Khoury，2010）。

然而，这种理想化的促进作用是否可以真正实现？美国的经济学家们以弗里茨·马赫卢普（Fritz Machlup）和埃迪特·彭罗斯（Edith Penrose）为代表，早已对此进行过深刻而全面的探讨（Machlup & Penrose，1950）。他们在衡量专利系统的成本与收益后发现，报酬理论下专利系统就发明者的专利权回报补偿的主体另有他人。这是因为，在获得专利权后，发明者涉及技术秘密的技术方案也必然得到公开，这样使得私人的投资渗透入社会生产力的价值中，进而形成一种发明者在直接贡献而非直接获得回报的现象。

报酬理论的初衷是鼓励发明人，因为只有发明人才是智慧劳动者。然而，市场经济的体制却使得专利权人获得回报。实际情况就是这样，看看专利法就可以知道，例如我国的《专利法》，专利权人不限于发明人本人，甚至直接跳过发明人，表明专利制度保护的对象是专利权人。所以，报酬理论并不能完全解释现行的专利法。

（二）专利激励理论

专利激励理论也同样是一项解释专利制度的理论。在西方，有一条已经流传 200 多年的逻辑：在一个没有专利的世界里，发明者将缺乏投资于研发的经济动力。支撑这项逻辑的主要原因是，一项发明具有符合"公共利益"的特征：①非排他性——一旦发明者的竞争对手发现某项发明，就很难阻止他们不付费就使用该发明；②非竞争性——一个人使用该发明并不妨碍其他人同时使用（Lewinsohn - Zamir，1988）。专利法规定了对发明的有效排他性保护，授予发明者在一段有限的时间内对其发明的专有权；在发明过程和持有专属权期间，发明者应能够支付其研究和开发费用，并在市场上从其发明获得合理的利润。

依据激励原理，威廉·诺德豪斯（William Nordhaus）在 20 世纪 90 年代初研究专利专属权的最优期限时，提出当下最常见的对专利系统的解释，同样地，他的分析也可以被应用于更广泛的领域（Nordhaus，1969）。他通过理论研究发现，专属权维持的有效时间每延长一次，就会激励发明活动增加得多一些。由此激励而产生的发明创造形成对社会有益的福利、福祉，发明人从相关社会福利中获取的收益来自智力产品的分配，并激励着再分配过程。理想情况下，专利的持续时间或强度应该增加至边际收益等于边际成本的水平。

依据诺德豪斯的解释，西方开始出现一系列优化专利的经济学与法经济学文章，主要有潘卡·坦东（Pankaj Tandon，1982）的《具有强制许可的最优专利》、理查德·吉尔伯特（Richard Gilbert）与卡尔·夏皮罗（Carl Shapiro）的《最佳的专利保护和广度》（1990）、保罗·克伦佩勒（Paul Klemperer，1990）的《专利保护的范围应该有多广》、塞缪尔·奥迪（Samuel Oddi，1989）的《超越显而易见：21 世纪的发明保护》等。这些研究对改进专利体系以适应新的经济社会高质量发展具有很重要的理论及实用价值。

尽管在过去 200 多年的时间里激励理论在解释专利体系时占据主流位置，但也一直面临各种来自学术界与现实的挑战。这些挑战的形成是由于学界与业界都认为，并非所有的发明者都出于经济动机而进行发明创造活动。专利激励理论由于缺乏对实际需求的信息积累和分析，激励是否对各个行业都有效、都值得，无论是价值分析还是实证研究，尚不十分清楚。越来越多的实证文献研究表明，几乎没有什么专利能赋予专利拥有者市场支配力。上述研究发现这会进一步削弱激励机制的效果（Lemley，2000）。但在一些产业如化工、制药、生物技术等领域，发明创造的推进主要还是依靠专利制度的报酬与激励功能来实现（Allison & Lemley，2000）。

（三）激励披露理论

激励披露理论是基于专利制度经济合理性的立场而对专利制度的一种解释（Turner，1998）。这个理论的根本含义是，为了鼓励发明人将具有经济价值的发明信息披露给社会而对发明人给予有限发明专利专属权，社会依据发明信息进行进一步创新，从而促进社会进步。首先，科技披露可以防止科研的重复投入。披露允许后进者跟进，可以进一步改善专利中所披露的技术。其次，披露可以向投资者发出信号，加大专利研发投入。最后，披露也可以向竞争者发出专利的边界信号。

然而，激励披露理论也常招致批评。现代企业在选择知识产权战略时，出于各种动机，既有选择专利保护战略的，也有选择商业秘密保护战略的，更多的是将专利保护战略与商业秘密保护战略有机结合，而不是单一采用专利保护战略。激励披露理论仅对专利这种形式的知识产权战略具有作用。

激励披露理论侧重于专利在促进发明者披露新发明依据的信息方面所起的作用。对这一理论的主要批评是，在大多情况下，一项发明一旦商业化，其工作就不能保密。然而，在少数情况下，如果保密是可行的，发明人通常会避免就其发明申请专利，因为可能选择保密，以便享有商业秘密这种可能无限期的保护形式（Turner，1998）。企业选择对具有经济价值信息的不披露也是一种合法的战略选择。例如，可口可乐公司对可乐配方选择商业秘密保护，而不是专利保护，进而永久地保护了可乐的配方秘密。这个经典的案例就是对激励披露理论的反证。

激励披露理论的法理分析应该分两步走：第一步，对于劳动成果归属于个人的正当性不予证明，而是认为这是当然合理的；第二步，为了使具有经济价值的知识与发明成果公开化来造福或服务于社会的总福利或促进社会进步，应设计一套激励制度，即授予发明成果以专利专属权，但这项专属权是有限期的，也具有垄断、排他性。企业通过占有专利专属权来从市场中获得经济利益，从而愿意选择披露自己的创新过程，这就是一个完整的激励过程。

激励理论能否站住脚的核心是，这样所谓的激励能否构成企业申请专利的真正动机。经济学家曾表示，只有对这样的一种制度进行全面的经济分析，才能权衡、判断激励是否起作用。这些经济分析内容应该包括专利发明的非竞争性定价所造成的无谓损失（Nelson，1994）、发明者竞相进入专利局的寻租行为所造成的浪费（Armond，2003）以及专利对后续研究的潜在"寒蝉效应"。涉及经济分析的权衡就是，任何基于经济理论对专利法进行设计的尝试都必须在最大限度地激励研发活动或研发前景的欲望与激发研发兴趣所需的最小化成本之间进行权衡（Gilbert & Shapiro，1990）。

（四）专利前景理论

1. 专利前景理论的创设背景与内容

英国著名经济学家阿瑟·庇古（Arthur Pigou，1960）曾说过，有效的专利法会将边际交易、净产出以及边际社会净产出有机结合。对此，美国法学家埃德蒙·凯驰（Edmund Kitch，1977）认为，若赋予新技术专利权，成为专利主体的投资者会因为拥有排他的控制权而抵销专利权的以上这一社会益处。这时，技术的需求曲线将呈现向右下倾斜的形式，与社会利益负相关。增加技术需求意味着会反向影响社会利益，进而有必要寻求其他解释。

凯驰基于对激励理论的经济学分析，于 1977 年在他创作的《专利的本质与功能》一文中提出专利前景理论。凯驰强调，专利授予应该发生在发明之后、商业化之前。这样做有两个好处：第一，让发明人有"喘息的空间"来投资发明，而不用担心另一家公司抢占发明成果的投资收益；第二，让发明者能够协调自己的研发活动和潜在模仿者的研发或其他商业活动，以减少低效率的重复发明成果。这相当于对一个未开发水池授予排他权利，权利持有者被允许对再进入水池的后来者收费。因此，可以避免缺乏协调的竞争性发明而导致的低效率。凯驰认为，在专利本身作为一种期望的同时，专利系统会具有很多其他期望要素，如"发展权利"。在使用专利对相关研发成果进行保护时，发明人不仅是对自己研发成果所产生的直接收入有兴趣，更是期待之后有更多涉及该项技术的后来者通过专利授权费的方式，为其在不确定的未来增加长久的收入。专利前景理论认为，设立专利制度的主要理由是，它通过使发明人从其发明中获得对技术前景展望的所有权，提高技术发展资源配置的效率。

2. 专利前景的价值与应用意义

凯驰所提出的专利前景理论的价值在于，它并没有否认过传统的专利报酬理论，只是认为报酬理论并不足以解释专利系统的价值和意义。因此，专利前景理论仅会使人们对专利和专利系统的认识进行补充和完善。该理论发挥作用的基础依然是，只有了解专利及专利系统的价值，才可以有针对性地利用，发挥专利系统在社会创新中的真正价值。

专利前景理论对专利审核系统本身以及关注技术发展的公共管理者都有重要影响和帮助。依据其对专利的解析，专利政策制定者可以更好地引导各类单位或创新者进行创新活动。该理论对完善以传统报酬理论为基础设计的专利系统具有普遍的指导意义。

当然，凯驰的专利前景理论下的专利创新动机论至今还是颇受争议的。例如，弗吉尼亚大学法学教授约翰·达菲（John Duffy）首先批判地认为，仅考虑专利授权后而不考虑创新投入前的其他动机是不现实的。其次，专利被授权后，其收益未必会与预期相符，甚至可能仅覆盖申请成本。由此而被激励、继而产生的大量专利，其实是对社会利益的低效分配，会对社会利益造成损害。即便如此，专利前景理论的贡献还是像凯驰所揭示的那样，仅被用于弥补专利报酬理论的不足。

3. 专利前景理论的具体贡献

专利前景理论的贡献具体体现在以下几点。

第一，根据专利前景理论，专利可提升创新投资的有效性，因为专利使得投资人可以有效实现对创新活动的投资管理。专利权不同于其他物权，其他物权的占有是绝对占有，而对专利中技术的使用并不阻碍其他人对该项技术的同时使用。只有通过专利权的排他使用保护，投资者才可以看到潜在的收益，而也只有当投资者确认可以对专利权进行控制时，才会进行大规模的投资，从而提升该项技术的商业价值。也正是如此，专利拥有者和投资者之间有必要建立沟通的桥梁，从而避免对一项技术进行二次投资，有效开发并利用专利的价值。

第二，专利前景理论有助于洞悉投资者的心态。即使是为了最大化专利价值，投资人和企业也只愿意对一些不会给自己竞争对手提供保护、自己不愿披露信息的活动进行投资。对于他们来说，最理想的情况是，既可以快速获得专利，又可以快速与对该技术有兴趣的后来者签署授权许可，或者投资给可被永久保护的技术秘密的研发活动。

第三，专利前景理论揭示了专利制度为何是有效的。专利系统可以降低技术与信息拥有者之间互换信息与技术的成本。专利权的授予直接体现某项技术的价值以及在专利系统下的特殊保护。除此之外，按照科斯定理来解释，专利系统所提出的技术披露这项要求，可以使得有价值的技术通过明确的许可方式而被其他人使用，从而降低这项技术在流转中各方所负担的交易成本，并提高其进一步被开发或被使用的效率。此时，社会整体创新投资的回报也会得到提升。

第四，专利前景理论可以揭示与发挥专利系统的信号作用。专利会在企业间释放合作的信号，从而避免对某项创新的重复投资。如果每一项技术都通过商业秘密来进行保护，相关领域的其他人便无法通过任何合法途径获得这项技术信息，从而不但无法使用，甚至连一些最基本的相关衍生技术产品也无法开发。并且，同一领域的竞争者也无从相互学习，互相封锁的消息使得他们不断在既存的技术中进行投资和探索，大大增加社会创新的成本。事实上，专利权可以激发竞争者与专利权人进行合作的意愿，进而降低其一系列衍生产品研发的成本。同时，专利权人在他人通过专利许可、继而开发一项该专利权人所持有专利的潜在价值的同时，对许可的对象以及收取使用专利的费用有一定的主动控制权，这也意味着该专利权人对相关技术市场发展的控制权。正因为如此，凯驰认为，竞争者之间不仅是单纯地对市场进行利益瓜分的关系，专利系统使得这些竞争者更全面地回收自己技术的经济价值。因此，创新人在披露的自己的技术成果的时候不应该担心被别人剽窃，而是更期待与其他人实现合作。

第五，专利前景理论可以从成本角度重新诠释报酬理论激励创新的机理。专利系统通过控制、保持甚至降低某项技术的研发成本，从而促进创新。如若对技术以商业秘密的形式进行保护，技术秘密的所有人必定会对保护措施进行一定的投入，这也被视为研发成本的一部分。而一项在专利保护下的技术方案必然可以节省下一系列预防措施的投入。同时，由于没有保护商业秘密对资源控制与回报的集中限制，一家企业的创新动机也会因此由单一的方向而被扩展成多向（Kitch，1977）。

（五）专利竞赛理论

1. 专利竞赛理论的提出背景

专利制度的设计不仅是立法者单方向实施一项法律制度，专利制度的形态与有效性与企业的响应行为也是密切相关的，企业的响应行为影响着专利制度的改革。企业专利创新主要集中在三个层面：第一个层面是基础的、开拓性的技术创新；第二个层面是对现有技术改进的技术创新；第三个层面围绕竞争对手开展的专利发明。由于专利权的垄断性质，占有专利权的企业容易获得商业利益。企业从自己的商业利益出发，在这三个层面可以通过专利申请开展了专利竞赛。

专利竞赛理论的提出是为了消除或减少知识产权助长重复性或不协调创造活动的倾向。该方法的基础是由一群经济学家在 20 世纪中叶奠定的，这些经济学家发现企业在发明过程中产生了社会浪费（Dasgupta，1988）。最早为专利竞赛理论奠定基础的经济学家代表是约拉姆·巴泽尔（Yoram Barzel，1968），他关注的是最初专利发明的环境条件。继而，针对发明专利的后期条件与形成的竞争环境，加州伯克利法学教授罗伯特·梅尔格斯（Robert Merges）和哥伦比亚大学经济学教授理查德·尼尔森（Richard Nelson）提出专利竞赛理论（1990）。在梅尔格斯和尼尔森看来，专利机制之所以可以发挥激励的作用，应该是对发明人发明后在竞争上提供的有力支持，例如，将最早的专利权利与影响扩展到包括后来创造的发明。同样，专利社会成本的概念也应该包括降低其潜在市场竞争的强度，以改善专利技术。

2. 专利竞赛理论的应用与意义

专利竞赛理论认为，在没有大范围地出现先驱者激励措施的情况下，法律应该尽可能地为改进工作创造一个有竞争力的环境，而不是由先驱企业主导的环境。梅尔格斯与尼尔森在分析离散发明、累积发明、化学技术发明、科学技术基础发明时，发现不同技术领域之间专利制度对发明和发明人的影响存在显著性差异。

在离散发明类型中，发明是通过发明人的洞察力和努力工作创造出来的，自由竞争使得发明活动活跃。在累积创新发明模型中，技术进步是累积的或无关紧要的，随着时间的推移，这些技术会产生戏剧性的变化。这些累积技术的专利许可范围比那些发明分散和单独存在的技术的专利许可范围更大。有许多发明符合这种模式，可能具有巨大的经济和社会价值。对于有巨大潜力的发明和它们所在的相关产业，虽然严格和广泛地控制某一特定技术领域可以使企业获得可观的利润，但是该公司拥有该发明的专有权并不严重妨碍其他企业的发明活动。这主要源于这些产业的两个特征：一个特征与创造性投入有关，另一个特征与创造性产出有关。

在许多行业中，先驱者协调能力所带来的效率可能会被由基础发明的改进而形成的竞争损失所抵消，即先驱者主导某个技术领域的创新活动缺乏活力。这样的话，主导或先导专利的宽度应该尽量窄些，让更多的发明主体参与到后期的发明竞赛中来。可以看出，专利竞赛理论倾向于自由经济，即通过分析不同行业、不同类型的先驱发明的产生对未来发明环境的影响，主张较窄的专利专属权宽度来放宽发明环境的制约。

首先，以一项具有商业价值的开拓性发明专利为代表的价值目标，可能会无效地吸引大量个人或组织参与竞赛，成为无争议的第一个实现此发明且获得专有权的人。其次，对现有技术进行利润丰厚的改进式竞赛，可能会在"二级"层面产生类似的争夺。最后，企业可能会试图"围绕"竞争对手的专利技术进行发明——发展功能等同但不侵犯的技术。这些努力尽管从单个企业的角度来看是合理的，但却是对社会资源的浪费。关于专利竞赛理论中企业的行为"二分法"效果，激励企业发明创新的同时是否会造成社会浪费，没有实证证据可以得出定论。然而，对这些风险的研究与认识，可以促使法律学者寻找可能的知识产权法改革形式，如反垄断法，以减少产生相关的资源浪费。

（六）交易成本理论

在解释专利法的正当性时，激励理论作为其中一种模式，已经被学者世界所认识了 200 年（Lemley，2000）。然而，就整体而言，实证研究在关于是否由于激励理论专利申请的增加或减少的问题上，还没有得出一致的结论性研究成果。这说明，激励理论不能完整地阐述专利制度的合理性。在现有非激励理论的基础上，伊利诺伊大学厄本那香槟分校的法学教授保罗·赫德（Paul

Heald 2005）以私人交易成本节约为基础，为专利法提出强有力的支持理由，即专利的交易成本理论。

交易成本理论的核心是，通过专利授权系统形成的专利财产比通过商业秘密保护及合同法实施保护更能降低知识产权保护全过程中权利人需要支付的交易成本。交易成本理论描述专利形式如何促进积极的资产划分，并改善关键的团队生产问题。并且，即使有实证证明过专利成本和刺激创新的价值相互抵消，交易成本理论仍然认为，专利授权与政府对专利的管理制度应该被视为可为社会提供净经济效益。特别是专利法以一种前所未有的方式降低交易成本。通过建立某些类型信息资产的所有权登记制度，专利所有权规则与现有的保护制度相比，可以大大降低知识形成、保护、置换与延展的交易成本。企业无论是购买还是出售一项受专利保护的发明创造，涉及专利的相关行政记录都会减少交易双方为既有和未来利益争议而必须设置的合同、合同条款的数量。在具体情况中，围绕企业和专利节约的交易成本与具体所转让的资产、资产转让的方式也有紧密的关系。

回顾激励理论，专利体制是否可以对创新有效激励还未出现一致的结论性成果。从激励行为角度来看，交易成本理论本身并没有对解释企业为什么要研发、申请专利起到太大作用，甚至和设立专利法的初衷——鼓励创新有些许冲突。所以，如果仅仅从交易成本的角度，还看不出交易成本理论在解释企业要进行原创式、基础式发明创造的原因。因此，交易成本理论若被单独适用于解释专利法和专利体系的逻辑还是存在一定缺陷的。

（七）累计创新理论

累计创新理论是说，一个发明人在发明过程中，使用此前的发明技术，通常就被视为属于非原创性发明领域。在非原创性发明领域中，大家关注的是第一件专利对其后的发明创造是否有阻碍或延缓作用，这不仅是理论研究所关注的，而且有大量案例研究发现，那一件专利的产生会对随后其他人在相关领域的发明创造有寒蝉效应（Merges & Nelson，1990）。

累积创新理论是说累积创新会给专利制度增加负担。在累计创新中，必须考虑到多位发明者的利益，并在他们之间对技术与利益进行权衡。而且这样的现象非常普遍，因为促进社会进步通常不能仅靠一件专利、一组科研团队。从激励理论来看，对专利制度的挑战是如何保障发明者之间的利润，使每位发明人能够支付自己的成本并获得足够的利润。因此，除了在专利奖励和研发成本之间的进行基本权衡，政策制定者还面临着在多位发明人之间的新权衡（Chang，1995）。

面对如此复杂的挑战，且考虑到上述经济分析的普遍缺陷，就不难预想到，通过经济分析并在此基础上设计出最佳的一种专利制度是一件非常困难的事情。更为困难的是，经济分析中需要的各种成本和收益缺乏准确的信息，同时当前专利制度所产生的激励效果与效率更难评价与测量。对各种根本属性不同的产业采用统一的"一刀切"的办法并不奏效，这在不同文化背景、不同经济发展阶段、不同行业技术特征的实证研究中都得到验证。

第二节　专利内容的法理研究与分析

中国《专利法》规定，发明或实用新型专利申请的主题材料如要获得授权，除了要满足主题资格条件外，还必须具备新颖性、创造性和实用性。所以并不是所有的发明创造都可能被授予专利权。

关于专利主题，中国《专利法》规定以下各项，不授予专利权：①科学发现；②智力活动的规则和方法；③疾病的诊断和治疗方法；④动物和植物品种；⑤原子核变换方法以及用原子核变换方法获得的物质；⑥对平面印刷品的图案、色彩或者二者的结合作出的主要起标识作用的设计。上述领域的发明或发现不能授予专利；⑦但对前款第④项所列产品的生产方法，可以授予专利权。申请发明或实用新型专利的，应当提交请求书、说明书及其摘要和权利要求书等文件。关于申请材料的其他要求，专利说明书应当对发明或者实用新型作出清楚、完整的说明，以所属技术领域的技术人员能够实现为准；必要的时候，应当有附图。专利摘要应当简要说明发明或者实用新型的技术要点。权利要求书应当以说明书为依据，清楚、简要地限定要求专利保护的范围。专利申请获批后，发明专利权的期限为20年，实用新型专利权的期限为10年，外观设计专利权的期限为15年（2021年6月前为10年）。

申请美国专利也有类似的要求，如要求申请专利的发明技术具备新颖性、非显而易见性（创造性）、实用性。关于专利主题的要求，工艺、机器、产品或其改进以及物质的组合物以外的创新发明不能授予专利。

这些关于专利申请与授权的条件要求对于专利申请人及专利审查员来说，是否足够清晰、界限分明，这些条件与界限是否是封闭的，是否会动态发展，制约它们发展的要素有什么，发展方向是什么，这些问题在很多国家都会有所模糊，并不完全清晰。但是，在21世纪这个新技术革命时代，由于专利制度已成为各国知识产权战略部署中的第一序位，只有对专利条件要求与边界清晰度增添新的解释、创新内容才能适应新技术革命对专利的变革要求。

技术的发展态势是推动专利制度变革的直接力量。自专利制度实施以来，相关学术研究就一直没有中断过。20 世纪下半叶，相关研究的力度逐渐加大，特别是进入 21 世纪后，随着量子技术、人工智能、网络技术、生物技术的快速发展，甚至是技术颠覆性的创新出现，这些围绕专利的研究出现基础面拓宽、研究深度加长、研究预期性深化的新局面。

一、专利授权资格

专利授权资格主要集中两个方面：一方面是专利授予的主题范畴具有排他性；另一方面是对追求专利保护的发明的技术要求具有不可替代性。

（一）专利授权的新颖性与非显而易见性技术要求

1. 新颖性

一件专利申请能否最终得到专利授权，不能排除的技术要求就是必须满足具有新颖性、创造性（等同于非显而易见性）、实用性的要求。新颖性规定，被授权的专利必须是新的，其他人已经知晓、发明的技术不能被授予专利。因此，如果某项发明的内容已经对公众开放，则成为专利法所称的"现有技术"。若现有的公开发明中包含专利申请人在其申请中称为新发明的每一项要素，那么该专利申请就会由于缺乏新颖性而被驳回。新颖性要求是可获得专利最重要、最基础也是最终的条件。

2. 非显而易见性

专利申请即使通过如上新颖性审查门槛，也可能依然招致拒绝，一个可能的原因就是对已存在的发明或发明的明显变更（Durie & Lemley，2008），这就涉及专利的创造性要求，或被称为非显而易见性要求。在美国，非显而易见性要求几乎在每一个司法案例中都存有争议，而且是在专利无效判决中相对于其他专利规则被使用多得多的规则（Allison & Lemley，1998）。

创造性或非显而易见性的要求是相对的。美国专利法 103 条规定，如果从已有发明的眼光看，一件专利申请的贡献是显而易见的话，则该专利申请就不能获得专利权。非显而易性要求在要求所申请的专利发明必须是新的基础上，还要和已有技术相比之下有足够的不同，以至于对于普通熟练的技术人员来说，不会是显而易见的。在美国，法院在涉及专利有效性的案件中，对非显而易见性的判断基本框架是这样的：①现有技术的范围和内容；②在专利发明的同一时期，一个普通技术人员具有的技术水平；③权利要求中的发明与现有技术之间在教示上的差异；④任何非显而易见性的客观标志，例如商业上获得成功。这些也被称为 Graham 要素［*Graham v. John Deere，383 US 1（1966）*］。这使得企业、律师了解专利诉讼对这个问题的把握。

总体来说，在非显而易见性这个技术要求问题上，存在很多法理学说争议，因为很难找出客观判断"显而易见"的要素，这项技术要求本身就是一个非常令人头疼的问题。20 世纪末曾发生过这样一段小插曲，在美国联邦上诉巡回法院的带领下，围绕 Graham 要素判断非显而易见性被映射为一个教示、建议或动机测试法（Teaching，Suggestion，or Motivation test，TSM 测试）。若现有技术的整合在普通熟练的技术人员看来包含教示、建议或动机，则该发明是显而易见的。之后，由于该测试太过死板，大量专利容易通过非显而易见性测试，美国最高法院在 *KSR v. Teleflex*［*550 U. S. 398（2007）*］案中又进一步将专利非显而易见性的判断标准拉回至依托 Graham 要素。

在 20 世纪的最后二十几年时间里，美国法院在实践中已经建立一套非刚性的解释显而易见要求的规则，即专利申请所涉及的创新不能是显而易见的，除非是结合现有技术或修改已存在技术的教示或建议而形成的"显而易见"。一项创新是否显而易见不能仅根据它是在对已有技术尝试新的组合来判断，这在美国很多的诉讼案中都可以看到，例如 *Lindemann Maschinenfabrik GmbH v. Am. Hoist* 案［*730 F. 2d 1452（1984）*］。

（二）专利主题资格

专利法中对可授予专利权的专利主题范畴具有明确的规定，尽管这些范畴已经很宽，但还是排除一系列主题内容。例如，美国，专利法明确通过司法判例，把"自然法则、物理现象和抽象概念"排除在专利申请的标的物之外，这些例外情况体现了"科学和技术工作的基本工具"。美国专利法体系认为，必须将这些技术与发明保留在公共领域，以确保专利权既不束缚这些工具的使用，也不妨碍以这些工具为前提在未来开展的创新活动。

在专利主题资格的众多新发展中，机器或转换测试与人工智能关系最为密切。在美国，*Bilski v. Kappos*［*561 U. S. 593，617（2010）*］案对这个问题阐述得比较清晰。该案中，法院将机器或者转换测试作为一个门槛要求，一项工艺只有在下列情况下才具有专利资格："①它被绑定到一个特定的机器或者设备上；②它将一个特定的物品转换成一个不同的状态或者事物。"这一门槛要求是动态的，旨在包含新的和不可预见的发明。基于精神过程的抽象性和无形性，这一门槛要求不适用于人工智能（Roosa，2009）。

关于抽象概念是否具有专利主题资格，2014 年美国的 *Alice Corp. v. CLS Bank International* ［*573 U. S. 208（2014）*］案致使对这个问题的判定更加混沌。若一项发明中含有抽象概念的要素，需要进一步判断，该发明是否可被转化为具备可专利性。这样的要求使得计算机领域的多类技术在美国进行专利申请时都面临着巨大的不确定性。

二、专利诉讼

自建立专利制度以来，专利诉讼就没有间断过。也恰恰是通过专利诉讼，专利权得以有效实施。专利诉讼往往起于以下几个方面。

（一）专利说明构成专利诉讼的起点

一件专利申请书主要包括两部分：第一部分是专利发明说明，第二部分是一组权利要求。专利发明说明就像是一份简要的科学与技术说明，主要阐述专利发明者所面临的主要问题、在专利中解决技术问题的方案步骤以及该发明所提供的最佳解决模式。权利要求通常超出权利说明书的范围，列出专利发明人的发明范畴，以对抗潜在侵权的技术领域。专利说明书和权利要求有不同的功能与意义，说明书用于专利局审查，审查专利申请是否具备可专利的条件及其他人是否可以日后有效制造和使用该项发明。这项要求是基于在专利的发展史中已经建立起的披露制度。专利权利要求服务于不同的目的，类似于不动产契约的分配和界定，以区别专利权和周围技术的情形。

在专利申请期间，由专利局的审查员对专利申请进行审查，以确定是否可以授予专利。要获得专利，一项发明创造必须满足可专利性的所有法定要求，即符合专利主题要求、创新性、实用性、非显而易见性等。其中一项重要要求直接涉及权利要求实施的范围，这在很大程度上关系到发明在专利中的描述与权利要求，就是对技术披露的宽度。专利法要求，发明创造要在专利申请中有足够的披露程度，以使一个行业内普通熟练的技术人员能够使用该发明创造所涉及的所有知识信息。

（二）披露和实施是专利诉讼的一项重要内容

专利说明书中技术披露往往是专利侵权活动与诉讼的起点，其他人可以通过专利说明书对该专利的技术进行学习与了解，继而进行模仿。专利专属权的保护范围不仅是专利申请人字面要求的权利，还会扩张至与相关要求有些许类似的产品或工艺中。如果专利的保护范围仅是字面的权利要求，模仿人只要作一些小的变化或改动，就可以改变专属权的对抗性，使得专利无法有效实施。而所授予的专利权利范畴越宽，一项专利遭到侵权、认定为被侵权的可能性就越大。专利制度早就认识到保护范围过窄导致专利制度失效的风险，因此专利制度发达的一些西方国家在司法中早已解决这个问题。

如20世纪初，美国吉利公司在其一次性刀片剃须刀的专利说明书中表示："把刀片插到刀架上，使刀片产生一定程度的刚性，这样就实现了实际的操作"。该专利的要求权利有两项：一种新的生产方法和一个需要外部支撑的、薄的、柔性的刀片切割工艺。这件发明的成功在当时吸引不少模仿者，包括克拉克剃须刀片公司（以下简称"克拉克公司"）。当吉利公司起诉克拉克公司专利侵权时，克拉克公司反驳说吉利公司的专利说明书内容与保护范围有限，克拉克公司的外观设计已经超出吉利公司专利的技术描述的范畴。该说法虽然一开始获得了新泽西法院的支持，但遭到了联邦第三上诉巡回法院的反对。❶进而，美国专利系统通过吉利公司的案例明确一项专利的说明书不对专利权利范围产生影响。具有新颖性的概念或原理的披露，精确度由权利要求限定就足够了。不过在此之后，依然还有很多专利诉讼案件缘起的理由是，对专利说明书和权利要求所描述与支持的专利保护范围存有争议。

再举一个20世纪80年代的一个例子。哈佛医学院的两位科学家掌握一项转基因技术并获得专利，他们从哺乳动物中分离出一种与癌症相关的基因，然后将这种基因注射到受精的小鼠卵子中，生产出对癌症基因极为敏感的转基因小鼠，使得这个转基因小鼠成为研究治疗癌症的超级动物模型。这两位科学家认为，他们除了对所创造的特定转基因小鼠品种的技术具有专利权，还对能产生所有"非人类的转基因哺乳动物"的技术具有专利权（Bozicevic，1989）。事实证明，他们的重要科学发现的确有如此广泛的应用。然而，若要在高等哺乳动物中获得类似的结果，可能需要更大量的工作。那么，就有人想知道，基于他们对权利的主张，如果有其他科学家要培育转基因狗或转基因猫这些实质上与转基因鼠不同的技术，是否有可能需要大量创新投入，才能绕开哈佛医学院这两位科学家的专利权。事实上，欧洲专利局（1989）在驳回他们关于老鼠和啮齿动物以外的专利权利主张时，正是出于如此的考虑。

（三）专利侵权的基本问题

专利侵权的认定通常难度较大。对侵权认定的追求通常与索赔相关联。一

❶ *Gillette Safety Razor Co. v. Clark Blade & Razor Co.*, 187 F. 149（C. C. D. NJ. 1911），aff'd, 194 F. 421（3d Cir. 1912）.

项涉嫌专利侵权的行为是否一定涉及法律规定需要赔偿的范围并不是一目了然的，但可以为权利人的索赔建立起基础并留下解释空间。在许多情况下，涉嫌侵权物可能不属于索赔范围，但在司法实践中，它可能被视为等同物，进而被认定为非常接近这一范围，从而构成专利侵权且须赔偿。对于这个问题，梅尔格斯与尼尔森（1990）从判例中提炼出相关法学理论，并对它们进行最为深刻的探讨，可总结为两点：第一，字面侵权和等同原则（doctrine of equivalence）；第二，封闭专利原则（blocking patent doctrine）和反等同原则（reverse doctrine of equivalence）。

1. 字面侵权和等同物

对专利侵权的分析一般分两步走：第一步，先分析涉嫌侵权一方的产品或工艺是否完全落入专利权人的专利权保护范围，如果是，就构成字面上的侵权；如果没有，则进入第二步。第二步是等同原则的适用。

等同原则是指涉嫌侵权方实际并没有对专利权人产生字面上的侵权甚至是实质侵权，但却由于受争议的等同物而被视为侵权。这项理论的本质是，在穷尽一切对专利的解释与和侵权物的对比之后，索赔要求的范围会远大于专利权利要求字面的最大范围，而法院在适当的情况下，判定实际索赔范围也会超出权利要求范围的情况。这里适当的情况是指，在同一时间、用同一方法、产生同样的结果，尽管采用不同名字、形式或样式。适用这项理论的意图是保护先驱发明人。

当新技术或不可预见的技术被专利授予时，等同物虽然存在，但是等同原则的适用会面临三项局限：第一，新技术只有在缺少执行不同功能或者会导致一个事项以完全不同的方式运行的情况下，才能构成与后来的技术等同；第二，根据反等同原则，真正的创新式改造可以避免专利侵权；第三，正如申请人在申请专利时不能对现有技术提出任何主张一样，法院在延伸专利权人的主张时也受到现有技术的限制（Merges & Nelson，1990）。当面对等同原则时，乍一看，它与上一部分中介绍的可实施原则似乎是有冲突的，但是，如果坚持可实施的披露是可以使专利权人获利，这就可区分开可实施原则与等同原则。

2. 封闭专利和反等同物

等同原则可以帮助专利权人通过大致对称的方式，主张超过专利权主张字面范畴外的专利侵权。同时，被告侵权人可以使用封闭式专利和反向对等物原则的策略。

封闭专利原理是说，存在两个专利，其中一个专利权人对一件专利拥有宽泛的专利权，而另一个专利权人对该宽泛专利的某些改进特征拥有较窄的专利权，此时，称为两项专利相互封闭。宽泛的专利（或被称为"主导专利"）会对狭窄的专利（或被称为"从属专利"）形成支配。在这种情况下，从属专利的持有人不能在没有主导专利持有人许可的情况下实施其专利。同时，在没有许可证的情况下，即便主导专利更有优势，其专利权人也不能实施从属专利中所要求的特定改进特征。

当然，对于发明者来说，拥有自己的专利，不受其他人的限制，是最好的选择。因此，发明者不会将自己的发明描述为谁的从属专利。但是在诉讼过程中，美国的法院却可以这样做。如果法院在某些特征上维护被告侵权人所持有专利的有效性，但发现被告产品侵犯在前、宽泛的专利，这实际上就可以明确被告侵权人专利的性质——从属于原告的宽泛的专利。

反等同原则是指检查等同原则存在的潜在破坏性影响，并在侵权诉讼中保持平衡。在美国的司法实践中，既存在适用等同原则的判例，也有适用反等同原则的判例，简而言之，使用等同原则会有利于先专利权人（Merges & Nelson，1990）。

第三节　专利价值与使用

一、专利价值评估方法

专利是否具有价值或具有多大价值，不仅在专利制度设计的正当性或合理性上具有影响力，还在公司金融、企业上市、企业市场价值、企业创新、企业专利管理、专利维权诉讼等领域具有重要意义。

专利是无形资产，它的价值评估与有形资产是不尽相同的。无形资产与有形资产的最大区别在于其信息的本质特征。评估方法的使用对知识产权估值有很大影响。现行的知识产权估值基本上沿用传统无形资产评估方法，主要有市场法、收益法和成本法三种。由于专利的特殊性，学者们又提出基于专利本身特性的评估方法，包括前引用数量、后引用数量、专利权利要求项数或考虑这几种要素的组合，我们姑且称为价值法。实际中，每一种评估方法都不能完全真实地对专利及其他知识产权的价值进行评估。这一方面是知识产权的价值评估本身具有复杂性，另一方面是因为它的价值是具有相对性的。权利主体不同，知识产权客体的价值也不同。

（一）市场法

市场法主要根据市场交易来确定专利的价值。例如，根据交易双方达成的协定，可以以收入的百分比来计算专利的许可使用费。很多进行专利转移转让的平台正是依赖曾经的交易数据，来对其他专利进行估价。该方法存在的主要问题是：首先，很多专利是独一无二的，难以参照确定的市场价格；其次，由于基础专利和标准必要专利作用不同，专利交易双方对专利在行业中的认识不同导致交易价格难以达成一致；最后，在绝大多数情况下，专利权是和有形资产一起进行交易的，难以对其价值进行剥离。

（二）收益法

收益法是根据专利的经济利益或未来现金流量来计算价值，关键在于如何确定未来适当的折现率或资本化率。这种方法同样存在很多问题。首先，在收益法下，依然难以分离无形资产与有形资产的经济收益占比。其次，很多专利在早期没有进行商业化，未进入商业化阶段的收益无法计算。再次，专利权利主体的市场开发能力也会对未来价值产生影响。例如，一项核心专利或标准必要专利，围绕它开发的衍生技术越多，它的价值就有可能越大；如果围绕它开发的衍生技术越少，它的价值增值空间受到限制。这样，一件专利真正实现的市场价值与预期计算的市场价值便会产生巨大的差距。

（三）成本法

成本法是计算重建或替代目标专利所需的成本。它的不足在于，知识产权本身所蕴含的价值不是普通的成本核算方法所能计算的，它里面包含诸多经验或智慧价值。由于创造性、非显而易见性和实用性的特点，一件专利凝结发明人很多智慧劳动，很难重建，所以成本法很难被合理使用。

（四）专利内在价值法

专利的特殊属性会对专利的估值产生很大的影响，所以学者依据这一特性提出专利内在价值法进行专利价值的评估。专利内在价值评估的要素主要有前引用数量，后引用数量，专利权利要求项数，专属权的有效期、专利申请获批的时间长短、专利权当下的年龄、专利家族的大小等专利申请的授权情况，专利研发成本，以及这些方法组合的专利价值评估方法。

1. 前引用数量

前引用数量是一件专利或正在申请的专利引用其他专利或技术文件的件

数。前引用数量这个指标代表被评估专利在当前技术状态环境下的重要性和可应用性。同时，它也代表在技术类的创新过程中，该项专利所起或所能起的作用。前引用数量与该项专利的社会价值及申请专利企业的市场价值相关。

2. 后引用数量

后引用数量就是一件专利或技术文件被其他专利或专利申请所引用的次数。后引用数量这个指标代表该项专利在获批后所起的对科技界的影响力，也体现它的"重量"。同时，它可以代表该项专利的宽度，因为它包括专利年龄、专利的多面性、引用的专利或其他技术文件数。

3. 专利权利要求项数

专利权权利要求项数代表一件专利专属权的宽度，表明该项专利所要求的保护范围。基于专利保护，一些学者证明专利权利要求项数对企业金融的作用。（Marco et al.，2016）他们认为，专利权利要求项数代表创新的利润性，并且具有较多专利权利要求项数可以增加企业的市场价值。专利权利要求项数作为专利价值的指向标是随着技术领域不同而变化的。专利申请人可以调整所申请的专利的权利要求项数目，专利审查员也可以拒绝专利申请人的部分专利权利要求项。

4. 专利申请的授权情况

一件专利申请可以被授予专利权，可以被申请人撤回，可能被审查员拒绝，可能在被拒绝后经过修正而被授予专利权。现有的实证研究表明，获得专利权的技术价值高于撤回或被拒绝的专利申请的技术价值。（Guellec & Potterie，2000）被拒绝的原因主要有专利主题资格不具备或专利主题材料不满足专利法对专利授权的技术要求。

5. 专利研发成本

专利研发成本可以作为专利价值评估的一个参考，但专利研发成本不能与专利价值直接画等号。

6. 专利地位

专利在专利池的地位对专利价值评估具有重要影响。居于基础地位的专利与居于重要前沿地位的专利差异很大，在实际专利诉讼中的结果反差也较大。

二、专利资产证券化遇到的问题与挑战

进入知识经济时代，无形资产在企业资产价值中的比重有逐步增加的趋势。知识产权正逐渐取得或超越与传统实物资产同等的地位，也成为企业的核

心竞争力。

知识产权证券化通常被定义为：发起机构（通常为创新型企业）将其拥有的知识产权或其衍生债权（如授权的权利金）移转到特设载体，再由此特设载体以该等资产作担保，经过重新包装、信用评价等，以及信用增强后发行在市场上可流通的证券，借以为发起机构进行融资的金融操作。按照知识产权的定义与组成或专利资产的特性，专利证券化可以有两种方式，即类债和类股两种类型。类债型证券化主要有三种模式：第一种是以知识产权对应的应收账款为基础资产的证券化；第二种是以知识产权资产作为售后回租标的或融资租赁标的的证券化；第三种是以知识产权质押贷款为基础资产的证券化。类股型证券化主要以知识产权收益权为基础资产，即知识产权所有人将知识产权资产的占有、使用、经营、许可、转让而取得的所有经济效益作为未来投资收益分配标的。该收益一般包括以营利为目的而取得的经营性效益和不以营利为目的而取得的非经营性收益。

市场对知识产权证券化尤其是专利证券化具有强劲需求，很多国家正在尝试，部分国家还在加大推进力度，也有很多学术研究试图解决实际中遇到的困扰，但目前有很多问题和挑战。从纯技术的角度来看，资产证券化一般有三项重要条件——资产重组、风险隔离和信用增级。对专利证券化最大需求者是中小企业，而恰恰是中小企业很难满足这三项条件。除法律、政策的影响外，这里的主要原因是中小企业创新研发工作的人合性与资合性很难和日常经营行为的基础资产隔离，而专利自身的特性又起到重要的作用。

（一）专利价值变化产生的影响

专利权利要求的数量及表达与保护或使用方式、实际发明人流动、专利后续开发等都会对专利价值的变化产生影响。这些价值变化都会对已经证券化的现金流动产生不可预期的影响。

（二）专利价值评估的影响

正如前面的分析，专利价值无法直接测量。证券特设机构无论采用哪种专利评估方法，都无法准确、稳定、合理地确定一件专利或多件专利的价值。

（三）专利的可重复授权性

专利的可重复授权性是知识产权异于其他资产被证券化的重要特性。专利在每次授权中，都可以产生新的合同债权。这种可无限被重复利用的性质，是专利的潜力所在。即使某件专利申请在初次审查后授权失败，也可能被新的授权弥补失败损失。

同时，专利的可重复授权性致使专利证券化会产生其他资产证券化所没有的风险。假如发起人在证券化交易后对新的被授权方进行授权，虽然发起人可因此得到新的收益，但却可能因被授权人总数的增加而使原被授权方面临竞争加剧，甚至更直接的结果是收益下降。由于授权金额的计算一般都与被授权方的收益挂钩，原被授权方的收益下降，将导致相关业务收入产生的现金流减少，最终影响对投资人的本息收益。

（四）专利不同权利人间的专利权利具有可分割性

这种性质与专利本身的基本属性（信息属性）有关，因为权利人间分割的结果可以使一个以上的权利主体对同一专利权利分享利益，同时使各权利主体彼此独立，权利互不干涉。这对已经证券化的专利所带来的现金收益会产生不稳定的影响。

第五章　知识产权法法理学说：著作权法

著作权法中法理学术研究主要集中在三个方面，分别是著作权保护的正当性、作品的合理使用和著作权中的人权问题。本章将围绕这三个方面逐步介绍。

关于人权方面，最重要的是著作权的精神权利问题（moral right）。精神权利是说保护艺术家通过作品表达自己的人格。在一些国家，精神权利是著作权法的一部分；而在另一些国家，特别是在美国，精神权利传统上受到普通法传统的保护，如在有关隐私的法律中，或者在侵权法中。精神权利是否应该被概念化为与著作权法的经济方面完全分开的客体，或者是不可分割的，这是一个一直具有争论性的问题。因此，这也是本章讨论的重点。

第一节　著作权法律保护的法理分析

虽然著作权与专利权均属于知识产权的不同类属，并且虽然保护的法理学说也有相通之处，然而还是不尽相同的。从美国立法和司法的经验来看，两者在部分法条与政策上，用词有些许差别。有学者总结认为，专利法是通过授予发明者对其"发现"享有专有权，意在促进"有用作品的进步"；著作权法是通过保障作者对其作品享有专有权，意在"促进科学的进步"（Oliar，2009）。著作权法旨在鼓励原创或创造性的表达，但该保护并不延伸到潜在的思想本身，也不延伸到创造性作品的功利性或功能性方面。

20世纪80年代，对于著作权保护与法律实施的法理学说，斯蒂芬·斯图尔特博士（Stephen Stewart）与艺术法专家哈米什·桑迪森（Hamish Sandison）归结为四类：自然正义论、经济论、文化论、社会论（1989）。根据"自然正义论"这一原则，作品的创作者有权享有其劳动成果。支撑这一学说的法哲学是基于洛克的劳动成果论及康德、黑格尔的人格论。"经济论"旨在通过向公众提供创作作品的个人提供合理的期望，使他们能够收回投资并获得合理的利润，从而激励他们。支撑这一论点的法哲学是基于功利主义的哲学和法经济学理论。根据"文化论"，为了发展民族文化，公共利益可以鼓励创造力。"社会论"认为，通过向广大公众传播思想和作品，并通过社会、种族和年龄群体之间建立的联系，社会凝聚力更加容易实现（Piotraut，2006）。

印第安纳大学法学教授马歇尔·利弗尔（Marshall Leaffer，2005）附议了"经济论"与"社会论"。他指出，美国著作权制度的主导思想是促进知识的传播，以提高公共福祉。这个目标应该通过给予作者有限时间的垄断权这一形式的经济激励来实现。可以看出，美国著作权制度强调经济回报与经济激励这一观点。

美国版权局 1980~1985 年的局长大卫·拉德（David Ladd，1983）曾表示："著作权被认为是一种自然权利，是自然法的一部分，是人格的真正延伸，包括经济和道德权利，即禁止直接或通过作品使作者名誉受损的权利。"通过这种观点可以看出，著作权法旨在保护作者的两个关键利益：一方面是他的经济利益，另一方面是他的智力和精神权利。这实际上是在"经济论"的基础上，融合法国这个以个人主义为中心的权利制度的大陆法系国家的法治思想与风格——重视"自然正义原则"。然而，经济利益与精神权利这两项关键利益不总是一致的。理想主义者把法律赋予的著作权，称之为荣誉，而这些权利也可能成为繁荣经济、文化的阻碍。

无论著作权是一种怎样的制度，激励也好、保护也好，"作者是著作权的核心"这一点是不容否认的。无论如何描述，根据著作权法的本质，著作权适都用于"作者的原创作品"，它"固定在任何有形的表达媒介中"，可以以"感知、复制或以其他方式传播"。著作权法明确规定，著作权不适用于保护任何"观念、程序、过程、制度、操作方法、概念、原则、或发现"（Asay，2016）。

第二节　著作权合理使用的法理分析

一、合理使用原则的法律规定

合理使用是一项用以对抗侵犯著作权诉由的法定抗辩理由，通常写在各国著作权法的法条内容中。相关内容反映在现行中国《著作权法》第 24 条和第

25 条下, 成为合理使用在我国的法律基础。

现行中国《著作权法》第 24 条第 1 款规定, 在下列情况下使用作品, 可以不经著作权人许可, 不向其支付报酬, 但应当指明作者姓名或者名称、作品名称, 并且不得影响该作品的正常使用, 也不得不合理地损害著作权人的合法权益: ①为个人学习、研究或者欣赏, 使用他人已经发表的作品; ②为介绍、评论某一作品或者说明某一问题, 在作品中适当引用他人已经发表的作品; ③为报道新闻, 在报纸、期刊、广播电台、电视台等媒体中不可避免地再现或者引用已经发表的作品; ④报纸、期刊、广播电台、电视台等媒体刊登或者播放其他报纸、期刊、广播电台、电视台等媒体已经发表的关于政治、经济、宗教问题的时事性文章, 但著作权人声明不许刊登、播放的除外; ⑤报纸、期刊、广播电台、电视台等媒体刊登或者播放在公众集会上发表的讲话, 但作者声明不许刊登、播放的除外; ⑥为学校课堂教学或者科学研究, 翻译、改编、汇编、播放或者少量复制已经发表的作品, 供教学或者科研人员使用, 但不得出版发行; ⑦国家机关为执行公务在合理范围内使用已经发表的作品; ⑧图书馆、档案馆、纪念馆、博物馆、美术馆、文化馆等为陈列或者保存版本的需要, 复制本馆收藏的作品; ⑨免费表演已经发表的作品, 该表演未向公众收取费用, 也未向表演者支付报酬且不以营利为目的; ⑩对设置或者陈列在公共场所的艺术作品进行临摹、绘画、摄影、录像; ⑪将中国公民、法人或者非法人组织已经发表的以国家通用语言文字创作的作品翻译成少数民族语言文字作品在国内出版发行; ⑫以阅读障碍者能够感知的无障碍方式向其提供已经发表的作品; ⑬法律、行政法规规定的其他情形。

中国《著作权法》第 25 条第 1 款规定, 为实施义务教育和国家教育规划而编写出版教科书, 可以不经著作权人许可, 在教科书中汇编已经发表的作品片段或者短小的文字作品、音乐作品或者单幅的美术作品、摄影作品、图形作品, 但应当按照规定向著作权人支付报酬, 指明作者姓名或者名称、作品名称, 并且不得侵犯著作权人依照该法享有的其他权利。

合理使用并非中国《著作权法》创设的, 它的根源是《保护文学和艺术作品伯尔尼公约》(*The Berne Convention for the Protection of Literary and Artistic Works*) 第 9 条第 2 款和《与贸易有关的知识产权协议》(*the Agreement on Trade - Related Aspects of Intellectual Property Rights*, TRIPS) 第 13 条。美国、英国等国家的著作权法在相关国际公约形成前就载有同样的合理使用的原则。其他各国在适用相关国际法约定, 建立起著作权保护制度时, 采纳合理使用条款，并在自己国家法律的内容上再结合需求与实际情况进行调整。

二、合理使用的发展过程

合理使用原则像世界上第一部著作权法的历史一样悠久。英国早在 1709 年就建立起第一部法定著作权法，之后不久，英国法院就承认某些"公平处理"（fair dealing）并没有侵犯著作权作者的权利。在美国，合理使用原则现在是著作权法的主要内容，载于《美国法典》第 17 卷第 107 条，基于保护受著作权保护的作品，允许豁免其他人对它的某些使用。例如，在合理使用原则下，对受著作权保护作品极有限的复制不属于著作权侵权行为。

美国著作权法具体允许的合理使用用途有多种，包括"为诸如批评、评论、新闻报道、教学（包括为课堂使用而多次复制）、学术或研究等目的"。在判定某作品在任何特定情况下的使用是否属于合理使用时，要考虑如下四个要素：①使用的目的和性质，包括此类使用是否属商业性质或是否为非营利教育目的；②受著作权保护的作品的性质；③与受著作权保护的整体作品有关的部分的数量和实质性；④使用对受著作权保护的作品的潜在市场或价值的影响。该规则代表先前存在的共同法律原则的法典化（Pulsinelli，2007）。除了这四个要素外，美国在司法中还考虑其他非法定因素，例如，该使用是否作为历史记录使用等，是否善意地依赖与著作权所有者的合同。

三、合理使用的作用

合理使用在创作活动和著作权法中具有重要作用。在很大程度上，它与学术追求和在这种追求中使用他人的著作权作品有千丝万缕的联系。使用到什么程度属于合理使用的范畴，仅仅凭借复制部分占原文的百分数是远远不够的，有些作品的核心和具有价值的部分可能就只有一点点，如果只是 5% ~ 10% 的复制就算是正当的合理使用侵权抗辩理由，显然足以对作者造成很大的伤害，构成实质侵权损害。

从另一个角度来看，如果没有合理使用，著作权法中其他内容涉及的公共利益就会受到很大程度的限制和影响。例如，基于累积创新理论，技术创新越来越需要使用得到著作权保护的作品，如果没有合理使用的这一合法抗辩理由，技术创新就会受到很大影响。基于此，芝加哥－肯特法学院法学教授爱德华·李（Edward Lee，2010）提出某种形式的技术合理使用，如果著作权保护过于严格，就会阻碍技术创新，合理使用的辩护应当明确考虑与技术创新有关的因素，这主要集中在信息技术的制造、操作或输出上。

李教授在判断何为合理使用时，认为主要应该考虑四个要素。第一个要素是"变革性"。在评估合理使用时，对受著作权保护作品的使用是否具有变革性，该判断应该用专利法的方法来审查。根据专利法，发明必须是新颖的和非显而易见的（具有创造性），才有资格获得专利保护。同时，还要考虑使用是否可被用于解决长期存在问题的需要。符合新颖性和非显而易见性的创新正是值得保护的创新类型，从而可以通过合理使用原则而豁免其著作权侵权的指控。第二个要素是"受著作权保护作品的性质"。田纳西大学法学教授盖瑞·普尔西内利（Gary Pulsinelli，2007）也提出过依此对合理使用的相关法条进行解释。这里的"性质"是指，受著作权保护的一项作品的核心是否是具有创造力、富有表现力的作品，还是仅仅是对大量事实的一种陈述。如果是后者，是否该作品极有可能被判定为合理使用。第三个要素是受保护作品的"数量和实质性"。对适用合理使用的分析要考虑到所使用的受保护作品的数量和实质性。一般来说，所使用的作品越多，合理使用的可能性就越小，除非所使用的数量与合理目的相比是合理的。第四个要素是影响。使用受著作权保护的作品，进而对著作权作品潜在市场价值产生不利影响，从而无法被视为合理使用。这一要素历来是合理使用平衡行为中较为重要的因素之一（Asay，2016）。

第三节　著作权中的人权与知识产权

人权和知识产权，这两个曾经互不相干的法律体系，现在正变得越来越亲密。在过去的几年里，国际标准制定活动已经开始在知识产权法和人权法之间绘制前所未有的交叉点。这样的交叉与交融在著作权法中显得尤为突出。

自然法哲学及现代法律已经解决如下一些问题。第一，物质财产的实际占有可以保护人们对物质财产所拥有的利益，物质财产可以物权的形式获得法律上的承认。第二，凡生产商品并将其归其所有者，生产的人将享有对该商品的所有权。第三，同样地，创意作品的保护也是沿用物权路线提供的思路。由于这些作品都是非物质性的，物权占有的现实要素是不存在的，不能构成物权的基础。因此，知识产权是作为法律上的虚构权利而被创造的，但与任何财产背后的物质财产权都有同样的目的。在这方面，作为财产权利人的著作权属于作品的创作者或作者。

20 世纪 90 年代末，学者开启知识产权中是否有人权以及知识产权是否保护人权的辩论。著作权中关于人权的辩论，除了明显涉及著作权本身，还需要涉及财产权和人格权的人权方面。关于知识产权中的人权问题，普林斯顿大学国际法教授理查德·福尔克（Richard Falk，1992）总结过，围绕这一问题主要有两个学派——实证主义学派和自然主义学派。实证主义学派认为，人权的内容应由国家商定，并体现在有效条约中的文本，由具体的文本决定，或由具有约束力的国际习惯通过强制性的国家意志在实践中来决定。自然主义学派则认为，人权的内容主要是基于赋予标准和规范、具有普遍有效性、不可改变的价值观。知识产权中关于人权辩论的理论基础主要有三个来源：一个是文艺复兴时期的个人主义思想及行为的影响；一个是自然法哲学的影响，如康德、黑格尔的人格论；一个是国际公约的影响。其中，关于人权的争辩依据最多的是国际公约和自然法哲学。

一、文艺复兴影响说

文艺复兴时期，艺术家非凡创造力的扩展促进了艺术家对个人权利主张的势头。例如，文艺复兴时期的代表米开朗基罗意识到，艺术家的诚信将一直遭受侵犯，直到他们能够对自己的作品行使全面、多样性的控制权。米开朗基罗的作品具有突出的人文主义思想的特点。他利用自己杰出的声誉，要求属于道德权利保护伞下的一系列权利。米开朗基罗利用他的名誉创作绘画，以满足他自己的创造性本能。他知道，是他的声誉带来买家，也是他的声誉给他带来更多买家。这样的逻辑就定义了赞助人和艺术家的关系：艺术家会被转变为一个决定性的主题，即风格和价格。

总的来说，文艺复兴时期兴起的人文主义思想已把作者的人格与其作品紧紧地连接在一起。受这一时期思想影响，18 世纪，法国作家在他们的作品中采用自然法的权利概念，抗议皇家的印刷特权。而法国大革命则为著作权自然法理论的法定承认提供动力，最终取代皇家的印刷垄断。

对作者权利的自然法基础的尊重在 19 世纪 80 年代开始减少。社会变迁造成公众和知识分子之间的脱节。为了重振对作者权利的尊重，法国法学家转向人格和财产不可剥夺的理论，重拾德国哲学家康德和黑格尔著作中表达的不可剥夺权利说（Suhl，2002）。

二、康德、黑格尔人格论影响说

自然法哲学认为，个人存在根本的利益，不应该为了公共利益而牺牲个人的根本利益，社会的福利也不应该凌驾于这些根本的个人利益之上。保护这些利益被认为是维护个人自主、独立和安全的关键。承认这些对个人至关重要的利益，使得"自然权利"一词的出现，以及为赋予个人的自然财产权辩护的理论的发展。权利的自然主义性质并不意味着一个人与生俱来就具有这种权利，而是意味着即使没有确立这项权利的积极规则，其他人所构成的社会在道德上或理性上也承认这项权利。作为一般自然法理论一部分的两个中心理论是劳动成果论和人格理论（Afori，2004）。这两个理论可以解释作者对其作品兴趣的本质。

在康德的法哲学中，康德认为，作者的创作是个人意志的体现，作者在其作品中所拥有的权利是人格权而不是财产权。在康德看来，一个作家作品中有形的物质元素和作品中固有的表达之间存在一条明晰的界线。本质上，作品中固有的个人表达支配着作品的物质部分。财产是一种交换价值的手段，而作者的创作则是一种交换思想的手段。人格权是每个人不可剥夺的表达和交流思想权利的衍生物。当契约将人格权与财产权连接起来时，康德认为，这时人格权就具有财产性。若对财产权中的人格性加以否定，将会阻碍原财产所有人依据自己的意志对自己所有之物的利用。康德（1991）主张："要使外在物成为自己的，只有在法律的状态中或文明的社会中，设立起公共立法机关制定的法规才有可能。"从而，自由意志就成了财产权的必要条件，没有自由意志就形成不了财产权。根据康德的这种观点，作品是作者的成果，作品的著作权若被法律赋予财产属性，则离不开作为支撑的作者的自由意志，即人格权。

在黑格尔的哲学中，人的权利是人格权的一个内容，人格的发展是通过"意志的外化"来实现的，只有人格权才能给予对物的权利，人格权与物权实际上是相同的。这样，他就将人格权与所有物权连接在一起。因此，在黑格尔的思维下，允许财产被认为是自我的表达，这就是著作权中的人格权源自黑格尔人格权的原因。

19世纪后半叶，德国哲学家卡尔·冯·加雷斯（Karl von Gareis）和奥托·冯·吉尔克（Otto von Gierke）以康德和黑格尔的人格论为基础，建立了现代人权精神权利的理论基础，对整个欧洲大陆的著作权法与专利法都起到了重要影响（Suhl，2002）。加雷斯提出人格权理论相对比较直接，认为人格权是由人格本身构成的（Swack，1998）。而吉尔克提出人格权理论更加立体，他认为人格权是分离、独特的，高于作者的权利。人格权保护作者和作者意志的所有具体表现，但作者的权利只涉及对艺术财产的经济利用（Friedman，1994）。

在吉尔克看来，表现艺术家人格创作作品的方方面面都应该主导作品的经济利益。

20 世纪初，约瑟夫·科勒（Josef Kohler）提出关于作者权利的二元论（Palmer，1990）。科勒的二元论认为，艺术家在他们的作品中既保留个性，也保留经济利益。然而，每个领域都受到不同的法律权利的保护。通过创作的过程，艺术家将自己的一部分传递到作品中，从而使他能够在经济上利用艺术家个性的这种表现所创造的货币价值。因此，人格权必须优先于经济权利。知识产权中经济权利的期限是有限的，可以转让。相比之下，知识产权中的精神权利的期限是无限的、不受时效限制，也是不可被剥夺的（Damich，1988）。现代法国著作权法，特别是其中关于"法国权利与作者"的相关内容，就是二元论的反映。

人格权的权利主张在欧洲或大陆国家，为作者对其作品的自然权利进行辩护的理论对著作权法有很大的影响。欧洲大陆法系国家的著作权法是自然权利和德国理想主义的衍生物。在英国和美国，自然权利理论和功利主义理论一起作为著作权辩护的基础（Damstedt，2003）。

三、国际公约的影响说

20 世纪 90 年代末期，知识产权学术研究开始知识产权中是否存在人权的辩论。这些研究所依据的两个重要公约，第一重要的公约就是《世界人权宣言》（*Universal Declaration of Human Rights*），第二个重要的公约就是《经济、社会、文化权利国际公约》（*International Covenant on Economic*，*Social and Cultural Rights*，ICESCR）。

（一）相关国际公约的产生背景与内容

在世界贸易组织（WTO）的成立和 TRIPS 生效以来，政府官员、国际官员、政府间组织和非政府组织、法院和学者开始特别关注人权与知识产权的相互作用。例如，联合国促进和保护人权小组委员会，就注意到人权和知识产权这两种权利之间相当紧张和冲突。为了避免这些冲突，该小组委员会建议"将人权义务置于经济政策和协议之上"。人权事务高级专员在评估 TRIPS 对人权影响的报告中还提醒各国政府，"人权是各国政府的首要责任"，并援引1993 年形成的《维也纳宣言和行动纲领》（*Vienna Declaration and Programme of Action*）。

1948 年，联合国通过《世界人权宣言》。此后，人权委员会恢复起草《国际人权与政治权利公约》（*International Covenant on Civil and Political Rights*）的原始计划。虽然该公约最初只包括公民权利和政治权利，但联合国经济及社会理事会在 1951 年要求人权委员会将经济、社会和文化权利纳入当时正在起草的这项公约草案。经过多年讨论、辩论和反复磋商，《经济、社会、文化权利国际公约》终于于 1966 年获得通过。又经历 10 年，这项公约才获得批准所需要的必要文书，最后于 1976 年 1 月 3 日生效。

《世界人权宣言》第 27 条第 2 款明确指出："人人有权保护其作为作者的任何科学、文学或艺术作品所产生的精神和物质利益。"《经济、社会、文化权利国际公约》第 15 条第 1 款第（c）项密切遵循《世界人权宣言》的语言，要求每一缔约方都"承认人人有权享受保护其作为作者的任何科学、文学或艺术作品所产生的精神和物质利益"。

（二）国际公约中涉及的著作权人权种类

相关国际条约中对知识产权中的人权的承认直截了当，但实际情况却非常复杂。国际公约中所承认的保护知识创造物质利益的权利，不是源于抽象的道德而考虑的概念权利。这种区分特别重要，因为前者和后者在政策辩论中都经常被使用，有时也会被混淆。很难说知识产权法律和政策在两者发生冲突时应始终服从于人权义务。这样，我们需要对知识产权尤其是著作权的各种属性进行细致入微的分析。

加州大学戴维斯分校法学教授杰拉尔德·德沃金（Gerald Dworkin，1995）认为，精神权利赋予作者以下权利：①归属权——将作者的名字与作者的所有作品联系起来，而不涉及其他作品；②保持完整性的权利——防止对艺术作品的毁损、歪曲或修改；③披露权——作者有权选择是否和何时将自己的作品公之于众；④撤回权——作品被公之于众后有权选择撤回自己的作品。

作者的精神权利除了保护原创作品，更保护作者在作品创作期间和创作后与作品既得利益之间的联系（Cotter，1997）。这一观点由明尼苏达大学法学教授托马斯·科特（Thomas Cotter）提出，并使得学界对著作权的精神权利有更深刻的认识。在作品创作过程中，作者与作品一直保持联系。从本质上讲，创作是作者个性的一部分。作品一旦进入公共领域，就会成为被公众批判的主题和对象。在公共领域，作品受制于交易过程。虽然在作品产生一系列交易后，作者或艺术家已不再拥有自己的作品，但精神权利学说为他们提供了一系列既得权利。无论怎样，这些权利依然一直存在（Swack，1998）。

对于这两个条约整体来说，缔约方不仅要注意条约用语的一般含义，而且要注重条约的目的和宗旨。但是，条约的一般含义和目的及宗旨往往不能使人充分理解所述权利，要理解相关条约的真实含义还是要从它们的立法史入手。美国得克萨斯农工大学法学教授余家明教授（Peter Yu，2007）提出，"尽管从文本分析中可以获得一定数量的信息，但是《经济、社会、文化权利国际公约》许多术语的晦涩和不精确的性质常常留下未解的重要问题"。因此，准确把握起草史是理解这些模糊、抽象、不精确术语的关键。

（三）国际公约下著作权人权的争论

1. 冲突或共存的著作权与人权

近年来，有关著作权对人权影响的讨论越来越多，这些讨论主要分为两类观点，即冲突论和共存论。冲突论由诺丁安大学法学教授保罗·托利曼（Paul Torremans，2007）提出。共存论由杜克大学法学教授劳伦斯·海尔弗（Laurence Helfer，2003）提出。

冲突论认为，人权和知识产权存在根本冲突。在这里，与人权有根本冲突的并不局限于著作权。这种存在根本冲突的思想认为，强有力的知识产权保护削弱一系列广泛的人权义务，因此知识产权保护不符合这些义务，尤其是在经济、社会和文化权利领域。支持冲突论的人主张，解决人权和知识产权之间冲突的方法是，规定在具体条约义务发生冲突的领域，承认人权法的规范优先于知识产权法，从而解决知识产权与人权间的这种根本不兼容性问题。因为，在规范条件下，人权是基础性的，比知识产权更重要。

共存论认为，知识产权和人权都处于同样的"基本均衡状态"。支持共存论的人一方面认为有必要界定赋予作者的私人专有权的范围，以有效地鼓励和承认对社会的创造性贡献；另一方面，著作权和其他知识产权除了创造经济利益，所产生的更广泛的利益是让公众能够充分享受作者的成果。知识产权法和人权法都试图打破公权与私权的界限，从这个意义上说，两者并不冲突。

然而，共存论的支持者如海尔弗也是辩证地看待知识产权与人权这两者。这两个领域的法律并不是在所有情况下都以同样的方式限定这种平衡。界定私人专属垄断权利的适当范围，使作者和发明者有足够的动力进行创造和革新，同时确保消费大众能够充分获得其努力的成果。从而，他们认为，人权法和知识产权法在本质上是相容的，尽管在奖励与获取之间的平衡问题上经常存在分歧（Helfer，2003）。

在关于知识产权是否包含人权的这类争论中，也许洛约拉马利蒙特大学法学教授贾斯汀·休斯（Justin Hughes，1988）的论证是最成熟的。他认为，首先，我们应该更愿意对表达能力很强的智力活动（如写小说）的成果给予法律保护，而不是对表达能力较弱的活动（如遗传学研究）的成果给予法律保护。其次，一个人的人格也是他的公众形象，包括他的身体特征、言谈举止和过往。他认为，存在一个重要的"人格容器"，它应该受到法律的保护，尽管通常这不是由其通过劳动形成或获得的。最后，作者和发明人应该被允许通过出售或分发他们作品的复制品从公众那里获得尊重、荣誉、赞赏和金钱，但不应该允许他们放弃阻止他人毁坏或错误归属他们作品的权利。

2. 著作权与人权的内部冲突与外部冲突

在讨论人权与知识产权的冲突时，还有知识产权法本身内部冲突与外部冲突两种学术观点。有学者认为，这两者存在外部冲突是因为，虽然《世界人权宣言》和《经济、社会、文化权利国际公约》这两项公约提到精神和物质权利的保护，但并没有提及知识产权。人权是属于个人基本、不可剥夺和普遍的权利，在某些情况下属于个人和社区的群体。人权是人类固有的基本权利，而知识产权首先是各国设法激励创造力和创造、鼓励传播创造性和创新性作品以及发展文化特性、保持科学、文学和艺术作品的完整性以造福于整个社会的手段。这样《世界人权宣言》和《经济、社会、文化权利国际公约》中权利保护的目的与"知识产权制度承认的大多数法定权利"形成对比。

但是，回顾支持知识产中包括人权的学术观点，《世界人权宣言》和《经济、社会、文化权利国际公约》中的物质利益涵盖一切经济利益，保护知识产权的利益等同于保护私有财产。支持这种学术观点的人认为，长期以来，知识产权保护一直被认为是一项基本人权，多年来，知识产权保护的发展和修改成功地解决了发明人或作者的权利与公共利益之间的紧张关系。内华达大学政治学教授罗伯特·奥斯特加德（Robert Ostergard Jr.，1999）表示，那些想要削弱知识产权保护的人，实际上是在滥用一个"失败的、名誉扫地"的经济学理论，即公众不能从私有产品中获益。然而，他认为，对他人财产的侵占不仅破坏创造和发明，也破坏经济和社会的秩序。

知识产权与人权内部冲突的来源是由于《世界人权宣言》和《经济、社会、文化权利国际公约》言辞含糊。从两者的起草历史来看，"物质利益"一词似乎涵盖的经济利益类型比通常在私有财产权下受到保护的利益类型狭窄。但是，知识产权保护利益的权利的范围模糊、不明确，不仅使外部冲突难以解决，但凸显两项权利的内部冲突，使得内部冲突更加难以解决。关于这一点，余教授解释说，根本理由是，在人权体系内根本就没有简单的办法来解决不同权利之间的冲突。所面临的困难包括：①预料不到将出现的所有问题；②预料不到随着社会与技术的发展，所出现问题的复杂性；③面对所出现的问题，找不到完美的解决办法。

余教授认为，解决内部冲突最好的方法也许就是逐步解决的方法。随着经济、社会和文化权利可用资源的增加，可以解决为实现这些权利而增加分配资源的问题。在这个过程中，要遵循最小核心原则。他解释说，最小核心原则就是，为了解决在确定一个国家是否已充分履行采取"最大限度地利用其现有资源"的所有步骤，以充分化解经济、社会和文化权利的条约义务方面固有的困难。这个过程的目的是确定每个缔约方的最低限度义务，各国将在资源允许的情况下尽最大努力履行其根据人权文书承担的所有义务（Yu，2007）。

3. 人权至上原则与利益平衡论

一旦确定知识产权的人权属性，就相当于确认知识产权中人权至上的原则。人权至上原则将要求对这些人权属性的保护优先于现行知识产权制度下提供的其他保护，包括保护知识产权的非人权属性和那些没有人权基础的知识产权形式。人权义务优先于经济政策和协定。

然而，人权至上原则并没有解决所有争论和问题。其中一个问题就是，如何在知识产权中的灵活性下平衡知识产权的非人权性权利义务与人权权利义务。这种平衡也就成了现代著作权制度创设的指南。从著作权制度发展的历史来看，华中科技大学法学教授韦之（2001）曾解释过，"著作权制度从来都是利益平衡的结果，三百多年的版权制度发展历史所积累的利益平衡经验是修改现行版权法、进行具体版权制度设计的基本准则"。中国政法大学法学教授冯晓青（2008）也强调，对这种平衡机制本身的研究也是近年来国内学者关注的一个重点。

需要注意的是，在将著作权纳入国际人权条款的过程中，曾引起很大争议，最终形成的结果是，著作权对人权地位的要求相对较弱。相关公约之所以能够将著作权和知识产权部分纳入，只是因为它们被视为落实和保护其他更重要人权的工具。有关著作权和知识产权的条款中的各种要素是相互关联的。这意味着，作者的权利必须被理解为文化自由以及参与和享有科学进步的利益的基本先决条件。事实上，作者和创作者的权利可以独立存在是一个辅助点。

4.《世界人权宣言》的重要影响

《世界人权宣言》是基本人权的哲学和道德理由的成果，但在某些方面已成为道德法令本身。纽约大学法学教授杰里米·沃德朗（Jeremy Waldron，

1993）曾解释过，对实证权利产生影响的自然自由是那些在各国宪法、条约和国际宣言中得到承认的自由。它们并非那些完全理论化的自由，也不是那些与根本没有法律秩序的原始世界打交道的自由。很多学者都认同，《世界人权宣言》的地位和巨大影响使它本身成为不同人权的准正当理由。

　　《世界人权宣言》，是一个宣布人人都应享有普遍权利的宣言，但并不是各国都缔结《世界人权宣言》，然而这并不对其目的的实现产生实质性影响。它的目的不是对各国具有约束力，而是对整个社会具有约束力。《世界人权宣言》第 27 条第 2 款规定了作者的物质和精神权利作为人权的地位，尽管仍有许多批评者认为知识产权特别是著作权不包含普遍的人权。例如，在兰德斯和波斯纳关于著作权保护最优程度的研究中，最大值是社会福利，作为已创作作品的生产者和消费者剩余的总和，减去创作新作品的成本和著作权制度的管理成本，生产者得到的回报中不含有特权。以美国为例，仅注重著作权经济收益的这套体制正在由于忽略作者的感情，而在内部饱受批判。

第六章　知识产权法法理学说：商标法

商标已成为知识产权中与人接触最广泛的一个种类。正如中国人民大学法学教授刘春田（2000）所总结的，现代商标的功能主要有三类——识别功能、品质保障功能和广告宣传功能。类似地，华东政法大学法学教授王迁（2016）也曾强调，商标的首要功能是区分商品或服务来源，也就是识别功能，而识别功能的特性使得商标所有者很容易依其商标作广告宣传。他们对商标的认识与西方学者相一致，商标保护的法理学说基本上就是围绕这些基本功能展开的。

纵观商标悠久的历史，商标的初始功能是识别功能，在识别功能的基础上产生商标的混淆理论。随着经济、社会的发展，商标在识别功能的基础上，又增加商誉功能，在此基础上又形成商标的淡化理论。一些重要的国际条约也吸收该商标淡化理论，如《保护工业产权巴黎公约》（*Paris Convention for the Protection of Industrial Property*，简称《巴黎公约》）第 6 条第 2 款就专门规定了商标淡化问题。进一步地，TRIPS、世界知识产权组织 1996 年制定的《反不正当竞争保护的示范规定》（*Model Provisions on Protection Against Unfair Competition*）都吸收了商标淡化理论。

第一节　商标的法理学说

一、商标的起源

商标的起源可以追溯到至少 2000 年以前，出现在古罗马、古埃及与中国。从已有的记录来看，罗马手工艺人就在自己的作品上刻有特殊记号。虽然带有记号的工艺品在当时并不具有法律意义，但对消费者却意味着高质量、可持久保存。

关于商标的法律记录至少可以追溯到 13 世纪。当时商品经济还不发达，商标的主要作用是便于在商标产品出现问题时追究提供商标产品的生产者的责任（米勒、戴维斯，1998）。商品的标记使得消费者可以找到商品生产者而进行维权。换句话说，从起源上来看，商标法的核心目的是为消费者提供保护，维护产品质量和市场消费环境的稳定等公共利益。

世界上最早的商标法是由英格兰国王亨利三世发布的，主要目的是加强对烘焙师的管理。亨利三世在《烘焙标识法》（*Bakers Making Law*）中要求烘焙师在自己的作品上作出特殊标识。不服从该法的烘焙师可能会遭受巨额罚款，甚至是会被没收所有的面包。当时的市场上会有缺斤短两的情况出现，可能消费者某次以同样价格购买到的面包会少上几盎司。为了可以对面包追踪溯源，世界上第一部商标法就在这样的背景下诞生了。

商标的广泛适用就是避免市场上由于出现混淆商品而给消费者造成伤害。对商标的保护就是允许劳动者在自己的商品上作标记，以避免和其他劳动者的商品混淆、产生误解和欺骗。混淆可能是由于标识或界限的不清晰造成的。混淆的分类有很多种：既有实际的混淆，也有可能的混淆；既有故意的混淆，也有非故意的混淆；既有外观的混淆，也有内容的混淆等。相对来说，有商标要比没有商标给消费者造成的伤害要小。

二、标识－混淆理论

商标的初始出现就是为了防止标识混淆。那一时期的商标保护是以权利为中心的，即维护生产者的权利。同时，商标保护也同样是对消费者的保护，帮助他们有效、准确地识别要购买的产品与服务。商标的识别功能有助于消费者辨识产品或服务，识别功能是商标的最本质属性，商标保护的根本就是避免和制止混淆。制止混淆在商标法经过多年的发展后，在各国依然是商标法的核心。是否存在混淆是商标侵权最重要的构成要件，而是否存在混淆无须实际混淆，只需存在混淆可能性就够了。标识－混淆理论就是围绕"混淆可能性"展开的基本理论，是从实践操作中得出的侵权判断规则。传统的商标保护就是基于商品易于识别，在避免混淆的法理上而设立的。

商标的标识－混淆理论对很多商标条文法有重要影响。如美国在1946年颁布的《兰哈姆法案》（*Lanham Act*）首次以法律的形式规定："任何人在商业活动中，使用任何文字、名称、标记或图案或上述要素的结合于有关的商品或服务或商品容器之上，由此可能导致混淆，或导致误解或欺骗，使人误认为其商品或服务或商业活动源于他人或由他人赞助或许可的，应当承担侵权责任。"其中，第 32 条规定，主张侵犯联邦注册商标权的原告，必须证明被告对原告注册商标的复制品或具有一定特征外观的仿制品构成"可能引起混淆、误解或欺骗"。瑞典商标法中也有类似的规定："商标是一种特殊标志，用以将某一人经营推销的商品与他人经营推销的商品区别开来。"TRIPS 中也有相关规定，任何能够将一家企业商品或服务与其他企业的商品或服务区别开的标记或标记的组合均应能构成商标。

原国家工商行政管理总局的官员王翔和赵泓任（2006）曾作出解释，我国于 1982 年颁布的《商标法》就是以混淆理论为基础，以查处"未经注册商标所有人的许可，在同一种或类似商品上使用与注册商标相同或近似的商标"的侵权行为。他们介绍说，1993 年修正的《商标法》虽作了一些修改，与《巴黎公约》《马德里协定》接轨，但仍未超越传统的商标保护理念和框架。我国《商标法》（2019 年修正）第 9 条第 1 款规定："申请注册的商标，应当有显著特征，便于识别，并不得与他人在先取得的合法权利相冲突。"这条当中的内容凸显注册商标申请对标识的要求。因此，在我国商标权的取得和侵权认定时，混淆理论也和前面提到的那些国家一样，起关键性的作用。

三、淡化理论

（一）商标产生的"搭便车"行为

随着经济的发展，商标使用越来越普遍。市场上对商标的使用出现"搭便车"的现象。由于一个成熟商标在培育过程中商标持有者投入的时间成本、广告成本、产品创新成本或服务提升成本都很高，在某一个行业成熟的商标就可能被其他制造商移植到该商标不被保护的其他类行业中，给消费者造成假象，误以为相关商标或服务是他们所熟悉商标所有者所提供的。这一现象被描述为商标的"搭便车"行为。

商标"搭便车"行为会产生几个可能的后果。第一，泛化。商标本来是与某一特定产品或服务直接关联的，而商标的泛化使用使得消费者难以识别原创的商标，继而导致原商标的弱化或退化。第二，难以实施对驰名商标的有效保护。商标的"搭便车"行为很容易使消费者误以为"搭便车"的产品是商标权利人的新产品，造成商标失去识别的便利，进而分割驰名商标的市场优势，因此驰名商标权利人遭受经济损失。

（二）淡化理论的提起

商标淡化理论诞生的根本原因在于商标功能在现代社会的发展变化。在产生大量商标"搭便车"行为的背景之下，在美国率先产生商标的淡化理论。近100年前，弗兰克·斯凯特（Frank Schechter, 1927）在其发表在《哈佛法学评论》上的《商标保护的理性基础》一文中提出商标淡化理论，奠定了美国商标法的基础。斯凯特在提出商标淡化理论之前，分析了商标的传统功能。他认为，传统商标侵权理论是建立在识别－混淆理论的基础上，如果有"搭便车"的行为存在，即把相同或者近似的商标、名称用在非竞争性商品之上，逐渐消耗或者稀释公众对于某种商标的认识，传统的识别－混淆理论就无法为商标权人提供保护。因为这时消费者已经不再就商品来源没有发生错误认识。为制止针对商标实施这种"搭便车"的行为，商标权人只能求助于新的商标理论，这就是商标的淡化理论。

（三）淡化理论的内容

商标淡化理论认为，商标的价值并不限于表征商标的来源，还在于商标可独立表现的所代表的品质与价值功能。就像谢赫特曾讲过的，商标就其知识产权本质来讲，在长期的使用中，可以增加消费者对产品制造者依赖和信誉，这就是商誉。商标承载着商誉会走得越来越远，商标所代表的商誉已经逐渐脱离商标标记本身，开始主张自己独立存在的价值。

淡化行为包括两种——冲淡和污损。冲淡可以被理解为，知名商标由于他人的"搭便车"行为，该商标的价值被冲淡，自身产品的经济价值被冲淡。污损可以被理解为，知名商标由于被其他质量较差的产品"搭便车"，给销售者造成不好的印象，从而污损自己的商标。

正是由于淡化作用越来越频繁与广泛，各国都出台了意在反商标淡化的保护措施，即反商标淡化措施。这些措施包括先使用限制、合理使用限制、保护范围限制、时间限制与动态保护限制这五个方面的限制（冯晓青，2012）。通过这些措施，对形成良好商誉驰名商标予以相关保护。这样，商标保护就从原来单一的识别功能为基础的保护开启识别功能与商誉保护功能并重的局面。

（四）淡化理论的基础与目的

随着社会商业活动的发展，商标逐渐从事前的识别功能靠近其事后的广告功能。广告就是广而告之，招揽顾客，促进对产品或服务的购买与使用。发行广告是有成本的，而消费者根据广告对相关产品或服务所建立起的信赖也是极具社会价值的。这也意味着，商标权的法律关系就这样突破专利权、著作权的主体和客体的法律关系，它还涉及消费者的利益。

商标权直接将商标持有人的私人利益与消费者的公共利益直接联系起来，

它的平衡更具有直接性。这体现在消费者对商标的选择偏好，是商标产品或服务内在特性的外观反映，这就是市场对商标拥有者培育商标的回报。但是，这也可能造成消费者认牌购货的习惯，而相对忽视对商品或服务本身的关注，所以对商标的培育是长期、精心的。因此，通过美国商标法的要求与发展可以看出，政府和法律出于保护消费者的立场，会要求企业在培育与发展商标的过程中，对自己的产品和服务的质量有基本的监督和把控，以确保对消费者负责。同时，在商标确权、授权和侵权判定中，审查员或法官也不能仅仅考虑商标的标识功能，还必须考虑商标持有者和使用者对商标所标识的商品或服务的质量把控。

（五）商标淡化的相关法律规定

2006 年 10 月 6 日，美国国会通过的《商标淡化修正法案》（*Trademark Dilution Revision Act*，TDRA）对淡化行为采取冲淡与污损这种分类方式。1998 年修改并于 1999 年 1 月 1 日生效的德国商标法第 14 条第 2.3 款也采用这种分类。中国学者中央财经大学法学教授杜颖（2007）对商标淡化的类型分析也与此一致。

关于在细节上如何解释冲谈行为，学术上存在很多争议，商标淡化似乎是一个谁都无法解释透彻的概念。旧金山大学名誉法学教授托马斯·麦卡锡（Thomas McCarthy，2003）曾表示："商标法中还从来没有一个概念制造过这么多原则解说的困惑和司法理解的分歧。"

正是由于淡化对商标持有者带来的经济损失，反淡化已成为各国商标保护的重要措施。在实际中淡化与混淆是有区别的。在美国，淡化就是淡化，混淆就是混淆，这是两种侵权方式。而在中国，混淆与淡化就分得不是那么严格，杜颖（2007）曾提醒过，有不少学者将其看作一种侵权方式，这是应该注意的。

第二节　商标权的取得与保护

一、商标权取得

起初，商标是区别商品或服务的一种标记。随着经济的发展，保护商誉的功能出现，商标的内涵和外延都在扩张，甚至成了企业综合实力的牌号。这样，对于商标权的取得就出现两种意见，一种是使用在先的注册体系，另一种是不要求使用在先的注册体系。在前者这类商标系统下，虽然有商标注册机制，但注册商标不构成商标保护的必然前提条件；相反，注册商标的前提必须是已经使用该商标。在后者那类商标系统下，注册商标不需要将商标使用作为前提，而仅有注册的商标才可获得排他性保护。

中国的商标体制正在经历从不要求使用在先的注册体系向使用在先的注册体系过渡。当然，这一过渡一部分是内部自发产生的，另一部分是在美国的敦促下被迫调整的。北京化工大学法学教授余俊（2011）在《商标法律进化论》一书中曾全面地研究了英国商标注册制度的发展历程。他认为，商标法的发展史其实就是商标注册法的发展史，而商标注册制度本身的功能即是该制度的安身立命之本。但这样的看法从全球视角看来并不完整。TRIPS 中虽然明确商标权是一项私有权，但对商标权如何取得的问题，各成员的态度是截然不同的。欧盟大多数国家及日本主张不能以使用作为商标注册的条件，美国、菲律宾等采用以使用为基础的保护体系。

当今，商标权侵权诉讼的很大一部分案件就是关于是否把使用作为确权的基础。在越来越多的商标侵权案中，包括中国在内的世界上很多国家的法官越来越倾向于使用在先的原则。这样的裁判思路才可以有效处理增加社会负担的海量商标抢注行为与商标侵权的恶意诉讼案件。

二、商标保护的法理基础比较

回顾一下前几章介绍过的支持知识产权保护的法哲学理论，主要有洛克的劳动成果论、康德与黑格尔的人格理论、哲学功利主义，以及哲学功利主义而形成的法学功利主义为基础的法经济学。专利权、著作权、商标权、商业秘密虽然都是知识产权，但它们的特点各有不同，对它们实施保护的法理学说也不尽相同。

商标权有不同于其他知识产权的特性。第一，在商标权保护对象上，既有保护识别功能的商标符号，又有保护商标标识产品生产商的内在品质，即商誉。第二，在商标权保护内涵上，既有保护商标持有人的私人利益属性，又有产品使用者的公共利益属性。第三，在商标权保护关系上，既有保护权利人的利益，又有保护消费者的利益。现行中国《商标法》第 1 条规定："为了加强商标管理，保护商标专用权，促使生产、经营者保证商品和服务质量，维护商标信誉，以保障消费者和生产、经营者的利益，促进社会主义市场经济的发展，特制定本法，"这就体现平衡保护商标所有者和消费者利益的思想。

从洛克劳动成果论来看，商标体现商标权人的利益。它的缺陷是，没有兼顾到保护消费者的利益。从法经济学观点来看，商标的存在可以降低消费者搜索的成本。它同样存在一定的缺陷：这样的保护目的没有体现出商标保护的文化内容。但是，经过横向对各种法哲学思想进行比较可以发现，法学功利主义所追求的保护围绕消费者的公共利益，还是最有意义、能获得普遍认同的。

第七章　知识产权法法理学说：商业秘密法

贸易全球化与新一轮技术创新革命，使得商业秘密已然成为知识产权战略的重要组成部分。商业秘密越来越重要，这是由于在许多领域，技术变化如此之快，以至于超越旨在鼓励和保护发明和创新的现行法律范畴。各主要经济发达国家已将商业秘密保护列为加强知识产权保护的置顶位置。无论企业、政府、司法机构还是法学研究机构，都认为商业秘密是推动和鼓励私有投资与促进社会创新的重要知识产权类型，了解和认识商业秘密法发展历程对深化商业秘密本身、强化商业秘密保护、促进企业创新、增强企业竞争力具有重要意义。商业秘密的法理研究也是随着商业秘密保护的诉求与实施不断成熟而发展的。

当今，商业秘密保护法理研究与司法实践最成熟的国家是美国。美国不仅对商业秘密法理有系统的研究，同时也在司法过程中丰富了商业秘密保护法律。目前，美国商业秘密法已对世界各主要经济发达国家产生实质性影响。

第一节　商业秘密的定义与范畴

一、美国普通法中的商业秘密定义

对商业秘密的本质认识和商业秘密的定义是一个随着经济发展、贸易扩张和法律不断完善的历史发展过程。美国是商业秘密法最发达、司法保护形式最丰富的国家，因此可以通过对美国不同阶段有关商业秘密的定义来理解这一历史发展过程。

在普通法多年司法实践的基础上，为解决复杂而又难于把握的商业秘密诉讼中对商业秘密的确认，美国于 1939 年首次在《侵权法重述（第一次）》［*The Restatement（First）of Torts*］中系统性规范了侵权普通法内容，第一次对商业秘密有了文本定义："任何在业务中使用的公式、模式、手段或信息汇编，用于一个人的业务，使他有机会比不知道或不使用它的竞争对手获得优势。""一个行业的公共知识或一般知识不能被一个人当作他的秘密。""所有形式的信息都包括在内，例如，化合物的配方、工艺、处理或保存材料的过程、机器或其他装置的模式或客户名单。"这样的定义获得了当时美国联邦法院和各州法院的广泛接受。然而，随着时间的推移，法院在类似事实的案件中的推理和结果开始出现分歧。至今，该定义已鲜被广泛适用。

二、《统一商业秘密法》中的商业秘密定义

1979 年，美国统一法律委员会公布《统一商业秘密法》（*The Uniform Trade Secrets Act*，UTSA），为商业秘密盗用、不适当挪用提供一系列简单而灵活的解决方案。《统一商业秘密法》的商业秘密定义是："信息，包括公式、模式、汇编、程序、设备、方法、技术或过程，该信息：（1）其他人能够从其披露或使用中获得经济价值，但通常不知道或不能通过适当方法轻易查明，而产生实际的或潜在的独立经济价值，以及（2）是为保守其秘密性而作出合理努力的对象。"

它的定义与《侵权法重述（第一次）》稍有不同。《统一商业秘密法》侧重于信息，并扩展了商业秘密的定义，包括程序、方法、技术和过程。它还保护具有潜在价值或实际价值的信息，并取消了持有人在业务中持续使用商业秘密的要求。不要求受保护的信息已被其持有者使用，但要求原告证明其采取了合理的努力来保守秘密。

《统一商业秘密法》出台后，直到现在，除了纽约州对采用其立法提案还在推进当中，美国其他各州都直接或间接地采纳了。1995 年，美国法学会公布《反不正当竞争法重述（第三次）》［*Restatement（Third）of Unfair Competition*］，总结了商业秘密的普通法。对商业秘密的定义遵循《统一商业秘密法》的定义，将商业秘密定义为"任何可用于商业或其他企业经营活动，并且具有足够价值和秘密性，能够为他人提供实际或潜在经济利益的信息"。

三、美国联邦条文法中的商业秘密定义

1996 年美国政府颁布的《美国经济间谍法》（*The Economic Espionage Act of 1996*，EEA）中对"商业秘密"的定义是：金融、商业、科学、技术、经济或工程信息的所有形式和类型，包括模式、计划、分析、程序设备、公式、

设计、原型、方法、技术、工艺过程、程序、程序或代码，无论是有形的还是无形的，以及是否或如何在物理上、电子上、图形上、照片上存储、编译或记录（1）拥有人已采取合理措施保守该等资料；及（2）该等资料的实际或潜在经济价值是独立的……不为公众所知，也不容易通过适当手段加以确定。这样的语言也是符合世界贸易组织 TRIPS 第 39 条规定的。

2016 年，美国颁布《防卫商业秘密法》（*The Defend Trade Secrets Act of 2016*，DTSA）。这其中包括对"商业机密"和"不适当挪用"的宽泛定义。商业秘密被定义为："所有形式和类型的金融、商业、科学、技术、经济或工程信息，包括模式、计划、汇编、程序设备、公式、设计、原型、方法、技术、工艺过程、程序、程序或代码，无论是有形的还是无形的，无论是以物理的、电子的、图形的、摄影的或书面的方式存储、汇编或记录的，或其他方式存储、汇编或记录的。"这一宽泛定义允许企业可以对几乎任何类型的知识被盗用提起诉讼，只要能够证明自己的知识是秘密的，并已采取合理措施保守该秘密。

如上这些对商业秘密的定义在两方面有相同之处，一方面是规制商业秘密保护案件诉讼的必要条件；另一方面对于定义中的关键法律术语没有精确说明，如秘密、信息、不恰当、盗用或不适当挪用等。总的来说，保护商业秘密的诉讼通常必须满足条件包括如下五处：①具有商业秘密信息；②具有经济价值；③采取适当的保护措施；④被告通过不恰当手段获得；⑤被告进行盗用或不适当挪用。除此之外，各商业秘密法还将一般知识、技能、反向工程和独立创新排除在商业秘密之外。

第二节　商业秘密法的法理分析

一、商业秘密保护客体的法理分析

商业秘密法是在普通法中发展起来的，普通法的商业保密保护起源于 19 世纪早期的英国，作为在大规模工业化时代防止专有制造知识泄露的一种方式，其后于 1837 年移植至美国。1868 年，美国马萨诸塞州最高法院在皮博迪诉诺福克一案 [*Peabody v. Norfolk*, 98 Mass. 452（1868）] 中认定，秘密制造工艺的持有人对该工艺拥有财产权益。此案的大法官霍里斯·格雷（Horace

Gray）将很多商业秘密判例结合在一起，使这个案件成为一个引人注目的合成判例。

格雷大法官通过对该案件判决书的撰写，表达了他对商业秘密及其保护本质与目的的看法，"一个人建立一家企业，并使它具有有价值的技能和关注度，该企业的商誉被法律承认为财产的正当主题"如果将所发明或发现的制造工艺保密，无论该工艺是否有获专利保护的可能性，此人都不对它当然享有对抗公众或善意使用人的排他性权利；但此人的确对该工艺享有物权，通过法院来保护它不被签署过保密协议的人自己违约地使用或泄露给其他人。格雷大法官解释说，"为了公众的利益，法律的政策是鼓励和保护发明的商业和企业"。在这个案件中，马萨诸塞州最高法院承认商业秘密法在财产法、合同法和侵权法中的基础，并将其与这些类别的普通法区别开来，形成独立的法律。

19 世纪末和 20 世纪初，法律形式主义的财产概念进一步对商业秘密法产生影响，将其调节成明显不同于合同法和普通侵权法的独立法律。然而，随着新法律形式主义的出现及商业秘密其物权基础的剥离，商业秘密法失去正当性理论以及规范独立于其他法律领域的根源。关于商业秘密法概念兴起，一个典型例子是大法官奥利弗·霍姆斯（Oliver Holmes Jr.）在 E. I. 杜邦公司诉马斯兰案 [*E. I. DuPont de Nemours Powder Co. v. Masland*, 244 U. S. 100 (1917)，以下简称"E. I. 杜邦案"] 中的意见。

霍姆斯大法官在这个案件的裁判书中表示，不适当挪用不是商业秘密分析的出发点。他提出了商业秘密法更核心的问题，这个观点否定了 19 世纪末将商业秘密视为财产的概念，而是认为商业秘密保护是对存在的保密、信赖关系的保护。实际上，他对商业秘密保护的法律基础采取的是和之前完全不同的看法。

（一）财产说

关于财产理论，像前面介绍的那样，皮博迪诉诺福克一案承认商业秘密法在财产法、合同法和侵权法中的基础，并将其区别开来，继而形成自己的法律领域。在普通法中，财产权取决于占有。占有是所有权的先决条件，所有权是普通法权利的必要条件。此外，占有要求明确的行为，表现出将物品置于专属控制之下并将其用于个人使用的意图。对于不属于专利权或著作权这类法定保护范围的秘密信息的法律，适用普通法原则。皮博迪诉诺福克一案的判决是对财产中的秘密信息进行法律保护，而不是对合同或信托的保护。但是该案留下一个重要的问题：如果秘密信息是财产，为什么它的所有权人不像其他类型财产权的所有者那样,拥有"可对抗世界的专有权利"。这个相对简单的理论有一个严重的缺陷,即无法识别所有不允许的信息获取、使用或披露方式。

(二)关系与义务说

商业秘密关系属性理论的出现背景是 19 世纪末法学研究结合社会学的兴起及 20 世纪初法律现实主义的出现。那时,一种新的法律实证主义致力于工具推理,取代 19 世纪后期的核心为自然法的法律形式主义。从而,支持秘密信息具有财产属性的理论开始失去控制力。这一变化在一定程度上破坏了普通法财产理论的逻辑,特别是在它声称通过保密方式的排他性意味着财产,而财产意味着保护所有者排他性的合法权利。

新法律实证主义者经常引用的一段话是,法律实用主义思想发起人物霍姆斯大法官于 1917 年在 E. I. 杜邦案中的裁判意见。该案中,他充分表达了财产不是商业秘密分析出发点的观点:"适用商业秘密的财产这一表述,是法律对诚实信用下某些基本要求的某些次要后果的未经分析的表述。无论原告是否有任何有价值的秘密,被告都通过他所接受的特殊信任知道该事实,无论是什么。财产可以被否认,但凭证不能被否认。因此,当事人的出发点不是财产或正当法律程序,而是被告人与原告或其中一人之间的保密关系。"

大法官霍姆斯对商业秘密法的核心问题界定否定了 19 世纪末的财产概念。虽然"财产"一词适用于商标和商业秘密,但法律中存在这样的描述仅仅是因为没有深究其根本含义而已。无论原告是否有任何有价值的秘密,无论该秘密所包含的信息内容都有什么,被告都可以基于原告对他的特别信任来了解相关信息。若原告事后起诉被告对相关信息的使用是基于对财产的保护,则可能会被法院拒绝,但是基于信任不会被法院拒绝。因此,处理商业秘密相关问题的出发点不是财产或是正当法律程序,而是被告侵害他与原告的保密关系。在这种观点下,财产不是关于占有和所有权的真理;相反,财产权是由积极的法律创造出的,并服务于社会所追求的目标。

这种新的财产观给商业秘密属性理论带来问题。19 世纪和 20 世纪初,法律形式主义的财产概念将商业秘密法与合同法和普通侵权法相区别。然而,随着其物权基础的剥离,商业秘密法失去正当性的理论基础以及规范,也同样失去独立于合同法、侵权法等其他法律领域的根源。从那以后,司法和学术界一直在努力填补这一空白。

因此,早期商业秘密保护就有两种对立的理论:一种强调原告在保密信息中的财产权利性质,另一种强调被告具有侵权特征的不当行为。商业秘密作为财产的观点强调的是信息本身的地位，主张商业秘密权利的当事人必须确认所涉及的信息可以被作为可受法律保护的商业秘密得到保护。相比之下，将商业秘密不当挪用视为侵权行为的观点强调的是被告违反保守秘密义务的行为。

二、商业秘密法属性的法理学说

为什么对商业秘密实施法律保护？它的法学理论解释主要涉及商业秘密实施保护的动机和目的两个方面，而这些法学理论本身则源于商业秘密法的功能。商业秘密法的两个主要功能和专利法与商标法类似，就是鼓励发明的功能和激励披露的机制。

（一）商业秘密法作用

1. 鼓励发明

商业秘密法赋予拥有商业价值信息的人一般不为竞争对手所知或不易查明的专有权。无论是激励理论或专利前景理论所描述的专利或著作权制度，专利和著作权制度被普遍认为是服务于法学实用目的——授予这种法律控制权是为了鼓励开发新的和有价值的信息，为开发者提供超竞争性回报的前景。商业秘密法具有同样的效果，给予开发者新的和有价值的信息而限制他人使用它的专有权利，因此从保护的秘密信息中获得巨大利润的前景。这也正是在市场竞争中，大家为何偏好选择适用商业秘密来维护自己的市场地位，尤其是经营秘密和技术秘密。对商业秘密尤其是对一些商业想法的保护，有助于确保那些在未经测试的商业中冒险的先行者的优势。

2. 激励披露机制

专利法和著作权法通过各种披露途径解决了公众受益这个问题。乍看之下，商业秘密法似乎在朝相反的方向发展。毕竟，商业秘密法律的保护是以保密为条件的，所以它似乎鼓励保密，或者至少鼓励可以保密的发明或发现。然而，商业秘密法实际上是鼓励更广泛的信息披露和使用，而不是单纯的保密。

商业秘密法对信息披露与使用的促进是由于其两种功能在发挥作用。第一，商业秘密法提供的法律保护，可以降低一家企业本可能为相关秘密信息进行的安保投资。有实证研究已经证明，法律保护商业秘密的效率是高于企业独自保护商业秘密的效率的。第二，商业秘密法可以有效鼓励企业披露秘密信息。商业秘密可以在法律的保护下，被企业积极地对特定群体进行披露，进而实现以商业合作为目的的有效沟通。这种披露模式可以部分解决肯尼斯·阿罗（Kenneth Arrow，1962）的信息悖论。阿罗的信息悖论是说，在没有任何法律保护的情况下，一个潜在有价值但秘密的想法的开发者将很难把这个想法卖给能更有效地利用的人。为了出售的想法，他将不得不披露它，让买方评估它的价值。

对商业秘密的法律保护主要基于两种部分互补的理论。第一种是功利主义。根据功利主义的观点，防止专有信息被盗，相当于鼓励对这类信息的投资，产生对个人和社会都有益处的发明或创新。这个观点有时与商业秘密是一种形式的财产这种观点有关。第二种理论强调对不法行为的威慑，因此有时被称为侵权理论。这种理论下，商业秘密法的目的是惩罚和防止违法行为，甚至是维护合理的商业道德的行为标准。

（二）商业秘密的知识产权属性

从商业秘密法保护的历史形成和功能、商业秘密法对商业秘密的定义、商业秘密本身的特点来看，商业秘密法对商业秘密的保护使得商业秘密具有知识产权所具有的所有特征，如法律创设、智慧劳动的成果、信息的本质属性、共同性、复杂性等。因此，21 世纪初期，终于在斯坦福大学法学教授马克·莱姆利（Mark Lemley，2008）的总结后，商业秘密被定性为知识产权，并被大家广泛称为第四知识产权。

首先，商业秘密法的两个功能使其具有与专利法和著作权法相同的目的，即鼓励创新以及创新的披露和传播。知识产权体系下，三种不同类型的发明或发现可以通过不同途径获得排他性保护。一种是不可能被隐藏的发明或发现，一旦它的表现形式被披露，它就会被广泛使用（如轮子或回形针）；一种是不可能通过对产品的观察来辨别的发明或发现（如可口可乐的配方，但可以通过由它所获得的具有比较优势的回报来确定其存在）；最后一种是可以通过对产品进行观察和评估而识别出来，但这个过程可能会非常困难（如软件源代码，从销售给客户的目标代码中看不出来，但是它可能由反向工程而破解开）。商业秘密法本身独立适合于对第二种或适合于第三种发明或发现进行保护，显然不适合被运用于保护第一种发明或发现。

其次，商业秘密法作为知识产权法的另一层含义是，商业行为可以围绕商业秘密的有关权利签订合同，且可稳定地受到保护。企业选择商业秘密作为自己的知识产权保护战略既要付出成本，也要有收益。就像其他知识产权类型一样，很难知道使用与保护商业秘密到什么程度才达到成本与收益的平衡。但是，从法学理论上来看，商业秘密作为一类知识产权，商业秘密法的基本特征与知识产权法的目标和框架非常吻合，在其他知识产权领域出现的争论和关注点也同样会出现在商业秘密与商业秘密法中。

将商业秘密理解为知识产权，把商业秘密法视为一类知识产权法可以让商业秘密在旨在鼓励创新的社会政策殿堂中占据一席之地。如此一项法律体系的必然发展趋势也促进我们思考，即结合商业秘密的知识产权权利体系的设计方式是怎样的，这种设计方式下如何看待商业秘密，以及商业秘密法如何与其他法律相互作用而显得更具有重要意义。

（三）商业秘密法保护的几个重要问题

商业秘密保护涉及的法律较多，如侵权法、反不正当竞争法、劳动法、合同法、刑法等。在涉及商业秘密保护的每个法律规则中都有两个基本问题，也构成商业秘密保护与实施在实践中的几个重要问题。

1. 商业秘密的主题

商业秘密保护的实践中，虽然任何信息都可以成为商业秘密，只要具备且满足商业秘密定义的条件。但第一个问题就是商业秘密主题问题。因为，除了定义中几个限制条款，还有一个重要常识，那就是行业内一般技能知识和技术常识不能构成商业秘密。在美国，无论是普通法还是条文法，对如何区分一般技术知识和技术常识与商业秘密都是不清晰的，且具有不确定性。

在美国的司法实践中，是否存在商业秘密是商业秘密诉讼案件首要被处理的事项，但恰恰是这个被排除的问题构成商业秘密诉讼案件中最棘手的问题。在美国商业秘密诉讼案件中，原告胜诉率不高，采取和解的比例高，这些现象都与商业秘密主题资格的认定有关系。换言之，实践中，是非常难证明一项信息构成商业秘密的主题，进而成为商业秘密保护客体的。

2. 不适当挪用

在美国各商业秘密法下，"不适当挪用"（misappropriation）一般是指：①在有责任维持保密或限制使用的情况下，未经同意予以披露或使用；②以不正当手段获取。美国《统一商业秘密法》对"不适当挪用"一词给出相对紧凑的法律定义：①知道或有理由知道商业秘密是以不正当手段取得的人取得了另一人的商业秘密。②未经下列人士明示或默示同意而披露或使用另一人的商业秘密：（a）以不正当手段取得商业秘密。（b）在披露或使用商业秘密时，知道或有理由知道他对该商业秘密的知识是：（i）来自或通过某人以不正当手段取得该商业秘密；（ii）在产生保密义务或限制使用义务的情况下取得的；（iii）源自或通过对寻求救济者负有保密义务或限制使用义务的人取得的。（c）在其立场发生重大变化之前，知道或有理由知道这是一项商业秘密，并知道这一知识是通过意外或错误获得的。

其中，关于"不正当手段"（improper means），《统一商业秘密法》通过枚举的方式给其下了定义：不正当手段包括"盗窃、贿赂、不正当手法引诱、违反或诱使他人违反保密义务，或通过电子或其他手段从事间谍活动"。美国《防卫商业秘密法》中"不正当手段"的定义与《统一商业秘密法》中的定义一样，包括一系列犯罪和侵权行为的说明性清单。这些行为如果是为了从事不正当获取或不正当披露或使用商业秘密的目的，则构成对商业秘密的"侵犯"——不适当挪用。

从与不正当手段相关的法条内容中注意到，对商业秘密的保密责任可以通过几种方式产生。例如，不正当手段可以包括任何低于合理商业道德标准的行为，包括贿赂。

3. 不可避免披露原则

不可避免披露原则（inevitable disclosure doctrine，IDD）产生于挪用威胁的概念，尽管法学界对于该原则与存在挪用威胁之间的关系还存在争议。该原则提出，前雇主可以通过证明雇员的新工作职责将不可避免地导致该雇员依赖其商业秘密，而禁止加入新工作岗位或开展新工作内容。最初，该原则仅适用于技术领域的雇员，但美国的司法已将其扩大到包括知晓各种商业秘密的雇员，包括了解金融、制造、生产和营销信息的雇员。

一般来说，不可避免披露原则允许法院禁止雇员为其原雇主的竞争对手工作，因为这会对该原雇主产生不适当挪用商业秘密的威胁。为此，前雇主必须证明该雇员能够获得其商业秘密，并且与新雇主有类似的保密责任。因此可推断出，该雇员在为新雇主履行职责时不可避免地会使用或泄露这些商业秘密。如果雇主证明其前雇员不可避免地会向竞争对手泄露其商业机密，法院可以给予临时禁止令，或者在极少数情况下给予永久禁止令，禁止该雇员为竞争对手工作或参与竞争对手的某些工作。

我们可以看出来，在适用这一原则时，相互冲突的利益之间存在根本的矛盾。这个社会既需要保护雇主机密、有价值的商业信息，也需要支持雇员的劳动流动自由。只有实现前者，才能实现企业对创新的投入和对人才的培养；只有实现后者，才能使企业获得创新最重要的素材，也是对劳动者基本权利的保障。很显然，不可避免披露原则没有很好地调和这两项社会需求之间的矛盾。

该法律原则的不足是可以被理解的。就目前而言，实在法涉及的知识产权种类共有四种，即专利法、著作权法、商标法和商业秘密法。它们之间既具有共同的特征和属性，也各有独立特性的一面。这体现了知识产权问题的共同性、多样性和复杂性。虽然学者们对知识产权制度设计的正当性和合理性提出诸多种法理学说，然而由于共同性、多样性和复杂性的存在，没有一项独立的学说可以厘清和解决全部法律问题，也不可能期望存在这样一种学说。同时，随着社会的发展、技术的进步，还会对现行的知识产权法提出新的冲击、挑战。

第八章 创新鼓励政策工具使用机理实证分析

随着技术创新为社会发展带来有益贡献的积累,创新对经济的影响越来越明显和重要。在各类进行创新活动的主体中,特别是中小企业在经济发展中扮演着重要的角色,起到了"经济引擎"的作用,是商品出口的主力军。此外,中小企业还是社会就业的重要来源、企业家精神创造和技术创新的动力源,对于培养技术与社会竞争力至关重要。因此,包括中国在内的许多国家为活跃经济、培养竞争力,除知识产权立法外,还纷纷采取其他政策手段来鼓励、支持技术创新。

在政策如何支持、鼓励中小企业创新问题上,学者们一直热衷于研究政府如何通过资助、奖励和补贴政策有效地支持中小企业及其研发活动,并对中小企业是否需要各种各样的经济政策进行争论。有声音表示,市场力量可以刺激创新,尤其是联合发明,这比任何经济政策都更强大、更有效。但也有声音表示,国家可以通过政策干预有效地消除市场失灵,创造更多的研发和创新动力。本章重点阐述鼓励中小企业技术创新的工具手段及实证效果。

第一节 主要的政策工具及实证效果

支持、鼓励中小企业创新的政策工具主要有税务政策、资金补贴、专项补助、奖励等创新激励措施。

一、政策工具

(一)政府对企业创新采取的税务优惠政策

税务优惠工具包括税种、税率及抵扣等多种手段。对不同规模或不同行业的企业实施有差别的税务政策,有利于弥补中小企业在起步和生存阶段存在的"财务缺口"。税务优惠对扩张阶段的中小企业也同样很重要。在宏观层面上,许多发达国家将税务政策作为帮助中小企业生存和发展的战略，并努力建立起有利于中小企业生存与成长的环境。

对于采用税务政策鼓励企业创新的逻辑，剑桥大学经济学家亚瑟·庇古（Arthur Pigou，1960）的解释是，使用税务补贴或其他类型的政府补贴可以纠正市场失灵，改善创新者的研发激励机制。背后的经济逻辑是，补贴可以增加研发的回报，从而提高创新者的总回报。然而，作为最重要的一类政府补贴，税务优惠对研发的激励效率如何总是需要实证研究予以证实或证伪的。

实证研究领域总体持有两种观点，一种认为税务优惠政策有益于创新，另一种观点是税务优惠政策没有效果。持后者观点的不在少数。例如，美国商务部（U. S. Department of Commerce，1967）就曾有研究显示，税务规定对许多公司的创新没有实质性影响。道格拉斯·卡明（Douglas Cumming）与索菲亚·约翰（Sofia Johan）于 2008 年对加拿大的调查显示，医疗保健行业中，企业对税务减免几乎不关心，取消税务减免只对一些曾获得较大金额的税务减免的企业产生影响（2010）。美国前工业经济部副部长肯尼斯·布朗（Kenneth Brown，1984）也通过实证研究得出，针对研发的税务激励的效果仅仅是顺时针周期性的。相对于这些发现，更多学者得出的结论是，税务激励是促进创新的有效和重要的政策。至少也有一些实证研究显示，旨在鼓励研发活动的企业税务政策可以促使中小企业加强研发力度。

关于税务政策对创新活动的激励效果，加州大学伯克利分校经济学家布朗雯·霍尔教授（Bronwyn Hall，1993）的解释比较合理。她表示，税务政策是一项短期政策，其效果不是孤立的，而是与整个企业税制有关。因此，有必要了解不同类型的税务抵免政策和其他政府补贴之间的相互作用，尤其是鼓励创新和投资的不同激励措施。

（二）政府对企业创新的补贴、奖金或奖励

补贴、奖金或奖励被视为政府鼓励技术创新的重要策略。经济学界对此的普遍解释是，创新的社会效益和专利对企业研发的社会回报非常有限，因此，直接针对研发的补贴和拨款对于激励企业创新非常重要。霍尔教授通过使用经济模型，证明补贴用以实现提高投资人的科研投入，以矫正市场失灵。但是相应地，其他经济学家们也提醒，由于信息不对称问题，政府最终有可能仅资助特定的发明。

面对全球化趋势，杜克大学法学教授杰罗姆·雷希曼（Jerome Reichman）等学者强烈建议市场驱动力相对较低的发展中国家应采用奖励制度，鼓励原创

性和主动性的创新（Reichman et al.，2014）。其中，除了直接的政府补贴，最重要的奖励制度就是知识产权制度。与此同时，在各类奖励之中，学者们也进行比较。有人认为，政府奖励在促进研发这一目的上，可以成为知识产权制度的替代品，尤其是专利制度的替代品，因为直接奖励的交易成本使其比通过专利制度的间接、市场化奖励更好。但也有知识产权制度的拥护者表示，政府奖励这种机制本身就是错误的，应该用知识产权制度将其完全取代。

综合下来，目前大家一致比较认同的说法是，政府的直接奖励制度与知识产权奖励制度并没有差别。甚至，科罗拉多大学博尔德分校经济学家基思·马斯库斯（Keith Maskus）和哈佛大学法学教授鲁思·奥克迪吉（Ruth Okediji）认为，在有专利制度的基础上，政府奖励对于引入新技术依然很重要，特别是新兴技术领域，如新能源（2014）。显然，政府在实施奖励时会存在一定的偏见，实质上对大企业更有利，从而在现实中可能不利于小企业。

（三）政府对中小企业的直接资助

在市场经济的实践中，中小企业难以从金融市场获得资金，但政府可以充当投资人的角色，直接资助中小企业及其创新。许多国家都设立资助中小企业及其研发活动的项目。也正是因为现实需求与实际情况，学者们常年都在讨论政府拨款或政府对企业的直接投资在刺激企业，尤其是中小企业的创新活动的资助效果。主要的争议在于，是政府通过资金干预还是自由市场对创新的激励效果更好。

伦敦经济学院的经济学家约翰·里嫩（John Reenen，2002）在研究英国的基金、补贴时认为，制药行业对政府的基金、补贴及利于研发的政策与法规具有稳定的需求，同时该行业取得成功的关键在于大企业的表现，是它们创造了扩散创新思想的劳动力市场。制药行业是英国国家资金资助接受的主要来源。但是，这个行业中49%的研发经费是由私营企业在过去几十年里自己募集或提供的（Smith，2005）。卡明与约翰（2010）的实证研究也显示，私募资金在促进新型医疗保健公司创新活动和专利申请方面比来自政府资助更有效。相对于只有大企业才能生存的医药行业，牛津大学知识产权与经济学教授克里斯廷·格林哈尔什（Christine Greenhalgh）与阿斯顿大学经济学教授马克·罗杰斯（Mark Rogers）认为，英国的智能项目和美国的先进技术项目的资金对中小企业和研发活动仍然非常重要（2010）。

在美国，联邦政府一直为促进创新活动对小企业进行资助。但哈佛大学经济学家保罗·贡珀斯（Paul Gompers）与乔希·勒纳（Josh Lerner）的统计表明，只有在 1983~1997 年，当联邦资助增加时，资助与研发支出才呈现正相关的关系（2004）。但是受联邦资助的企业增加了收入和员工数量，得到了成长，但这些资助并没有改变这些企业在研发活动中的表现。

此外，其他学者对经济合作与发展组织（Organisation for Economic Co-operation and Development，OECD）成员、欧盟国家的企业研究都有相同的结论。这些成员的政府资助可能会通过一些中间机构分发，例如欧盟委员资助技术转让机构。这样的政府资助目的依然是便利中小企业获得投资、风险资本和研发资金，但不会对企业的研究方向产生影响（Wendland，2012）。

（四）以促进创新为目的的其他政府补贴政策

除了税务政策、资金政策，政府还可以制定其他政策和法规来指导企业的市场行为。例如，欧盟委员会制定国家援助规则，在研发与促进创新之间架起一条桥梁，为企业间的有效竞争另开辟一条路径。除了支持政策，经济学家也认为监管政策对工业发展非常重要，因为监管政策可以在一定程度上通过控制市场来增强消费者的信心（Salter & Smith，2002）。

在对美国半导体行业企业进行的实证研究中，波士顿大学教授罗森达·济耶多尼斯（Rosemarie Ziedonis）与霍尔教授发现，提高企业申请专利数量、提高在创新过程中的管理技能、最终提高研发生产率的是支持专利的政策，而不是市场。在绿色经济创新领域，雷希曼教授等人的研究发现，只有在私营融资市场长期可信的前提下，绿色气体排放政策才能成为该领域创新的有效诱因（Reichman et al.，2014）。

当然，政府政策的机制无论是设计还是实施都不可能是完美的。例如，欧盟委员会为促进中小企业发展制定的《2008 年通用集体豁免规定》是为了关注中小企业的发展，但欧盟政策官员温德兰（B. Von Wendland，2012）承认说，大多数国家在落实该政策时，所支持的对象依然偏向于大公司而不是中小企业，且会有产业偏颇，更倾向于高科技产业。因此，一直都有学者建议，如果一个国家的政策干预强度过大，企业就应考虑把自己的全球业务转移到其他国家。

从各种实证研究结果来看，为促进创新，政府政策必须设计成法律的补充，以便在政策号召对知识产权进行有力保护、知识产权渠道的法律手段可能遏制竞争的情况下，平衡激发创新动机和鼓励知识传播的总体政策要求。除了知识产权政策，在发展中国家，其他改善竞争的公共政策、基础科学或公共知识应该是更有效激励创新的。但仅有公共政策是不足以激励实际先进创新的，还必须辅以前面讨论过的其他补贴与财政支持。

二、激励创新的政府政策工具的效果分析

（一）有争议的政府政策效果

在知识产权制度下，虽然部分类型的知识产权有补偿、奖励发明人与创作者的目的和意义，但实际情况是，由于市场失灵或市场竞争力薄弱，创新者可能无法从市场上充分补偿所投入的研发费用，更不用考虑获得额外奖励。

一般来说，税务政策是最广受欢迎的经济调整手段，常被政府用于实现各种政策目标。这些政策目标不仅限于直接鼓励研发，而且通过其他间接手段也是有效的。例如，政府除了直接对中小企业进行投资、向它们提供免费的资助以支持其研发投入，也会通过政府主导的风险投资基金间接地对它们进行投资。或者，政府会在企业作出与公共利益或创新有关的特定行为时给予奖励。

虽然大多学者基本上同意政府补贴或政府奖励对促进创新的重要性，甚至许多学者已经证明政府拨款是必要的，但还是有很大一群人对该政策工具对创新发挥的作用表示怀疑。其中，政府资助的效率一直存在巨大的争议，也常有研究将政府的各类财政拨款与实现同样功能的其他措施进行比较。这些措施包括政府对企业的股权投资、私有资本市场对企业的投资以及知识产权制度。学者统计数据或实证研究法学发现，政策效率通常会随着时间、地区、行业、程度和资助形式的变化而波动。

那么，中国政府通过经济工具鼓励中小企业创新作用的效果是怎样的？

（二）我国企业所得税优惠的政策效果

企业税务优惠对提高中小企业的收入和净利润具有根本性的作用。基于我国税务政策针对促进创新的设计，企业所得税政策对创新密集型中小企业的净利润和净收益增长效应更强。但针对北京与上海中小企业 2008～2013 年的实证研究显示，税务补贴增加企业收入方面有一个例外，即当创新密集型中小企业在一年内获得过多的实用新型专利时，税务优惠与企业的收入与净利润呈负相关（Wang，2016）。对于这些企业，与增值税优惠、政府资助和政府奖励相比，改善企业所得税优惠政策可以显著改善研发强度对提高中小企业收入的影响。当缺少政府资助支持时，例如企业所得税优惠、增值税优惠、政府融资和政府奖励，研发强度对提高中小企业收入的影响并不十分明显。

综合来看，研发与企业所得税优惠之间的相互作用条件对于解释研发强度对提高收入的影响是如何实现的也很重要。但是，这样的关系也存有一定局

限。当企业收到的所得税优惠和发明专利授权都为零时，很难解释研发强度如何对提高收入产生影响。为了提高中小企业的收益，特别是在中小企业没有获得大量发明专利的情况下，改善企业所得税优惠可以有效地提高研发强度对提高收益的作用。这些效应可以反映中小企业在研发投入向收入转化过程中的所受税务政策引导的效果。

（三）我国政府资助的政策效果

一般情况下，从政府资助和公共研发资助的形式提供的资金易于被中小企业用于其商业活动。对于创新能力较弱的中小企业而言，由于改善净利润的能力有限，政府无论是否对它们进行资助，总是无法从它们中收取更多税收。相比之下，创新密集型的中小企业更善于利用政府资助提高企业净利润，因此政府可以从对创新密集型中小企业的投资或资助中获得更多的税务收入。

政府对企业的资助可被视为带有目的性的投资。例如，政府会以资助的形式促进各企业之间的联合创新或开展有利于公众利益的特定类型的创新。除了这些目的，政府针对中小企业的一般性资助更被视为一种孵化式投资，是在帮助这些企业生存与发展。这种投资的回报就是获资助企业所缴纳的税款。如果获资助中小企业的净利润增加，政府便可向它们征收更多税款。

当中小企业从政府获得大量资金作为补助或研发资金时，有权调整适当的资金运营方式，以提高企业的净利润。这些活动都是合理的。然而，难以确定的是，这种促进中小企业提高净利润的过程是否真的会涉及中小企业的研发活动，甚至是有效促进相关活动。换言之，政府资助是否可以同时实现帮助中小企业生存与促进它们创新这两种效果。

整体来看，我国企业所得税、增值税优惠与企业收入和净利润的关联性相对更强。准确地说，在直接资助过程中，只向获资助的中小企业提供资本支持，并在关键节点检查其研发项目的进度，是不够的。政府还需要对受资助的中小企业进行审计，以促进创新为目的筛选补贴对象，按它们阶段性的经营成果进行补贴。这样的审计过程可以通过第三方实现，而不仅仅是检查它们的资产负债表。

第二节　知识产权制度与中小企业的技术创新

知识产权制度与前述的政府用于鼓励创新的其他政策工具都是由政府人为

设计的。知识产权制度与政府的直接资助之间的一个明显区别是，知识产权制度是事后通过市场对创新者进行补偿，而政府资助是基于政府在某些行业或公共利益的蓝图对创新者进行的事前补偿。

知识产权与知识产权制度如何发挥促进企业创新的作用？关于知识产权与创新行为之间的互动关系，学术界已有不少研究文献，这无论是对完善知识产权法还是促进创新都是十分必要的。特别是针对专利与创新活动之间相互复杂作用的研究，对发展中国家的创新活动尤为重要。

一、专利促进创新的经济学原理

很多人都怀疑知识产权制度是否能够有效地刺激创新，纵然知识产权制度的最主要目的就是激励创新，尤其是专利制度，那么，专利制度激励创新的原理是什么呢？

（一）成本与利润理论

有一些种类的发明容易被外界通过观察产品而直接知晓、知晓后可轻易复制。对于这些发明，如果没有专利保护，可能会导致相关领域的创新非常少。因此，通过经济学原理就不难发现，专利制度对激励它们的创新绝对是必要的。该领域创新难的根源是创新成本高昂，但复制和推销创新产品成本低廉。这是因为知识是非竞争性和非排他性的，所以既不会被消耗殆尽，也不会被原创者或模仿者轻易地用来捍卫自己的商业王国。如果缺少专利法和专利，创新者就无法有效保护自己的创新成果免受未授权人的复制，创新成果也无法为其带来财产利益，但创新者还在承担高昂的创新成本，权衡利弊之后，创新就会被遏制。相比之下，专利权给予创新者垄断权，在一定时间内禁止他人使用其受专利保护的创新技术，而获得垄断性财产收受。这不仅可以覆盖创新成本并创造合理利润，甚至还可以实现超额盈余。通过图 8 – 1（Wang，2016）就会更容易理解这个问题。

在完全竞争市场的假设下，产品创新者可以按边际成本 MC_2 生产数量 Q^* 的产品，并在 $MC_2 = AC_2$（平均成本）下维持生产均衡。如果该创新产品受专利保护，该产品创新者按稍高于均衡销售价格的垄断销售价格 P_2 在市场上获得最大利润。如果没有专利的垄断，该创新者只能以低于垄断价格的价格 P_3 进行销售。即使商业秘密来保护创新，创新者依然也仅可以以 P_3 的价格销售其产品，依然低于垄断价格 P_2。

同样可以用图 8 – 1 来解释工艺创新者是如何通过专利从市场上获得回报的。

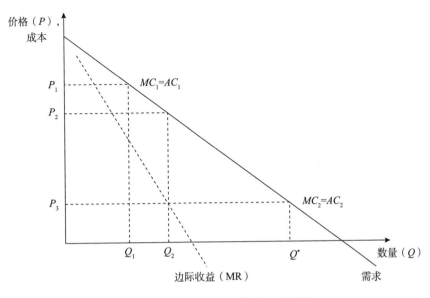

图 8 - 1　具有专利的产品或工艺创新

假设他们在工艺创新降低生产成本之前，以价格 P_1 生产和销售。$P_1 = MC_1 = AC_1$ 是在这个阶段的最低平均成本。在进行工艺创新并获得专利后，企业可以按 $MC_2 = AC_2$ 的成本生产并以价格 P_2 在市场上销售产品，或至少以 $P_2 - AC_2$ 的价格向其他生产商发放专利授权许可，从创新中获得最大利润。当专利所赋予的垄断权到期时，该产品的价格又降回到 P_3。

　　因此，如果一个创新者知道他能在自己的发明中拥有可保护的利益，就会认为尝试创新时投入的资源与届时产生机会成本是有意义的。如果创新产生专利成果并有效地获得保护，那么创新者就可以通过专利许可或非排他性销售的方式实现收入，这可能为他前期为创新而付出的努力提供可观的回报。在专利保护下，他们可以生产回报高于生产边际成本的非竞争性产品，这就可以为持续创新创造动力。霍尔和波士顿大学商学院教授罗森达·济耶多尼斯（Rose-marie Ziedonis）曾表示，这样的一套逻辑存在于所有国家的专利制度中，无论这些国家的专利法看起来有多么不同（Hall & Ziedonis，1999）。当然，这样的理论也随着世界创新进入新阶段面临着一些挑战。即便获得专利保护，一些技术也容易被绕开和替代，使得发明人无法获得垄断的超额利润，但这仅仅是创新度不够的一个侧影而已。

　　成本理论的另一个打开方式是将专利收益视为对创新边际成本的降低。假设专利所提供的合法垄断权可以补偿研发成本，这就可以降低创新的边际成本，从而给予专利权人额外的产品价格，最终增加专利权人关于该专利技术的相关业务上的利润。这一理论也可以被延伸以解释其他类型的知识产权为何可以促进创新。但即便是基于这一经济理论，也有学者认识到，由于地区差别和行业市场的变化，专利和其他知识产权提供的暂时垄断权利具有局限性，也存在效率低等问题。

（二）其他理论解释与实证发现

关于专利保护有利于促进创新的理论论证在学术研究中还有其他细化，既包括更有针对性的规范分析，也包括来自实证研究的结合。规范研究部分，雷希曼等支持知识产权对创新产生积极的激励作用的学者表示，对企业与个人在任何阶段的研发都可以发挥激励作用（Reichman et al.，2014）。此外，基于与市场的结合，马斯库斯与奥克迪吉认为专利制度是通过改进发明和下游创新来促进动态竞争的机制（Maskus & Okedij，2014）。莱姆利的观点则是，专利机制这种允许专利权出售或进行排他性授权许可的机制，在商业化时落入市场地位较高的人手中，可以提高社会经济效率（Lemley，2007）。从宏观角度来看，知识产权制度的建立是为了弥补"搭便车"的市场失灵问题与创新。他与加州大学欧文分校法学教授丹·伯克（Dan Burk）表示，专利法是美国促进经济增长的主要政策工具，通过鼓励发展新技术，增加人员的知识储备（Burk & Lemley，2003）。

相对理论研究的雄心勃勃，实证研究对专利促进创新的验证却不那么顺利。现实情况中，存在相当多不同情况和不同程度的鼓励政策冲突。例如，密歇根大学经济学家约翰·邦德等（John Bound，1982）针对 1972～1978 年美国的上市公司进行观察，他们发现，创新型公司尤其是小企业，大多都申请了专利。但是，该研究的发现仅限于此，并不能搭建起创新与专利申请的直接桥梁。再例如，济耶多尼斯和霍尔在 1979～1995 年对 95 家美国半导体行业公司的实证研究显示，加强美国的专利保护可以为企业提供专利激励，但依然无法证明这些企业专利申请的增加是创新的成果或为了通过创新而在市场上收获更多利益（Ziedonis & Hall，2001）。

二、构建促进创新的专利环境

（一）国家的基础需求

在全球化的时代和环境下，加入世界贸易组织的成员，无论强大还是弱小，都为知识产权提供专有的保护权。在这些知识产权必然获得保护的成员中，关注的重点应该集中在如何建立知识产权制度来有效地激励创新，而不是是否应该有一个知识产权制度。

例如，拉丁美洲和加勒比经济委员会副秘书长马里奥·奇莫利（Mario Cimoli）等专家曾明确指出，在发展中国家建立一个更好的知识产权制度以促进创新和更多的知识获取，关乎于制度的设计，而不仅是讨论加强或削弱知识产权保护（Cimol et al.，2014）。

类似地，中欧国际工商学院的胡光宙教授与布兰戴斯大学亚当·贾菲（Adam Jaffe）也曾表达说，知识产权对于一个国家的发展是必要的，但每个国家对知识产权制度的设计需求也是不同的（Hu & Jaffe，2014）。他们表示发展中国家缺乏创新可能不是因为知识产权保护薄弱，而是因为它们在市场上的购买力有限。将强有力的知识产权保护扩展到所有国家是不太可能在全球范围都具有高效率的，因为基于美国知识产权制度模式的法律与政策协调只有利于发达国家。他们也同时强调，如果发展中国家的知识产权保护过于薄弱，则会由于知识产权制度所提供的补偿太少而抑制创新。

关于在发展中国家该如何调整自己知识产权制度的保护强度，一直存在大量争论。发达国家和发展中国家之间知识产权制度的不一致之处在于，《巴黎公约》、TRIPS 等多项国际知识产权公约对发展中国家都留有一些过渡性规定，允许它们不像发达国家那样受到限制，立即建立起与发达国家一致的知识产权保护制度。当然，这一过渡制度也是为了帮助发展中国家履行相关公约的义务，在远期依然能将知识产权保护提高到发达国家创新者能接受的一定基本水平。

但是，即便对于依赖技术领导国家的技术后发（追随）国家来说，知识产权带来的日益激烈的竞争可以促进技术转让，从而间接地刺激经济增长。通过对知识产权保护动态效应的模拟，克里特大学经济学教授安德里斯·帕纳戈普洛斯（Andreas Panagopoulos）和布里斯托大学经济学教授因尤克·派克（In–Uck Park）得出结论：可持续创新与知识产权保护的力度呈倒 U 形关系（Panagopoulos & Park，2008）。因此，只有在知识产权保护适当且不过强的情况下，现有企业和初创企业之间的收购协议才能激励初创企业的创新。

（二）结合产业需求

1. 医药行业

关于产业的多样性，博洛尼亚大学经济学家文森佐·德尼科洛（Vincenzo Denicolò）与路易吉·弗朗佐尼（Luigi Franzoni）研究发现，理想的知识产权强度会根据产业发展所需而不同。例如，强知识产权适用于制药行业，但不适用于软件和半导体行业（Denicolò & Franzoni，2012）。因为对于后者这类行业来说，创新需要依赖大量研发溢出。但对研发溢出的追求不等于与知识产权保护互斥。例如，马斯库斯等学者就建议通过加强知识产权保护来扩大国有企业的溢出效应（Maskus et al.，2005）。即便是在所谓需要强保护的医药行业里，企业也需要依赖基础科学来开发新产品。例如，巴黎第十三大学经济学教授本杰明·科里亚特（Benjamin Coriat）和萨塞克斯大学经济学教授路易吉·奥尔塞尼戈（Luigi Orsenigo）用一种倒 U 形关系来描述制药创新和专利法之间的关系（Coriat & Orsenigo，2014）。其中，过强的专利保护会损害创新，特别是在发展中国家。再例如，马斯库斯等学者就认为，知识产权虽然可以为药物和疫苗研究提供补偿，但如果贫穷的国家适用过强的知识产权保护，就会造成市场的高价格，进而导致低效率，从而仅补偿来自富裕国家的创新者，却削弱当地创新者的创新动力（Maskus et al.，2005）。

世界知识产权组织首席经济学家卡斯滕·芬克（Carsten Fink，2005（b））对不同国家的很多行业都进行过实证研究。他对印度医药行业的实证研究表明，有效竞争可以抑制专利药品的过高价格。他提醒说，在全球化的背景下，发展中国家的专利权将更加强大，印度政府应采取措施，例如使用强制性许可，限制专利权的价格。在制造业方面，他的实证研究表明，德国通过使用强知识产权保护可以促进发明和专利活动。

2. 农业行业

在农业领域，企业也可以获取并有效运用专利，但强专利保护对该领域的重要性也存有争议。例如，在农业机械领域，圣安娜高等研究学院的经济学教授亚历山德罗·努沃拉里（Alessandro Nuvolari）和哥本哈根商学院的瓦伦逊娜·塔尔塔里教授（Valentina Tartari）发现，许多成功的商务战略不依赖于专利或著作权（Nuvolari & Tartari，2014）。他们表示，加强对植物品种的知识产权保护可能会导致反公地悲剧。反公地悲剧下，一切知识都受到物权的排他性保护，无法实现有效的知识分享，创新的成本会非常高，从而阻碍创新。

就农业创新能力而言，日内瓦高级国际关系及发展学院经济学家蒂莫西·斯旺森（Timothy Swanson）与海德堡大学经济学家蒂姆·戈秀（Timo Goeschl）认为，造成发展中国家与发达国家之间差距的本质不是它们对创新的投入，而是发达国家较高的创新效率（Swanson & Goeschl，2014）。他们设计了农业产量预测模型，显示出发达国家强有力的知识产权制度创造出更高的创新率。

3. 半导体行业

半导体行业的特点是技术发展迅速，企业在彼此创新的基础上迅速创新。目前，世界上对半导体企业的创新与专利行为进行研究最充分的还是济耶多尼斯与霍尔。她们的研究对象是美国半导体企业。通过对该行业企业的观察，她们提出，一个"支持专利"的法律环境应该考虑与经济体相关联的各类细节因素，并能够有效提高企业的专利使用程度。然而，和前篇所讨论的国家层面的研究一样，她们的实证研究也不能证明创新和专利之间存有直接联系。她们不仅不能发现企业的专利申请是基于自己的研发成果，也不能得出结论说专利制度的确可以通过市场的补偿和奖励鼓励企业进行创新。

奇莫利等也曾对 1980~1994 年对 72 家美国半导体公司进行了实证研究（Cimoli et al.，2014）。和济耶多尼斯与霍尔那一系列研究成果类似，他们的数据也无法证明专利制度是如何鼓励研发活动的。他们只发现一种趋势——专利制度确实可以有效地促进创新者的专利申请行为。

针对如上这些分行业中专利促进创新的原理性分析依然存有局限。加州大学伯克利分校经济学教授戴维·泰斯（David Teece，2012）认为，对于立法机构和政策制定者来说，在市场生态系统中，单独或综合地考虑企业的动态竞争和动态业绩是至关重要的。这比仅仅依靠静态竞争、行业层面分析和单项发明创新模型等传统理论控制知识产权制度的思路更广。

（三）发展中国家的困惑

在跨国政策研究中，使用国家一级的数据不可避免地过于宽泛，无法侧重于特定的中小企业、当地市场或促进知识产权实施或鼓励创新的当地政策。这些研究的缺陷可能在于使用的是国家层面的数据。国家一级数据可能与经济和市场等更复杂的机制密切相关，仅据此探讨这种内在关系是不够的。因此，这些研究在解释环境干扰方面存在明显的局限性，导致研究结果与理论预测脱节。然而，此类研究并不在少数。总的来看，部分强知识产权保护政策也无法促进创新的研究成果可能基于有瑕疵的实证数据分析产生的，因此也很难用来说明知识产权与创新之间桥梁的构成因素及相互影响的程度。发展中国家引入知识产权保护的时间都比较短，希望从研究中获取到政策设计的引导，但这样的研究成果显然无法提供有效的指导。

即使是针对发展中国家的知识产权制度强度问题的研究，依然对政策制定者的帮助很有限。很多发展中国家的专利制度都是在外源性压力下而发展起来的。外国直接投资对技术转让、技术外溢都很重要，进而对发展中国家的经济发展有重要影响。但是，在知识产权制度与政策上，发展中国家要拿出怎样的态度，才能同时反向促进与发达国家在市场、资本、管理技能和其他资源方面的动态竞争，进而吸引外资？

一方面，对于本地创新者来说，不管愿望是为了引进外国直接投资或引进其他外国技术，知识产权制度是他们获得补偿的重要平台。回顾对拥有知识产权重要性的经济学分析以及美国和其他发达国家知识产权制度的成功经验，不难理解，那些强烈建议发展中国家加强知识产权制度以鼓励技术转让和建立一个充满活力的竞争性市场的学术观点是合理的。建立良好的知识产权制度将最终为创新创造资源和提供激励。

另一方面，显然有更多学者怀疑，这些理想目标能否在发展中国家成功实现。至少，他们质疑知识产权保护的力度与创新之间是否存在严格的正相关关系。无论学者如何进行统计或实证研究，都侧重于一般行业或特定行业，如医药行业、农业行业、软件和半导体行业等，通常会发现强有力的知识产权保护对本地创新的负面影响，或者都无法发现它对发展中国家本地创新的正面影响。回归到理论层面，知识产权保护动态效应的经济学理论预测并模拟知识产权保护与初创企业创新之间存在倒 U 形关系。这是因为，过度的知识产权保护制度可以为市场的在位者提供不平衡的利益（Panagopoulos & Park，2008）。

根据不同的创新战略和创新能力，创新者可以分为创新领先者和创新追随者。他们各自从事创新的成本和收益是不同的，而且动机也可能不同。创新领先者多出自发达国家，创新的发展中国家大多只能产生创新追随者。即便有这样的区别，他们对知识产权保护的需求也有一致的时候。例如，埃德蒙·凯驰（Edmund Kitch，1977）就提醒过，过程创新比产品创新迅速，所有的企业都需要它，而不仅是创新领先者。

这样看来，强知识产权制度对创新的积极影响与发展中国家若干行业的不良实证结果之间的差异可能是由于以下两个原因。第一，将知识产权制度的强度仅定义为通过知识产权制度向技术开发者提供保护的强度和范围可能过于僵硬，对发展中国家尤其如此；第二，发展中国家的市场与发达国家的市场之间存在一个关键的区别，少有发展中国家是市场主导的经济体，因此发展中国家的市场通常缺乏有效竞争，从而使得专利等知识产权制度无法有效发挥的效力与作用。

三、知识产权制度与中小企业的技术创新机理

大多数围绕创新与专利政策的实证研究都是宏观层面的，微观层面的研究

对象也多是大企业，因此现有研究缺乏明确的证据以表明知识产权与中小企业创新之间的关系，对创新政策设计的启发非常有局限。

无论是实证研究还是理论研究，知识产权法及其在促进创新中的效果与经济效率一直是饱受争议的。其中，阻碍为创新效果与经济效率搭建直接桥梁的最主要因素是中小企业的特性。中小企业是创新主力，既需要使用免费知识，又需要知识产权保护。在理论文献方面，传统意义上的知识产权对中小企业或个人发明人的奖励是否能有效发挥作用并不明晰。同时，即便知识产权可以为它们的研发进行补偿，也无法得知知识产权对它们的创新激励效果、效率如何。毕竟，对于中小企业，很多时候决定创新与否的不是是否可以最大化利润或获得超额利润，而是是否能在竞争的市场上生存下去。很遗憾，学者极少会专注于它们。例如，济耶多尼斯和霍尔一系列关于半导体的实证研究都仅仅对大企业有帮助。

对 2009~2013 年北京中关村与上海张江所有上市中小企业的研究发现，研发投资额的增加与中小企业发明专利申请偏好之间存在正相关关系，即使确实存在一些创新密集型中小企业没有提交任何发明专利申请。（Wang，2016）

具体来看，中小企业对发明专利的倾向与对实用新型的偏好一致，但它们所表现出的对发明专利的偏好低于其对实用新型专利的偏好，这可能是受自身创新能力的局限。积极进行研发的中小企业在创新结果保护方面，相对申请实用新型专利，更倾向于申请发明专利。其中，创新密集型中小企业对实用新型的倾向性明显较低。

该研究还发现，即使允许同时申请实用新型专利与发明专利，即申请人可以就同一项技术提出发明专利申请和实用新型申请，但中小企业在实践中并没有广泛地为其技术创新成果提出双重申请。一种可能性是，它们没有制定适当的专利战略，因此无法实现实用新型专利作为其发明专利申请的保底。另一种可能性是，它们已经尽最大可能提交专利申请，但实用新型的保护范围无法像发明专利那样涵盖这些技术。然而，这些中小企业很难从专利授权许可中取得收入。这意味着，它们通常仅将专利用于自己实施。只是如此消极地使用专利，没有意识到实施方法专利的成本比实施产品专利的成本更高，也表明它们没有制定适当的专利战略。再或者一种可能性是，中小企业制定了专利战略。相对于实用新型对其创新和技术的较弱保护，它们更看重发明专利所提供强保护，因此不想浪费申请费来申请实用新型。

政府、贷款人和投资者更看重发明专利而不是实用型专利，专利的类型直接会影响它们决定是否资助相关中小企业。因此，中小企业可以从吸引外部融资的角度制定专利战略。这的确正在发生。中小企业的净利润与获得的发明专利和实用新型专利的申请数量变化有关，虽然关联在当时看起来还是很微弱。实用新型专利的申请没有直接或间接地帮助中小企业产生收入或对净利润变动产生影响，但发明专利申请对提高净利润的有一定直接影响，虽然该影响也很弱。

大多数中小企业不能有效地利用发明专利并将其转化为收入。更糟糕的是，过多的实用新型专利会阻碍中小企业的业务运营。这从收入、净利润或资产周转率等方面可以反映出来，尤其是在专利审查严格性较高的情况下。更甚的是，外观设计和软件著作权有时可能成为中小企业业务运作的阻碍，而不会为其净利润作出正面贡献。

总的来说，专利可以成为促进中小企业创新的一个重要措施，但这并不意味着专利是补偿其研发的最佳措施，并且不断提供创新激励。尽管如此，在政府的指导下，我国很多中小企业的研发投资与其在发明专利和实用新型两个方面的专利申请数量都存在正相关关系。

第九章　知识产权法律保护战略选择的研究与分析

当今世界，取得共识的知识产权共有四类，即专利权、著作权、商标权和商业秘密。虽然每一种类的知识产权各有特性，但相互之间并不完全排斥，而且相互融合。企业知识产权战略在选择上不是单一的，而是相互融合的。如何选取知识产权的类型，既取决于每一类知识产权的特性，又取决于企业的发展战略对一项知识产权的单一需求或多项知识产权的融合需求。本章将从四个方面论述知识产权战略选择的要素基础，分别是知识产权法的相互比较、知识产权使用偏好比较、企业使用知识产权的管理动力以及正式知识产权与非正式知识产权之间的选择。

第一节　知识产权法的相互比较

一、专利法与商业秘密法的比较

知识产权法是一种用于描述离散法律理论的伞形术语，包括专利法、著作权法、商标法以及越来越多地适用于不同种类信息的商业秘密法律。专利法与商业秘密法都隶属于知识产权法体系，无论企业从何种战略思考出发，对这两者的态度要么是二选一，要么是两者的结合。专利法保护的是基于已有的知识（或现有技术）对具有实用性、新颖性和非显而易见性（相当于创造性）的某些类别的发明创造或创新，并会对权利申请人提出各种披露要求。相反，商业秘密法保护的是具有经济价值的秘密信息，而不必具有专利法所规定的这些要求。两者的相同之处是，动机与目的都是既鼓励创新，又促进信息披露。

（一）从法律内容比较

将专利法与商业秘密法从保护的主题宽度、可获得权利保护的难易度、权

— 123 —

利的稳定性和强度进行比较，就不难理解两者的区别。从这两套法律最主要的内容来看，专利法与商业秘密法对发明人保护的区别主要体现为四点。第一，法律主题要求不同，商业秘密保护主题的要求比专利主题要求的范围更宽泛。第二，专有权保护期限不同，专利法对发明专利的保护期限为 20 年，而商业秘密没有固定期限，甚至可以被视为永恒。第三，专利保护需要经过审查，对创新程度要求比不需要审查的商业秘密要高很多。第四，专利保护可以对抗反向工程和独立研究，而商业秘密保护无法对抗反向工程和独立研究。

（二）从保护的决策思路比较

专利法明确限制某些行业对自己的创新成果寻求专利保护，而商业秘密法却没有这方面的限制。在决定是否申请专利时，发明人通常要就保护主题范围的局限性与难度在专利与商业秘密之间进行权衡。若发明创造处于专利保护的主题范围内，则许多发明人可以在这两种知识产权保护途径之间根据其他要素作出选择。

专利与商业秘密之间除了法律主题具有不同要求，还有很多需要考虑的因素。这些因素包括法律保护强度、创新竞争程度、创新水平、创新类型、研发成本、开放式创新程度、资金限制和其他因素。

1. 法律保护强度

关于使用专利和商业秘密作为知识产权保护手段一个明显的决定性因素是围绕两者的法律内容。强有力的法律，意味着企业可以拥有对他人侵犯其创新成果的行为提起诉讼的基础，也通常会鼓励企业有意愿使用并依赖法律保护。在比较专利法和商业秘密法时，前者的范围要窄得多，只有具有工业应用潜力的发明创造才可以申请专利，而商业秘密可以适用于范围更广的智慧成果。然而，就权利稳定性而言，专利权就商业秘密来说会稳定许多。虽然经审查授权的专利也会遭遇无效，但由于已得到官方确认，会减少日后维权中的一些不确定性。因此，有效的专利制度会明显刺激企业进行专利申请，尤其当一家企业预计其他企业在研发类似的发明时。虽然保密对于很多发明人是天然、首要的选择，但只有通过专利，才能确立他们在该领域创新的排他性地位与影响。

2. 创新竞争程度

大量实证研究表明，领先于竞争对手的创新者会选择战略性披露自己的创新成果，以说服或阻吓竞争对手退出专利竞争。一个创新者可能会选择对自己创新成果的整体大部分保密，但也会通过专利申请的方式透露一些信息或知识，以防止潜在的创新者开发同样的创新并申请专利。处于创新与研发早期的企业更倾向于选择对自己的研发状况和成果保密。如果专利保护的力度较大，较高的创新成功率会加强对专利申请的激励，而同行业企业数量的增加可能使得专利申请提前。总之，技术能力相似的企业之间围绕创新的高度竞争将导致使用专利和追求专利保护的增加，而对于具有明显技术领先优势的企业来说，保密依然是首选的保护方法。

3. 创新水平

创新水平对专利和商业秘密战略选择有影响，该影响也与竞争对手的创新能力有关。有实证研究表明，企业普遍会积极使用专利保护小创新，而大创新则更愿意通过商业秘密保护。从各国实证研究观察到的发明专利申请与创新投入呈倒 U 形关系就不难发现，这一规律是普遍存在的。在中国，不止该倒 U 形关系存在于中小企业当中，实证证据还显示，不少创新投入低的企业在积极申请不经过实质审查的实用新型专利。（Wang，2016）

4. 创新类型

如果被模仿的威胁很大，例如易被反向工程，专利也比商业秘密更受欢迎。在这种情况下，创新者除了会在申请专利文书中披露为了授权所必要的信息，将不会透露过多细节，以防他人从专利文书中获得更多创新成果信息。相比之下，如果竞争对手能够从专利文件中获取足够的信息，但却不能在没有这些披露信息的情况下实现反向工程，那么企业通常会选择对相关创新成果保密。一般来说，反向工程更容易应用于产品创新。对于内部开发、不能交易的工艺创新，反向工程基本上是不可能的。正因为如此，工艺创新更有可能受到保密的约束，而产品创新往往受到专利的保护。

5. 研发成本

低研发成本的企业更倾向于申请专利。高研发成本企业只有在需要并能够利用虚张声势获利并且在市场上假装自己是低研发成本企业的情况下，才有动力积极使用专利。随着竞争对手成为低研发成本企业的可能性降低，竞争对手的相关专利到期后，其创新覆盖成本的比例下降，企业使用商业秘密而不是申请专利的动机增加。

6. 开放式创新程度

创新需要被开放，而商业化的创新成果则需要保护。有实证分析表明，知识的开放性与适用知识产权战略之间存在一定的内在联系。开放性首先随着决策下知识产权的保护强度的增加而增加，然后呈现相反的趋势。进行内部研发和依赖商业秘密保护其创新的企业不太可能参与外部知识交流。依赖客户和供应商的企业不太有能力独立申请专利或成为专利申请的主力军,而来自高校和研发机构的知识会增加专利数量。总之,关于创新的开放性是否会刺激使用专利或商业秘密作为主要的保护方法,存在不同的实证经验表现。

7. 资金限制

申请专利和监控他人潜在地侵犯自己专利的行为代价高昂。因此,资金有限的企业可能会选择那些看起来成本较低的保护方法,比如商业秘密。有研究发现,成本是初创企业和小型高科技企业不申请专利的最主要原因。同时,专利申请也往往受到规模经济的制约。因此,较大的企业更倾向于多利用专利,而资金上受到制约的企业倾向于商业秘密。

8. 其他因素

其他因素也影响企业对专利和商业秘密保护的认知和偏好,尤其是关于企业自身的一些具体因素,例如企业规模、企业存续时间的长短、管理实践和竞争战略,都会影响企业研发成果保护方式的选择。对于产品创新,通常认为专利比商业秘密更有效的可能性会随着企业规模的增大而增加,而且内部来源的创新也能相对有力地通过商业秘密实现有效保护。

特定行业的因素例如需求偏好、市场规模、竞争类型和技术变革的性质,以及宏观经济环境和政府政策,例如支持小企业使用专利的计划,都会影响创新成果的保护策略。

虽然许多研究都认为专利和商业秘密在保护创新成果问题上是相互替代的,甚至是相互排斥的保护策略,但在实践中也可以是相互补充的。专利和商业秘密不是不相容的,而是相辅相成的,对一项发明成果同时使用并获得双重利益可以通过多种方式实现。

二、著作权法与商业秘密法的比较

著作权法保护以有形形式表达的原创作品包括书籍、绘画、照片、歌曲、计算机软件和电影,无论它们是否公开。商业秘密法保护企业不想公开的某些机密信息,包括技术信息(如工艺和配方)和非技术的经营信息(如客户名单),具有较广的法律主题范围、最低的实质性要求,也不需要在实施保护前被正式应用。商业秘密法的这些方式都与著作权法的很多要求相似。

就保护的事前要求而言,著作权法与商业秘密法更像,而非专利法。著作权法虽然有规定正式的注册程序,但作品一经创作就受到保护。从历史上来看,以美国为例,著作权法曾要求通过通知和注册才受到保护,但现在已经不是这样。可以享有著作权的作品，必须满足一个较低的原创性门槛，即独立创作并具有一点创造力，并且固定在有形的表达媒介中。因此，莱姆利教授曾解释过，就像商业秘密与专利的不同一样，著作权是不与现有作品加以区分的，通过法律的运作授予那些作品符合最低法定要求的作者，而不管公众是否会从披露和传播受著作权保护的作品中获益（Lemley，1997）。通常，更棘手的一个法律问题是，如何确定著作权保护的范围。这个问题通常在侵权诉讼的过程中得到回答，判定的大体方法是将受著作权保护的作品与涉嫌著作权侵权的作品进行比较。

著作权所有人拥有复制作品、根据原作准备衍生作品、发行、表演和向公众展示作品的专有权利。若商业秘密的内容具备著作权的性质与特征，其持有人也同样拥有相关权利。如果一个作品属于独立创作，该作品作者享有的著作权很可能不受同样对相关信息作为秘密保护起来的、其他人基于商业秘密法或著作权法的限制。根据商业秘密法原则，商业秘密持有人只可以排除商业秘密的"盗用者"，即违反保密责任或透过"不当手段"取得、使用或披露资料的人士，其中一个重要群体就是离职员工。

著作权保护的时间很长。美国是世界上著作权保护时间最长的国家，通常是作者的寿命再加上 70 年。即便如此，著作权的保护时间再长也是法定有限的。相对而言，商业秘密保护的时间可能会更长，因为没有固定的时间限制，例如百年前的可口可乐配方。商业秘密保护不会在一个特定的年期满后失效，而是可以无限期地持续下去，直到秘密被公开披露。

就保护主题的宽泛性和易满足的法律要求来看，商业秘密法与著作权法的要求颇为相似。但是权利设立起后，在实施方面两者还是存在不少区别。商业秘密法中没有类似于著作权法下豁免著作权侵权的合理使用原则。虽然商业秘密法也会豁免一些对商业秘密所涉及的技术或信息的使用，例如反向工程和独立研发的抗辩理由，表面上看起来好像也是类似于著作权的公平使用，但它不适用于累积创新的活动中。商业秘密法对被告有益使用专有信息的相对漠视，这一点可以与著作权法以及专利法形成明显对比。但这并不意味着法律对商业秘密的保护可以超越公共利益。在知识产权法中，无论是著作权法、专利法还是商业秘密法，都致力于平衡有价值信息的保护不足和过度保护来优化社会福祉。当这些信息由未经授权的使用会带来某些公共利益或是相关使用就为了维护某类公共利益时，知识产权专属权的实施就可能会受到限制。

第二节　知识产权使用偏好比较

处于知识产权第一位置的专利和越来越重要的第四知识产权商业秘密，企业在生产经营中不能熟视无睹。这两者间的界限不像是以保护消费者和市场地位为目的的商标权和它们之间的界限那么清晰。对于这两种战略，要么是二选一，要么是融合两者，但企业对两者的使用是有偏好的。这其中夹杂着与两者有重合又有区别、保护力度相对较弱的著作权。

一、企业使用商业秘密的偏好

（一）商业秘密保护的重要性与意义

随着科技、贸易、经济的发展，商业秘密越来越重要。同时，商业秘密重要性的上升，引发诉讼、立法、媒体和学术界前所未有的关注与研究的热潮。这主要有 7 个原因。第一，商业秘密挪用与不当使用越来越容易。第二，员工在企业间的流动性和企业内部的岗位变动越来越频繁。第三，商业秘密信息已显现的和潜在的经济价值越来越大。第四，商业秘密法律体系与商业体系越来越发达。第五，商业秘密的定义越来越灵活，保护范围越来越大。第六，随着国际贸易的增加，不同主权主体对商业秘密保护需要协调的问题越来越多。第七，商业秘密已成为"四大"知识产权类型（专利权、著作权法、商标权和商业秘密）之一。商业秘密保护策略已成为企业实施知识产权战略的一项重要组成部分，也已成为各国重要的经济战略。因此，进行商业秘密保护也就具有重要的法律意义、商业意义、社会政治意义和经济意义。

1. 法律意义

专利法和著作权法虽然在目的上有诸多相似之处，但依然存在权利保护的鸿沟。专利授予那些审查后被认为具有新颖性、创造性和实用性的发明或创新。然而，一些符合这三项标准的发明创造并不一定符合专利保护的主题资格，因为不属于专利标主题要求的范围。例如，自然法则和基本的科学发现、算法和数学公式，以及一般的商业理念都不能申请专利。而著作权法根本不保护思想或事实，而只是保护作者作品中所表达思想或事实的特定形式。因此，一个自然原理的发现者，一个有用的数学算法或公式的推演者，或者一项新的商业思想的提出者，不能通过在一本书、一篇文章或其他工作中描述，以保护不被他人不经授权就复制相关信息。如上这些做法，可能会保护作品中使用词语的形式，但是不会保护作品的基本思想。对于这些想法，著作权法提供的保护并不会比专利法更好。因此，许多具有重大商业意义的想法落入专利和著作权之间的鸿沟，缺乏法律的保护。这就是商业秘密法的重要性之所在。

2. 商业意义

商业秘密在其保护主题的要求上没有一般限制。实际上，任何信息只要具有足够的经济价值并得到适当的保护，都有资格受到商业秘密保护。因此，商业秘密法显然能够填补专利法和著作权法保护之间的空白。事实上，它的主要价值也正在于帮助填补这一空白。

加强对商业秘密的保护可能会减少有关秘密信息流向竞争对手，进而提升该信息的价值。强有力的商业秘密保护法对商业秘密不恰当挪用设有严厉惩罚。在这些受保护信息的加持下，企业具有一段时间的领先优势。这可能也会使得竞争对手退缩，失去纯粹模仿的兴趣。因此，那些无形资产尤其是非正式知识产权得到更好保护的企业将比知识与信息保护能力较弱的企业更有价值，无论是市场还是投资领域的买家都会愿意向它们支付更多资金。

3. 社会政治意义

商业模式创新大量出现，技术更新换代的速度也非常快。在这样一个时代背景下，无论是经济发展对法律变革的决定性作用，还是法律对稳定规范经济秩序的需求，在加强专利与著作权法律强度的基础上，发展并完善商业秘密保护法同样都具有重要的社会政治意义。

4. 经济意义

在经济全球化下，商业秘密保护的法律效率已成为评价营商环境的一项重要指标。这也已成为一个国家参与全球经济的一项重要能力指标。例如，中国目前就正处于在美国敦促加强商业秘密保护和逐步意识到商业秘密保护促进区域经济发展重要性的自我觉醒阶段。

（二）选择使用商业秘密偏好的原因

在产品和服务中，企业使用商业秘密保护可获得并保有先发优势。此外，企业依赖商业秘密还有其他目的。商业秘密作为知识产权，还可以与其他知识产权如专利、商标、著作权进行组合而达到知识产权价值利用最大化。企业使用商业秘密的偏好主要是基于以下几个具体原因考虑。

1. 保持先发优势，防止竞争

在市场经济中，竞争不可避免。竞争强度越强，越容易将交易成本推高。

使用商业秘密的企业在市场中具有并保持先发优势。先发优势是指一家企业比竞争对手更早进入市场，往往使该企业能够获得某种特定产品或服务的主导市场份额。企业通过使用商业秘密获得并保持的先发优势有时可以排除潜在竞争来维持产品或服务的寡头垄断地位，有时可以得以延伸，有效培养出市场对该企业的偏好与好感，创设并提升品牌价值。

2. 创新信息的主题不可专利化

由于保护强度更高、实施更便利，专利通常被视为一个比商业秘密更好的机制，被企业用以保持先发优势或防止竞争，特别是当市场上的其他主体将反向工程或独立发明成为可能的话。然而，在许多情况下，由于专利局限的保护主题，专利保护对于一项发明申请可能是无效的。例如，因为一项发明创造太抽象或太显而易见，就不能申请专利。因此，使用商业秘密的另一个重要原因是作为专利保护的替代品。在美国，创新信息主题专利化的"法律不确定性"可以撼动创新者对专利制度的偏好与信心，这促使部分企业进行商业秘密保护，也使得部分企业"走投无路"而失去积极创新的兴致。

相比专利，获得商业秘密不仅不受主题限制，不需要撰写说明书，也不需要满足和克服任何行政上的要求与障碍；一项信息是否受到商业秘密的保护并不由行政机构来决定。有些商业秘密被商业利用多年后仍然可以继续获得专利保护的情况，虽然根据专利法的要求，这在理论上是无法实现的。

3. 权利保护过于昂贵、薄弱或难以实施

创业公司在决定申请专利时，可能会受到成本效益分析结果的影响。获得和主动主张专利权的保护费用是昂贵的。同时，应对他人对专利权有效性提出的挑战同样也会造成令人望而却步的高代价。相对专利，著作权注册费费用较低。而商业秘密的保护是自发获得的，不需要由律师提出申请或去行政单位注册备案。但商业秘密保护与专利保护的成本孰高孰低其实是难以判断的。有效的商业秘密保护包括足够的预防措施，例如周密且可实施的保密协议、安装实物安保装置。这些措施都是具有成本的。如果预防措施失败，相关诉讼的费用也不菲。在一些情况下，这些费用通常比获得、保护和主张专利的费用要少。因此，有观点认为，小发明可能不值得花费高昂费用去申请专利，进而通过专利权而实施保护。

4. 商业秘密提供保护并与专利权相辅相成

虽然专利和商业秘密通常被认为是相互排斥的替代品，但是可以经常被用作互为补充战略的工具。这种相互补充战略特别适用于大型知识产权投资组合。在创新技术早期的研发过程中，强有力的商业秘密保护方案往往已经很重要。在提交专利申请之前，企业通常需要对自己的创新内容与进程严格进行保密。这也被视为对创新投入的保护。有专家对初创公司的建议是，可以通过集中保护创新投入而不是创新产出来保护创新成果。

即便创新者准备好提交专利申请，也可以再进一步决策专利披露的部分与程度。保留一定的技术诀窍在方法专利申请中是很常见的。即使是提交产品专利申请，在实践中也有可能保留该发明的关键细节，但是仍然可以获得专利保护。这样，在专利授权后，创新者可以通过这两类知识产权来实现对自己创新成果的最大程度保护。

还有一种情况是，企业能够针对生成有价值数据的过程或系统获得专利保护，然后将所产生的数据本身保留为商业秘密。由于输入信息的不一致，或输入信息本身有很高门槛，其他竞争者即便可以读取公开的数据生成技术，但依然无法产生同样的数据。这种做法在实践中通常也是有效的。

5. 协助融资和金融出口

有理论和实证研究都发现，持有专利可以帮助创业企业获得融资，并提高被收购或首次公开发行股票的可能性和数额。理论上，具有商业秘密也同样可以实现类似的效果。例如，如果某商品可以被一家企业通过秘密方法而被低成本地制造出来，这就意味着该企业在市场上相对于竞争对手可以花费很少的生产成本。投资者了解这些信息的存在后，将在前端提供资金支持，在后台期待有利可图的机会，实现成功的资金退出。因此，知识储备情况与拓展能力可能会影响到投资者的利益，决定着投资者是否会对企业进行投资或收购，尤其是对初创企业。

专利和商业秘密之间的一个主要区别在于：由于专利是一项公开文件，可能会起一种信号作用，即识别技术资产的价值，而商业秘密很难起到具有该信号作用。除此之外，企业还可以通过展示专利而展示自己的创新能力与方向，进而有助于获得融资。关于商业秘密保护下的技术，如果企业可以克服由于披露不够而造成与投资人的沟通障碍，那么选择哪种知识产权保护可能并没有本质的区别。然而，这样的假设通常是不现实的。

6. 防止员工去往竞争对手那里工作

企业经常遇到离职后转而到竞争对手那里或新组建和自己形成竞争关系企业的关键员工，在初创企业中尤其常见。签订同业禁竞的协议（或称竞业禁止合同）可以禁止员工在离职后的一段时间内加入竞争对手进行同类工作。

这通常是企业用来阻止人力资本流失的主要机制也是防止商业秘密流失的基础保护机制。在当地法律环境可以强制执行此类合同的情况下，可以非常有效地防止企业流失人才，维持稳定发展。然而，如果这种强制性法律措施过大，就会抑制员工择业自由，而削弱创新的氛围。

7. 创造授权收入

在授权问题上，商业秘密保护在理论上并不能提供有效的保护，因为一旦信息被主动披露给第三方，而第三方又没有义务将信息作为秘密保存，所有的保护都会失效。当然，信息持有者可以尝试通过保密协议对信息接收方进行约束，继续为该信息提供有效保密。然而，许多潜在的被许可方拒绝签订此类协议，以避免发生不必要的诉讼。因此，在许多交易中，商业秘密信息持有者会逐一向潜在的合作者披露商业秘密信息，就像层层剥洋葱那样，只有经过长时间的讨论和协商，才向对方披露最有价值的信息。当信息可以以这种方式披露时，通过保护最有价值信息的核心不会丧失而在回报上受损，商业秘密法仍然发挥着关键作用。只是在这样的一个过程中沟通成本会非常高，也会吓退很多潜在的合作者。

8. 提供战略性的谈判杠杆

如果商业秘密能够提高技术授权许可的前景收益，就可以在与潜在商业伙伴的战略谈判中发挥杠杆作用。例如，当两家企业同意交叉许可彼此的知识产权和相关权利时，其中一些权利可能被商业秘密所覆盖，而不是对公众公开的专利权或著作权。通过商业秘密法确定对没有专利权或著作权保护的信息的保护，理论上会增加商业秘密持有者在这类谈判中的讨价还价能力，因为法律制裁会赋予信息价值，而这些信息本来是商业秘密持有者通过非法律机制、完全的自我保密而享受不到的。

二、企业不偏好商业秘密的原因

（一）反向工程的易用性和专利的优势

商业秘密与专利相比，实施难度要大很多。这其中一个主要原因是，商业秘密在法律上可以通过反向工程被解密，进而导致其持有者失去因商业秘密所带来的独有或额外经济回报。

（二）独立申请发明专利的反作用

独立发明不能成为专利侵权的抗辩理由，但却能够足够有效地对抗商业秘密权，这使得专利保护对一些发明人来说更具有吸引力。与此同时，专利更具吸引力的理由是，一个独立发明人可以就另一个在先发明人的商业秘密申请专利，只要前者的研发手段与渠道是合法的。换言之，前者不仅可以通过独立发明的盾牌来规避侵犯商业秘密的法律风险，而且还可以获得一把利刃来指控其他专利侵权人，甚至在很多国家可以指控早期将该技术作为商业秘密而不予实施的发明人。这样的现象往往可以打破商业秘密保护与专利保护之间的平衡，有利于促使大家在研发过程中尽早追求专利保护。

（三）营销困难，甚至无法向投资者解释

在法律意义上，利用商业秘密的一个主要挑战是必须为一般意义上的保密作出努力。商业秘密通常不会吸引风险资本人和其他可能拒绝签署保密协议的投资者。商业秘密可能使金融分析师和机构投资者更难追踪上市公司的经营状况。因此，在企业准备首次公开发行股票的阶段，以商业秘密为中心的知识产权经营战略可能不是最明智的。

（四）与开源、开放创新和其他"共享"模式的紧张关系

开放创新、开源代码和其他需要在企业和个人之间大量共享信息的商业模式的发展，可能会阻碍商业秘密和其他信息被广泛使用以及供应链的建立。具体而言，密切的合作关系和联合研发项目往往使商业秘密难以被维护。因此，就短暂的先发优势而言申请专利可能成为更优化的方案。

（五）依赖同业禁竞合同和保密协议等合同条款

同业禁竞合同可以加强基本的商业秘密保护，使得雇员更难离开企业，加入竞争对手进行工作。在实践中，与员工签订同业禁竞合同、保密协议并不能有效排除他们在其他地方被使用企业认知下的商业秘密。从这个意义上说，合同和商业秘密保护并不总是相辅相成的。由于担心员工带着企业"王冠上的珠宝"离职，企业可能有更充分的动机申请专利，以实现对相关有价值信息的强保护。

三、企业对使用专利战略的偏好

（一）补偿与奖励理论

专利法允许专利权人可以从市场上获得补偿，并且至少会拥有一段时间的先导优势。根据理性人会选择最大化收益这一假设，企业会最大限度地利用创新的技术信息，并从中获益。因此，一般较难期待一家企业将其有价值的技术信息对外免费披露。这也暗示着新技术和新知识对于企业最大的意义是被自我

转化或出售、许可由他人转化实现最大利润化。从而，提交专利申请、依赖正式知识产权的保护是企业披露其技术信息的主要方式。

（二）降低知识内部流转的交易成本

为促进创新类技术信息在企业内部被高效使用，企业有足够的动力将这些信息申请为专利。如果一项具有创新性的技术信息受到专利保护，企业不仅不会禁止，反而会加强该信息在企业内部的流转，积极地就相关信息及其应用对员工进行培训。从需求角度来讲，员工在进行和完成自己的工作时需要使用这些信息，这也就给了企业理由去降低员工学习这些信息的成本。

企业通过提交专利申请来保护技术信息不受员工或其他企业外部人员或组织的侵害，这也是一种常见的知识管理策略。这样，无论是企业外部人员是否通过自己的员工了解相关信息，作为专利权人的企业可以通过专利侵权诉讼来保护这些信息。因此，法律界也有一些声音，例如勒纳教授就曾建议小型企业完全依赖专利制度，避免使用商业秘密（Lerner，1995）。

（三）专利保护的局限性

然而，专利的保护范围非常有限，受到法律和现实等多方面因素的影响。

第一，寻求专利保护的技术信息应当符合专利主题资格的要求。例如，在美国专利法环境下，所申请专利的对象必须属于"加工、机械、制造物，或物质组成"这一范围。然而，这个范围的含义在法律语言上并不明确，经常在一些领域中使得自我判断满足这一标准的专利申请人经审查后遭到驳回，专利申请获批后再遭到专利无效，从而使得与专利申请的相关技术信息掉入公共领域。显然，这个范围明显比商业秘密的保护范围更窄。许多不符合主题要求的技术无法通过专利获得法律保护。

第二，专利的申请、维护和诉讼费用昂贵。如果一项专利不能为企业带来足够的收入或投资，来抵消专利申请和维护的成本，企业就会犹豫是否提交专利申请，以保护自己的技术信息。这尤其反映在资金受到局限的小企业当中。

第三，专利保护期限相对较短。发明专利保护期限为20年，超过很多行业中的技术有效期和产品寿命。但是，其他知识产权类型的保护期限更长，例如，商业秘密保护可以是永久的。从而，对于寿命较长的技术信息，企业不只会依赖专利权，也更愿意使用商业秘密或结合其他类型的知识产权去保护。

第四，企业不会利用专利来保护还未被披露的有价值的发明创造。实际情况中就可以观察到，很多先进技术都被企业通过商业秘密来进行保护。直至其他因素介入时，这些企业才会考虑转而利用专利对一些先进技术进行保护。或者，当某科研团队对某项有价值的发明创造选择保密的方式进行保护时，其技术跟随者的竞争团队可能会通过申请专利的方式在市场竞争和技术竞争中博取一丝优势。

第三节　企业使用知识产权的管理动力

拥有知识产权的企业管理者通常会认为，使用知识产权的最佳方式是抑制竞争。换句话说，就是防止潜在的竞争对手向客户提供相同或相似的产品或服务。理论上，由于市场势力可以决定议价能力，拥有独占权基础上的市场势力将使企业能够提高其自身产品或服务的价格，从而增加其利润。但很多企业在研发、管理、商业战略和法律职能的整合方面能力与表现都很差。这时，借助知识产权保护来防止他人模仿并行使自己的市场权利成为很多企业商业决策的关键。进行研发投入、培训员工、提交正式知识产权的申请、布局和授权以及开展非正式知识产权的保护都属于知识管理范畴的内容。

一、市场势力驱动

开发新产品或服务的企业面临的第一个战略决策是应该寻求哪种形式的知识产权保护。专利、著作权、商标和商业秘密各有优缺点，有时适用的选择是明确的。例如，一家企业已经调配一种新药，如果可能的话，应该尽快努力争取为该药的配方申请产品专利并且为该药的制作过程申请方法专利。又例如，电影制作公司应该确保对视听作品中注册著作权。在这些情况下，关于知识产权种类的最优选择，很显然保护成本通常比市场势力的折现价值更低。

再例如，一家企业开发一种消费品，其结构或成分从表面看并不明显，可以选择将相关成分以技术秘密的方式保存，并依靠商业秘密法来加强对商业间谍活动的预防。这种情况下，为该产品本身或其制造过程寻求专利保护也是一种可行路线，因此企业就需要进行选择。只有当一家企业既对技术很熟悉，也熟悉一个国家对每种权利保护类型的有关规则时，才有可能明智地权衡商业秘密和专利或著作权之间的选择。有时是否申请专利有可能取决于一种专利制度对新颖性和创造性要求的严格程度，以及商业秘密法对员工在企业间横向流动并对利用从前工作中所获得知识的限制程度。

具有知识产权保护意味着权利人对部分市场机会在一定期间内的独占。但是，这些机会的价值往往取决于竞争对手的战略行动。竞争对手的反应很重要，因为它们有能力影响市场的整体价值。

二、销售战略驱动

如果资产在新企业手中更有价值，那么出售该资产对原持有企业和社会都是有利的。就知识产权而言，如果创新者缺乏将其充分运用在制造或营销中的能力，就会出现低效的相关资产管理与低效率的社会资源匹配的情况。然而，出售知识产权的过程往往困难重重，因为潜在买家对创新价值的了解很有限，而且因为卖家担心它被买家盗用，对买家充分披露其创意的动机有限。如果企业甚至是社会机制能够解决这两个障碍，企业就可以有效地从出售知识产权中获益。

三、许可战略驱动

一家创新的企业可以在保持对知识产权所有权的基础上，将知识产权的使用权和其他附属权利授予一个或多个授权人，而不是出售给他人。更具体地说，持有人可以授予被许可人开展一项或多项活动的权利。在最基本的知识产权许可决策中，企业会比较从许可费中获得的收入和许可后所增加的竞争成本。

在市场势力特别有价值的情况下，企业通常会拒绝向他人授权许可。当竞争对手比某创新者的管理运营与研发更有效率的情况下，或者是在竞争对手拥有该创新者所缺乏的资源和能力的情况下，知识产权许可对该创新者更具吸引力。

四、合作战略驱动

企业间可以通过合作与协作，提高一家企业创新及以知识产权形式存在的相关创新成果的价值。合作战略具有很大的潜在好处，例如获取更大的市场势力。然而，这样一些好处也将使企业涉及反垄断法或其他限制性法律的法律风险。

基于知识产权的战略性合作，最典型的例子就是专利标准。专利标准制定的参与性战略是同技术领域中协作战略的重要组成部分。竞争对手在设计和制造产品时遵循共同标准的协议往往会通过促进网络外部性、降低信息成本等因素大幅度提高消费者严重依赖这些产品的价值。但这反过来也会使该行业中所有的竞争对手受益，加剧竞争。

五、捐赠战略驱动

现实中我们会看到很多捐赠知识与技术的例子，其实这也是一类知识产权战略。除了常见的开放式创新、专利标准等友好的合作协议，主动出击型知识产权策略中最不明显的就是公开自己的商业秘密。越来越多的企业也在直接或间接地向发展中国家提供知识产权应用服务，这种服务可以带来巨大的人道主义利益。通过透露自己的知识，企业可以向资本市场显示自己的价值，并为其创新努力获得低成本的股权融资。

六、防卫战略驱动

若一家企业的竞争对手拥有重要知识产权，该企业也必须制定知识产权战略来回应来自竞争对手的挑战。法律诉讼中，诉请侵权商业秘密的诉讼往往与其他知识产权侵权诉讼是组合式的。有统计表明，在美国，单纯的商业秘密诉讼数量并不多，赢得诉讼的比例也并不高。

七、开发替代性技术战略驱动

"绕开现有技术发明"，继而开发替代性技术或产品的知识产权战略思路通常可以绕开他人知识产权的局限，但成本也较高。例如，独立开发和反向工程不在商业秘密法领域受法律追究，著作权也仅保护表现形式而非创意，专利仅保护权利说明中的产品样式或技术路径。

为了衡量采用开发替代性技术的战略是否有效和明智，管理者必须权衡多个要素。最明显的一项要素是开发后随之而来的竞争性质。如果两家企业提供紧密的替代品，且它们在科学、工程或艺术等相关领域可以得到相似的技术机会，那将在彼此构成替代性技术或产品的前提下形成最激烈的竞争局面。

八、获得许可战略驱动

"绕开现有技术发明"是一种社会浪费，因为开发者没有充分利用公开的知识与资源。这种浪费尤其明显的是，技术新进者开发的非侵权技术没有功能优势。这样的情况可以为许可证制度创造机会。如果专利权人意识到新进者能有力围绕自己的技术进行发明，那么专利权人应该愿意将自己的技术授权给新进者，使双方现有境况都得到提升。

授权许可也可能在其他方面对双方都有利。被授权人的受益最为明显，将直接节省把产品推向市场所需的时间，提高生产标准化产品的能力并且从网络效应中获益，还可以避免无意中侵犯知识产权的法律风险。最后一项考虑对于行业中存在的专利"丛林"情况尤其重要。授权人通过授权可以回避他人对不稳定知识产权的挑战和抑制损害利润的竞争而获利。如果被授权人能够令人信服地认为，一项非侵权技术是可行的，而且是可以负担得起的，那么专利权人可能会同意对被授权人更优惠的许可条款。

九、缓和战略驱动

为了避免卷入侵犯知识产权的诉讼，企业在使用竞争对手所使用的技术的同时，还可以选择建立自己的大型知识产权组合。在知识产权积累的基础上，向专利权人竞争对手威胁反诉的能力可能会阻止竞争对手积极主张它们的知识产权权利。此外，大型知识产权组合往往导致企业间相互依赖，鼓励广泛的交叉许可。

十、技术的迅速传播

企业在考虑进入一个必然会牵涉其他企业知识产权的新行业时，存在一个最差且最不直观的选择：选择忽视竞争对手对其知识产权保护的潜在要求，而是以快速的方式传播潜在被认定为知识产权侵权的技术。这样做的目的是迅速而广泛地部署这项技术，以至于当该企业在经过诉讼受到挑战时，由于知识产权的价值受到挑战，它可以说服知识产权人授予它许可证，或者，更好的是，可以说服法庭宣布对相关技术的使用在已被社会广泛使用的背景下是合法的。当然，这样做的最大风险就是，一旦法院没有出于公共政策的考量或相关知识产权的质量很高时，该企业显然构成故意侵权，则会面临严峻的法律惩罚。

第四节　正式知识产权与非正式知识产权之间的选择

相对使用专利、著作权、商标被称为正式知识产权战略，使用商业秘密、保密合同、同业禁竞合同等这些方式保护知识和信息被称为非正式知识产权战略。非正式知识产权战略不仅是对正式知识产权战略的补充，还是企业进行有效和高效知识管理的基础。非正式知识产权战略的核心是依赖有效的法律保护。在是否使用正式知识产权与非正式知识产权的选择上，研发内部环境下

（雇主与员工之间）是否围绕受保护的信息客体存在不对称性信息具有重要影响。

一、不存在不对称信息情况下的选择

在企业内部不存在非对称信息时，关于企业究竟采用正式知识产权的专利法保护还是实施非正式的商业秘密保护，可专利性、保护期限、执行强度或实施便利性、禁令的可用性、优先使用权、披露、成本、收益，这些因素几乎总是应该重点考虑的。也是在考虑这些要素的基础上，一项广泛流传的对企业的法律建议是，对小的发明成果使用专利保护，对可以保持前沿性的创新成果采用商业秘密保护。

（一）获得专利保护的可能性

这一点是最重要的，企业会通过调查来确定正在考虑的信息主题是否可以申请专利。如果不能申请专利，或者不太可能获得专利，那么企业的选择最好是寻求商业秘密保护。获得专利保护的事前门槛较高，除了受保护的对象需要符合专利保护主题，对创新水平的要求也比非正式知识产权要高很多。

（二）保护期限的偏好

发明专利保护期为自申请提交日期起 20 年。商业秘密没有固定的保护期限，只要不被披露，就可以永久保护下去。实际上，由于专利在提交申请之日还没有被授予，这期间的保护与实施力度有限，专利权实际可被有效执行与实施的期限比 20 年还短。

（三）诉讼难度与风险

企业会考虑通过诉讼实施其知识产权的难度。针对专利侵权提起诉讼时，专利权人必须就相应的主张提供证据，例如被告存在侵权行为的证据。此时，维护信赖利益、产业稳定性的非正式知识产权可能是更好的选择。然而，一项技术秘密的先前使用者可能与他人对该同一具有价值的发明专利产生利益冲突，如果无法有效证明自己的在先使用，在美国等国家会被认定为专利侵权。

（四）法律保护强度

商业秘密和保护它们的法律是以不披露有经济价值的信息为前提的。如果商业秘密包含在可供公众反向工程的产品中，或存在意外泄露的风险，那么商业秘密等其他非正式知识产权保护就不是保护主题信息的好选择。关于对抗反向工程，专利是首选的知识产权保护战略。

然而，由于专利申请涉及信息的披露，如果专利权利薄弱，而且创新特别有价值，则竞争对手模仿专利产品的可能性就会增加。因此，商业秘密与正式知识产权的选择就法律保护强度而言，其根本在于一种环境下法律对物权权利保护的强度。

（五）保护成本

保护成本是一项企业会考虑的重要因素。一般而言，专利的保护成本高于商业秘密的保护成本，尤其是在法律保护效率不高的情况下。然而，维护商业秘密的保护要求企业就其员工对保密义务进行规定与监督，相关保密成本可能远远超过获得专利的费用。

（六）收益

来自知识产权的收益除了产品在市场上产生收益和生产或运营所节约的成本，还会来自收取授权费与从外部吸引投资。从逻辑上讲，对商业秘密向外进行授权比授权他人使用专利困难，因为后者带来的风险更小，且建立与维系专利授权的成本也较低。类似地，企业在衡量知识产权对寻求外部融资的贡献度时，会考虑投资人的偏好，也就更倾向于偏好正式知识产权。无论是授权他人使用还是与投资人沟通，都是通过信息披露实现的。在这个过程中，专利有助于向潜在投资者和合作者可信地显示企业与其研发成果的质量。

二、存在不对称信息情况下的选择

（一）信息交换

企业为增强创新力度，有意愿对员工进行培训，向员工披露已掌握的技术信息，从而促进他们将相关信息用于研发、制造或营销等日常工作中。现在，我们早已经摆脱家族经营的时代，企业家不能只是依靠自己和家人来进行经营和创造，而是高度依赖雇佣关系，需要积极地调动员工，通过员工来实现企业经营和创新的目的。这就使得企业家只有将自己掌握的信息和员工共享，才能使员工替代他们自己完成各类工作。然而，员工可能会对外泄露相关信息，继而可能会导致企业失去被泄露信息的控制权。此时，选择合适的知识产权类型和战略对相关信息进行保护至关重要。

创新、研发、生产和营销需要在企业与员工之间或企业与企业之间交换技术信息。企业创始人或员工通过使用企业的研发经费等资源，创造出有价值的技术信息。当新的技术信息未向公众披露前，企业或员工都可以享有对相关信息的控制权。至于控制权在企业或员工谁的手中，要看谁才是相关信息的创造者。而掌握对所创造的技术信息的控制权后，企业和员工才会进一步选择向彼此披露相关信息。

（二）创新环境下的企业内部不对称信息

员工和企业之间存在两类不对称信息。形成第一类不对称信息的情况是，员工总是可以在一个工作环境中，通过自学从企业中获得一些专有知识。然而，雇主却无法准确捕捉员工通过自学所掌握的全部内容。构成第二类不对称信息的情况是，员工选择不对企业披露其独自开发的新技术信息、技术和知识。企业虽然无法掌握这些信息，但因为对员工的创新和创作过程进行投入，这些信息对于企业来说，是一种沉没成本，也最终会沦为一种无谓损失。

三、知识外溢下知识产权战略选择

（一）知识外溢的必然性

员工一旦掌握企业所有的有价值的知识与信息，无论相关信息是对称的还是不对称的，相关信息都会产生外溢的风险。当一项有价值的秘密技术信息外溢时，会增加现有竞争对手的优势，或为企业创造出其直接或潜在的竞争对手。因此，从知识贡献企业的角度来看，知识溢出会给它造成损失，至少会增加其机会成本。然而，知识溢出是不可避免的。员工在企业间的流动和员工参与的对外交流活动都可能会引发一定的知识溢出。员工培训或对员工进行信息披露也会增加知识溢出和机会成本的风险。

（二）应对溢出效应的花销

由于溢出效应，企业可能会采取严密的物理保密措施，但也可能在保密工作方面作出过度的投资。除了阻止员工获得企业任何未公开发表过的技术信息，企业还可能会拒绝对员工进行高质量的知识与技能培训。针对员工获取信息而采用的物理保密措施通常成本高昂，例如，安全门、雇用信息保卫专员，要求员工佩戴安全徽章来标记涉密级别和类别等。严苛的物理保护手段甚至会禁止企业向员工透露任何技术信息。然而，就算通过物理保护和法律保护可以减少知识外溢，知识溢出也依然是不可避免的。

（三）知识外溢下的知识产权策略

无论企业为防止知识溢出付出多少努力，我们要认识到，知识溢出的发生绝不是罪恶的。知识溢出被立法者和政策制定者认定为公共利益和企业所作出的社会贡献，所有的企业都会从其他企业的知识溢出中获益。企业要么从行业领头企业雇用优秀的技术员工，要么通过学习和使用其他企业的知识溢出而紧跟技术和市场的发展脚步。

基于对企业短期机会成本与创新市场长期发展的平衡考虑，莱姆利教授（2008）采用知识产权创新理论对相关问题进行研究。他认为，对商业秘密的法律保护比物理保护的保护效能更高，能够促进创新。并且，企业为了持续创新和经营，一直都有动机向其员工披露，甚至是培训他们使用自己的专有技术信息，虽然的确可能会造成这些信息通过员工流动和不可避免的知识溢出，免费泄露给公众。

因此，有部分经济学、管理学和法学学者在知识产权战略文章中介绍，企业可以通过专利申请向公众主动披露技术信息，或主动免费提供给公众技术知识。结合莱姆利教授的建议，现代学术观点是，建议企业采用综合的知识产权战略，结合商业秘密、保密合同等非正式知识产权，对专利等正式知识产权策略进行补充。

（四）其他还未被公开的信息

对于那些被企业决定不向公众披露，以商业秘密形式留存的技术信息，企业可以即刻在现有的产品中或在生产、经营过程中使用，用来生产第一代产品，或者开发第二代产品。即使不在产品中或生产和经营过程中使用，眼下没有即刻使用的目标，没有任何眼前的经济价值或商业价值，也可以先将它留存起来，作为知识产权部署的一部分。比如，日后可以作为商业策略进行宣传，用来威慑或误导对手，或用来吸引合伙伙伴或投资人。

总的来说，商业秘密和其他非正式知识产权保护手段相对于专利等正式知识产权保护手段而言，是否能使企业获得有效的法律保护，要视情况而定。企业需要事先了解相关的法律风险，进行利弊平衡，再制定非正式知识产权战略。有大量实证研究表明，企业尤其是中小企业，更偏好和频繁使用商业秘密，而不是专利。

第十章　人工智能与知识产权法之一：
人工智能基本特性

第一节　人工智能的产生对人类社会的影响

人工智能概念自 20 世纪 50 年代提出以来，技术与产业发展已逾 60 年。特别是进入 21 世纪后，人工智能技术已经被广泛地应用在多个产业和服务业中，并对人类社会的各方面产生深刻而又重要的影响，例如学习方式、工作方式、生活方式、休闲方式、思维方式等。人工智能技术在多个行业不断改善着人类的工作效率和工作质量、休闲娱乐及生活体验。在这个过程中，它或合作或独立进行创新活动，其中取得许多超越人类的创新成果。

2020 年，新冠肺炎疫情来袭之初，世界卫生组织及医疗系统缺乏对新冠肺炎的认知与有效的治疗方案。人工智能技术不仅帮助医生提高诊断新冠肺炎的效率和准确性，也对病区管理提出优化方案，最大限度地节省对紧缺防护物资的消耗，甚至还可以探索最有效的药物。这些都更加凸显人工智能对人类的实在影响。

人工智能对人类产生的影响可能是颠覆性的。依据牛津大学哲学家尼克·博斯特伦（Nick Bostrom，2014）教授的判断，人工智能在向超人工智能发展的道路上的每一步都会为人类社会带来巨大的财富。他认为，人类在追求更强大的人工智能的道路上不会停下脚步，因此，人工智能为人类带来的财富很可能是非常巨大的，大到以至于当代人类难以想象。而当前可目测的是，人工智能已成长为新型战略产业。

一、人工智能重塑产业结构

新一代人工智能相关的学科发展、理论建模、技术创新、软硬件升级等方面的全面、整体推进，正在引发链式突破，推动经济社会各领域从数字化、网络化向智能化加速跃升。人工智能已经成为经济发展的新引擎。它作为新一轮产业变革的核心驱动力，将进一步释放历次科技革命和产业变革积蓄的巨大能量，并创造出新的强大引擎，重构生产、分配、交换、消费等经济活动各环节，形成从宏观到微观各领域的智能化新需求，催生新技术、新产品、新产业、新业态、新模式，引发经济结构重大变革，深刻改变人类生产生活方式和思维模式，实现社会生产力的整体跃升。

人工智能正在为社会建设带来新机遇。人工智能产生的所有功能与作用，在模仿人类解决问题能力的同时，可以提高人类的生产力、稳定性和可靠性。人工智能还可以通过机器学习和使用迭代技术来获得更多技能，从而提高自身的能力。由于这些已显现或潜在的拟显现的对经济、社会、人类自身发展的密切关联因素，人工智能也成为世界各国竞争的新焦点。

现在已经很难想象出一个没有受到人工智能技术或人工智能系统影响的领域。人工智能系统和机器学习已经成为我们日常生活的一部分，例如，人工智能医生、人工智能治疗师、独立的无人驾驶汽车与自行车、人工智能律师、虚拟现实体验、人工智能的非诉讼纠纷解决方案、智慧合同等。人工智能系统也正显著影响许多其他领域，例如，金融投资、自动化武器、政策制定等。

二、对人工智能的规制政策

人工智能由于具有应用广泛性、研究前瞻性、技术颠覆性、经济爆炸性、人力替代性、人机交互性等诸多优势，已成为引领未来发展的战略性技术。世界主要发达国家已把发展人工智能作为提升国家竞争力、维护国家安全的重大战略来实施，例如美国的《国家人工智能研究与发展战略规划》《美国国家机器学习战略》、日本的《人工智能技术战略》、欧盟的《欧盟人工智能》、德国的"工业4.0"战略、英国的《人工智能行业新政》、我国的《新一代人工智能发展规划》等。

人工智能影响面广，可能带来改变就业结构、冲击法律与社会伦理、侵犯个人隐私、挑战国际关系准则等问题。这些问题将对政府管理、经济安全和社会稳定乃至全球治理产生深远影响。《新一代人工智能发展规划》在对人工智能理论、技术和应用作出前瞻布局的同时，呼吁加强人工智能相关法律、伦理和社会问题研究，建立人工智能法律法规、伦理规范和政策体系。

三、关于人工智能哲学与规制问题的研究核心

随着人工智能技术及产业的发展，围绕人工智能的知识产权法律问题的探讨一直在不断加深与拓展。当计算机出现不久，20 世纪 60 年代，人工智能是否可以获得著作权和专利权保护的问题就在美国展开激烈讨论。由于当时的技术发展还不够成熟，法律并没有涉及太多相关问题。因此，即使当时出现对人工智能技术和生成物在知识产权领域所有权的讨论，讨论的内容和深度也非常有限。现在，由于人工智能技术在各行业发挥的作用越来越大，且社会各界对知识产权的保护与使用越来越关注，如何通过知识产权支持人工智能技术的使用和发展已经成为各国政策制定者、企业、学者、法律服务业热切关心的问题。

纵观全球现有的关于人工智能与知识产权法相互关系的研究，学者对知识产权法与人工智能的研究主要集中在两个方面：一方面是人工智能及生成内容可否成为现行知识产权法律的保护内容；另一方面是人工智能技术及产业发展带来的对知识产权法的冲击、挑战和应对。第一个方面包含两个问题，一个问题是人工智能生成物本身能否成为法律权利客体，这既包括私有物权的法律权利客体，也包括知识产权法的权利客体；另一个问题是人工智能本身能否成为法律权利主体而受法律保护。第二个方面也同样可以用问题来表述：如果人工智能本身被授予法律权利的主体资格，它又该如何承担法律侵权主体应负的责任；这对我们认知的人是法律唯一主体的伦理道德观会带来什么样的冲击。斯蒂芬·霍金（Stephen Hawking）曾在剑桥大学的一次演讲中表示，创造出人工智能将是"人类有史以来最好或最坏的事情"。他的这番话反映了人们对未知未来的担忧。这种未知未来总体上将被先进技术控制，特别是被人工智能所控制。类似地，秉承怀疑主义的博斯特伦教授也曾表示，人类会被自己创造出的技术而摧毁（Bistrom，2014）。霍金的担忧与博斯特伦的观点恰恰是人工智能与知识产权法相互关系研究的着眼点。因此，本书最后两章主要从这两个方面对人工智能与知识产权法的学术研究进行梳理与分析。

第二节 人工智能的定义

几乎所有讨论人工智能与法律问题的文章，都会率先给所讨论的对象下一

个定义，即人工智能是什么。从这些研究来看，不同的人对人工智能在不同时期所给出的内容和含义可能是不同的。随着人工智能的发展和人们对它认识的深入，这些定义是动态发展的且依然充满不确定性，需要结合具体情况和语境来设定。

一、人工智能的定义及其发展过程

从历史来看，1815 年出生的爱达·洛芙莱斯（Ada Lovelace）是世界上第一位程序员。她是第一个使用编码和编辑程序的人，发表了第一个算法，并设想出机器可以做比计算更多的事情。因此，计算机这个词最早是用来形容操作机械加法器的女性行政人员的。洛芙莱斯最大的贡献是建立使用编码来处理字符、符号和数字的规则。然而，关于人工智能的文献通常将人工智能归功于艾伦·图灵（Alan Turing），他比洛芙莱斯晚出生近一个世纪。他在 1936 年发表的论文《可计算的数字与可判定性的应用》为计算机科学奠定了基础（Turing，1936）。这篇论文使用了一套现在被称为图灵机的理论构造。图灵机是一种简单的设备，可以计算任何可计算的东西，并且可以通过阅读程序代码进行修改。1950 年，图灵又发表论文《计算机器与智能》，提出"图灵测试"（Turing，1950）。在他所设计的这项测试中，一个真实的人与一个计算机混同着通过计算机向另一个真实的人提问题。如果被问问题的人不能通过计算机屏幕上阅读出的问题来确定是真人还是机器在提出这些问题，此时提出问题的机器就会被认为是具有智能的。"图灵测试"不是一项定义，而是这种运用语言信息的"模仿游戏"意义上的一项"测试"。

图灵去世两年后即 1956 年，约翰·麦卡锡（John McCarthy）与马文·闵斯基（Marvin Minsky）等在达特茅斯会议上讨论两个月后，首次提出人工智能这个概念。人工智能被首次定义为："让机器达到这样的行为，即与人类做同样的事情"和"制造智能机器的科学与工程"（McCarthy et al.，1955）。简单来说，人工智能就是由人类编写的"if – then"语句规则的汇编。但是麦卡锡对人工智能的前景有一种不可动摇的乐观精神。他认为，机器有朝一日会自主思考，并指出，今天计算机的速度和内存容量可能不足以刺激人脑许多更复杂的功能。这主要的障碍不是机器的容量不足，而是我们无法编写出能充分利用我们所拥有东西的程序。

1959 年，当今被称为"机器学习之父"的亚瑟·塞缪尔（Arthur Samuel）将人工智能描述为"一个让计算机不需要明确编程就具有学习能力的研究领域"（Samuel，1959）。这样，塞缪尔眼中的人工智能就是计算机必须能够自主学习，才能成为人工智能。大多数机器学习需要输入数据集，这通常需要对数据进行数字复制，将现有的任务输入系统对机器进行训练。依据学习是否需要监督，机器学习可以被分类为监督的学习、半监督的学习或无监督的学习。监督的机器学习采用算法输入标记数据来训练机器，机器可以成功地区分图像。半监督的机器学习采用算法猜测哪些类别是未标记的图像，并把结果反馈作为训练数据。无监督机器学习采用的算法可以通过聚类数据特征来区分没有预编程的数据集。虽然仍然需要人工输入来指定根解决方案、适应度量和终止标准，但在程序执行期间不需要人工干预。

在麦卡锡等创设出"人工智能"一词后，智能计算开始出现。麦卡锡不仅将人工智能定义为"制造智能机器，特别是智能计算机程序的科学与工程"，而且通过解释智能的内涵对人工智能进行更进一步的描述。除了这些定义，加州大学伯克利分校计算机教授斯图尔特·罗素（Stuart Russell）与谷歌前技术总监彼得·诺维格（Peter Norvig）甚至对关于什么是人工智能提出几乎十种不同的定义。基于人工智能本身的特性及人类对它的认识，人工智能也可定义为一种能够执行通常需要人类智能任务的系统、还可定义为，是一种通过使用人工智能系统，通过可以访问的所有数据使现有的解决方案更加有效的工具。"人工智能"领域还被称为"专家系统"的"类人工智能系统"所主导，这种系统主要使用基于规则的决策过程（Rao，1997）。

二、人工智能定义内涵的多重性

定义"人工智能"是一项重要但也是一项艰巨的任务，因为人工智能的概念可能会从不同的科学观点得到不同的解释。换一种角度来看，这也导致它缺乏一种统一、简洁的定义。它的复杂性源于"人工智能"这个词太过宽泛，包含总括术语"计算机科学、艺术和哲学"中多项领域，又在不同情境中常有不同的目标和应用。根据不同的服务目的，对人工智能定义的范围和详尽程度也各不相同。

实际上，人工智能系统的定义会因其的不同方面而有所不同。人工智能系统可以根据其特征定义为能够执行通常需要人类智能的任务，例如识别、决策、创造力、学习、进化和沟通。人工智能系统还可以被描述为一种工具，能够获得所有数据，使现有的解决方案更加有效。在不同的情况下，定义也不同，例如医疗或国际象棋策略。

（一）从术语名称的背景来定义

当代人工智能又叫作智能机器，智能机器人是人工智能的一种实现形式。上海交通大学法学教授张绍欣（2018）曾经从组合逻辑来分析，人工智能的概念由"人工"与"智能"两个概念组合而来，智能机器概念由"智能"与"机器"两个概念组合而来。今天的人工智能和智能机器是沿着机械论和工具发展的智能化逻辑而衍生出的结果。智能机器的一个历史起源就是机械论和工具论传统。机械论一方面意味着从阿基米德到伽利略、从数学到力学的学科传统，另一方面意味着历史唯物主义下人类技艺的工具论和劳动论观点。"人工智能"这个术语，用来描述计算机科学中的一个专业领域，旨在生产具有智能行为的计算机。根据对系统行为的观察，一个系统如果能够适应新的情况、具有推理能力、能理解事实之间的关系、发现事物的意义以及认识真理，它就会被判断为具有智能特性。

（二）从"技术角度"和"模仿人类行为"进行定义

人们期望一个智能系统能够自主学习，也就是说，在过去经验的基础上提高其性能水平。尽管许多人对人类设计和制造真正智能机器的能力深表怀疑，这些机器能够学习、设计、思考、解决复杂问题，但一些非常杰出的科学家已经着手研究这种可能性。这项研究与先进的机械设计关系不大，更多的是关于理性和思维是什么的一些深刻的理论假设。根据西方哲学的中心传统思想，思维（智力）本质上是对心理（思想）的理性操纵。福坦莫大学法学教授谢洛米特·亚尼斯基－拉韦德（Shlomit Yanisky－Ravid）与人工智能工程师杰基·刘（Xiaoqiong Liu）博士曾通过有趣的例子将这一逻辑应用于解释机器思考中：钟表不进行任何理性操纵；然而，计算机可以以任何可指定的方式操作任意的指令。所以很明显，我们只需要将这些指令安排成理性的，并将操作指定为理性的，就可以让机器进行思考。换句话说，人工智能是全新、与众不同的，因为计算机实际上做了一些人脑应该做的事情。事实上，如果传统理论是正确的，那么计算机的确应该有"自己的思维"——真正的智能思维（Yanisky－Ravid & Liu，2018）。

这样，人工智能总体上可以从两个方向来定义，一个是"技术角度"方向，另一个是从"模拟人类行为"方向。所谓技术角度，就是完全依靠算法来求解问题。它不太关心机器和人在解决同样一个问题时的各自特点，而只要求获得这个问题的算法。所谓模拟人类行为的方向，就是强调人是世界上最聪明的族群，主张将人在解决各种问题时所使用的方法、策略、经验、技巧等编成启发式程序，依靠它来解决问题。

从技术角度来说，人工智能可以被简单定义为：由一系列技术组成、可模仿人类行为的智能机器。这些技术是计算机技术的子集，具体可以包括软件、硬件、数据等。在人工智能技术发展初期，虽然有"人工智能"这一词汇，但通常也会被"软件""机器人"等词汇代称。随着它的发展和普遍适用，人们逐渐意识到，很多类型的计算机技术本身就可以是一项人工智能或一部分人工智能技术，人工智能技术和产品也可以由计算机技术而产生（Banterle，2018）。换言之，凡是使用计算机技术相关的创新活动，无论软件、硬件以及对数据的处理，都有可能涉及人工智能技术的研发。对这些技术的支持，也会成为对人工智能技术发展的支持。

如果单纯考虑人工智能的技术功能，会有一些人仅将人工智能定义为一类工具。持保守观点的学者认为，只要人工智能还在人类的控制和使用下，无论其智能程度如何，就依然仅仅是一项工具。另外一些相对应的学者，其市场的想法相对前卫，例如人工智能初创企业"应用 AI"管理者菲利普·哈特曼（Philipp Hartmann）就认为，人工智能技术无论发展至如何，都仅仅是不同情境和适用下的一项工具（AppliedAI，2020）。

"模仿人类行为"是一种不太严谨的说法，可以从人工智能的特性将它描述为具有人类智慧，例如认知、决策、创造、学习、进化与沟通（Russell & Norvig，2020）。另一种简单替代性说法是，计算机技术可以作出"自主"输出，自主地创作与生产具有创作性的艺术或技术成果。也因此，人工智能可以与普通计算机技术区分开。这里的自主输出是指，计算机软件可以自己产生出程序员预想不到的结果。因此，法律界也有人也遵循技术界的观点，通过技术功能特点对人工智能进行定义：人工智能可以读懂非数据化结构、使用计算机进行推理、自主学习（Khoury，2017）。

在自动化、自治化、先进技术的新时代，亚尼斯基－拉韦德（2017）教授将具有复杂的人工智能系统和机器人以"模式识别"或"相似性识别"来区别人工智能系统。事实上，这些人工智能系统已经在这样一个新时代发挥作用、产生产品和服务、作出决策、采取行动、独立创作艺术作品。

（三）按人工智能产生结果强弱来定义

按照人工智能产生结果强弱也可分为弱人工智能、强人工智能和超强人工智能。第一，弱人工智能是一种泛指最早在世界上出现、主要是擅长单个计算机方面的一类人工智能，其中，比如曾经战胜象棋世界冠军的阿尔法围棋

（AlphaGo）、超级计算机"深蓝"、在线广告等。弱人工智能在创造强人工智能的体系中实际上是较低级的人类发明，不能够直接作出人类预定范围外的智能操作。第二，强人工智能是一种本质上类似于人类大脑级别的人工智能。强人工智能实际上是指一种在各方面都能和人类大脑相比肩的仿真人工智能，通过一定的计算和编程，可以直接使这种仿真人类大脑的系统进行独立的逻辑思考、智能的运作。强人工智能实际上指的是一种宽泛的人类大脑心理能力，能够进行独立思考、计划、解决复杂的问题、抽象思维、理解复杂的理念、快速地学习和从经验中学习等各种智能操作。创造强人工的智能比创造弱的强人工智能更加艰难，我们现在还远远达不到这种的水平。第三，超人工智能是一种超越人类智慧与能力的人工智能，它在几乎所有的领域中都比最聪明的人类大脑还聪明得多，包括数学、科学创新、医药、通识、爱好与社交技能等。我们可以清楚地看到，超人工智能已经完全可以取代人类来完成原来只能由人类才能够独立做的某些工作。甚至在某些领域，超人工智能可以完成人类所不能完成的工作，可以完全取代人类。它是在人工智能体系中的顶端，由于能力已远超人类，所以这种超人工智能的出现极有可能给未来的人类社会带来巨大的风险以及挑战（吴萍萍 等，2020）。

（四）从人工智能的意义来判断

如果从哲学和法理学角度就人工智能的意义来分析，人工智能还可以分为事实判断并遵守规则与价值判断并创造规则。事实判断并遵守规则的人工智能，无论其智能程度有多高，都将必然沦为人类的工具，由它生产的对人类社会的影响、冲击、回应都是工具论层面的。价值判断并创造规则的人工智能，无论其智能程度有多弱，它都将冲击人在人类社会中的主宰地位。它的存在会造成人类沦为机器的工具的风险。由于现阶段技术发展尚未达到这个程度，可能这样的担心还为时尚早。

三、人工智能在知识产权领域中的定义

经济社会不仅是需要一个秩序的社会，而更多的情况是通过秩序的常态规范来占有或获取更多的财产。为了通过人工智能在知识产权体系下获取更多利益，西方有很多学者试图将一些人工智能产品认定为欧洲和美国著作权和专利体制下的作者或发明人（Fraser，2016）。与对人工智能从技术特征上进行定义不同，这样一项潜在的法律定义引发学界从法律、经济学、哲学等多个社科领域，通过多种法学研究方法对相关问题的热烈探讨。

传统上，对知识产权法的研究主要集中在三个基本理论方面。第一，法经济学理论。这是一种偏功利主义的研究方法，根据知识产权规则的累积效率和促进总福利的能力来审查知识产权针对人工智能的规则。第二，法律人格论。依据康德、黑格尔的人格理论，重点在于发明与创造的归属，解决人工智能的创造者和发明者对它的权属问题。第三，洛克劳动成果论。洛克劳动成果论证明了财产利益是创造者劳动的果实，用于解决人工智能创造物的权属问题。

美国的知识产权法学理论研究首先采用基于功利主义的法经济分析方法来研究人工智能与知识产权法的相互关系，其次使用基于洛克的劳动成果论来分析权属问题，也会考虑公共利益而在实用主义思想指导下进行调整。欧洲大陆法学学者在论述著作权时使用较多的是黑格尔的人格论。相对他们，中国学者采用的是兼而有之的实用主义方法，但尚缺乏体系化的理论基础。

第三节　人工智能工作方式与工作过程

美国律师马修·舍雷尔（Matthew Scherer，2016）曾对智能系统提出一个闪烁其词的定义："能够执行任务的机器，如果由人类执行，就会被认为是需要智能的。"人们仍然可能会问，是什么使得系统如此智能？换句话说，一个智能的系统到底是怎么运作的？

一、交互对象与交互模式

人工智能技术无论是发展还是应用，都需要与人进行交互活动。为了设计、开发、实现和应用人工智能技术，在不同阶段都有不同群体和人工智能产生交互。亚尼斯基－拉韦德教授与刘博士对这些群体曾进行过划分和整理，以讨论对人工智能产生利益的划分。具体来说，这些交互群体包括：①软件工程师；②数据供给群体；③训练员与反馈支持团队；④人工智能系统所有人；⑤人工智能系统运行人；⑥相关技术工作人员的新雇主；⑦公众；⑧政府；⑨投资人；⑩人工智能系统自己。

人工智能的创造性从来都不是"从石头缝中蹦出来的"，而是需要被人类建立起来的（Lim，2018）。在建立人工智能的过程中，需要人来搭建起基本的逻辑框架，书写程序并输入数据以实现相关逻辑，不断训练和调整相关程序。相关数据的供应者可能是直接的产品用户，也可以是专门的数据采集商，也可以来自罗普大众或公有领域（Yanisky‒Ravid，2017）。虽然大多数时候，人工智能的构建、使用和发展都需要和人类交互才能进行，但运行的过程中，是可以做到完全不需要人为干预的，例如深度学习的过程。此时，它是在与自己发生交互，再进行表达，与用户或其他公众发生交互。

人工智能技术被搭建起后，在发展它的过程中，市场需要积极参与其中。市场中包括当前的和潜在的竞争者以及投资人。这也是为什么在谈及促进人工智能技术发展的时候，厘清知识产权保护和相关权利归属为何那么重要。在这些活动中，政府除了为私营企业在开发和使用人工智能技术时提供服务和政策支持，有时也扮演着投资人或人工智能技术用户的角色（Engstrom et al.，2020）。

除了竞争者和投资人，市场中最大的群体是用户。人工智能技术与用户的交互是多元性的。一方面，用户通过使用，与人工智能产品产生交互；另一方面，在这个交互过程中，人工智能产品会从用户处收集数据，通过后台反馈给训练员或反馈支持团队，甚至是其他专门的数据采集商。因此，为保护公众不受人工智能技术和相关企业的侵害，政府又充当着技术和市场监督者的角色（Larsson & Heintz，2020）。

二、人工智能工作特征

识别能力与算法是人工智能的核心要素。识别的过程包括对物体、人、事件或情况的分类或识别。算法的发展使得人工智能能够识别物体，或以类似于我们所相信和了解的人类感知和模式识别的方式自动进行分类。

人工智能系统的工作过程是通过几个阶段来完成识别的。首先，人工智能采用算法对识别对象分类。其次，将数据分解成"微小"的电子信号，并试图识别隐藏的洞察力、相似性、模式和联系。因此，由该算法发现或创建的模型可能无法被程序员、培训人员或那些主动实现系统功能的人清楚或完全理解。事实上，就像加州大学伯克利分校计算机教授迈克尔·乔丹（Michael Jordan）与卡内基梅隆大学计算机教授汤姆·米切尔（Tom Mitchell）在《科学》上的文章描述的那样，"任何人工智能系统的开发人员现在都认识到，对于许多应用来说，通过向系统展示期望的输入输出行为的例子来训练系统，比通过预测所有可能输入的期望响应来手动编程要容易得多"（Jordan & Mitchell，2015）。最后，人工智能的性能随着经验的增加而提高，并随着系统接触到的新数据而进化。换句话说，由于数据提供者自动发现或输入的新数据，系统不断得到进化。

这样，人工智能系统就具有亚尼斯基‒拉韦德教授与刘博士所总结的至少十项特征：①创新性；②自治性与独立性；③不可预测与新结果性；④理性的智能化；⑤不断进化的功能；⑥能够收集数据和进行沟通；⑦高效准确；⑧自由选择；⑨目标导向性；⑩学习能力及其他选项。

　　第一，创新性，利用人工智能技术在生产方法和生产产品实现创新性，既可以实现原始创新，也可以实现改进的创新。第二，自治性与独立性，人工智能系统可以在没有或较少人工干预的情况下创作出新作品，例如人工智能文学作品等。这种自治性是在人工智能与人交互过程中，可以减少或减弱人工干预。它用于超强人工智能尚未出现的阶段。第三，不可预测与新结果性。人工智能工作是依赖具有功能算法的随机输入，而产生的结果具有不可预测性和新颖性。如围棋对弈和人类进行围棋对弈时就是这样的情形。第四，理性的智能化。依托人工智能系统提供的实时运算会根据人类对它的设定，理性地为设定目标提供修正方案，如智能导航系统。第五，不断进化的功能。人工智能可以通过训练和深度学习，不断地进化其智力与能力。第六，能够收集数据和进行沟通。人工智能可以主动搜索外部数据，并依据这些外部数据作为收入产出新的结果，例如康斯坦茨大学的绘图机器人 e - David。第七，高效准确。人工智能系统具有可以高效、准确处理海量数据的能力，远远超过人类大脑。第八，自由选择。人工智能系统在执行任务时，为达到最佳的结果，具有在选择方案中自由选择的能力。例如，e - Dvid 在绘画时就具有自由选择亮度、颜色、背景的能力。第九，目标导向性。人工智能系统依据要实现的目的具有目标导向型。第十，学习能力及其他选项。人工智能系统依据它自己收集的数据可以产生新的数据，并依据反馈结果逐渐完善结果，直到接近真实。由于人工智能工作过程的"黑箱"性质，还有一些尚未揭示出的特性。

第十一章 人工智能与知识产权法之二：
相互适用性分析

进入新世纪，人工智能已成为世界各国竞争的新焦点、经济发展的新引擎，带来社会建设与发展的新机遇，而其发展的不确定性也带来新挑战。人工智能能够改变就业结构、冲击法律与社会伦理、侵犯个人隐私、挑战国际关系准则，将对政府管理、经济安全和社会稳定乃至全球治理产生深远影响。人工智能发展战略已被主要经济体列为国家发展战略，其发展的迅猛性不容置疑。由于人工智能技术具有的显性特性及尚未揭示出的隐性，特别是由于其交互群体复杂、与各群体的交互活动动态复杂，它的迅猛发展在带来巨大红利的同时也不可避免地与现行社会秩序发生碰撞。

人工智能技术发展对社会影响、冲击、挑战等问题引发众多学者的关注、研究、争论与思考，尤其集中于人工智能与知识产权法两者间。在知识产权法的阵地中，主要围绕两类问题：一类问题是人工智能能否受到现行知识产权的保护，另一类问题是人工智能对现行法律的冲击、挑战和如何回应，主要包括人工智能本身能否成为知识产权的主体、客体。从性质上说，法律主体是法律的创造物、规范的人格化、能动的行为者，也是联结法律与现实生活的桥梁（胡玉鸿，2008）。如果人工智能能够成为知识产权法律主体，那么条件是什么？会带来什么问题？如何解决？如果不能，那又如何对待？人工智能生成物能否成为知识产权法的客体？如果人工智能能够成为权利客体，条件是什么？会带来什么问题？如何解决？如果不能，如何对待等。

第一节 人工智能与知识产权法交互所产生的问题

一、问题概述

在人工智能系统及人工智能生成物尚未出现之前，创制出的知识产权条文法与普通法都已明确，知识产权法律主体资格只能是具有法律资格的人具有，例如自然人、法人和社会团体。人工智能是否会因为其具有等同或高于人类的智慧水平的特征而获得知识产权主体资格？由人类制造出的人工智能，它及它的生成物是否可以成为知识产权法的权利客体？

关于知识产权法的权利客体，由于对其资格条件的理解或解释具有不确定性，并不是所有看起来符合知识产权法客体要求的发明或创作都能成为知识产权法的客体。通常，在讨论人工智能能否被知识产权法作为权利客体保护时，往往涉及三个方面的问题。首先，通过判断人工智能作为知识产权法的客体正当性，思考人工智能这项主题是否满足具体知识产权法的主题资格、具有符合具体知识产权法主题的正当性。其次，通过判断一项人工智能所产生的发明正当性，进一步考虑该人工智能能否触及具体知识产权法对主题功能的限制。对于知识产权法保护主题的正当性研究，常常采用洛克的劳动成果论、康德与黑格尔的人格伦、功利主义哲学和法经济学来辩护。最后，通过观察一项人工智能的技术资历，判断它能否满足法律对发明或创作的技术条件要求。

二、法律主体地位的逻辑

（一）法律主体的来历

自罗马法产生以来，法律上就有"自然人"和"法律人格"之分。"法律人格"是法律界定的具有法律适格的自然人，只有具有法律人格的自然人才能成为"法律主体"。法律主体是个现代法理学概念，在法理学说史上从法律人格概念演化而来。现代法学的人格学说源于 1804 年的《法国民法典》（也被称为《拿破仑法典》）。"人格"的概念是法律上人格平等的逻辑起点，也是法律以主体正当性为传统的现代法律根基（马俊驹，2006）。"人格"的概念对法国具有法律主体的理论化、技术化建构的功能（张绍欣，2019）。在法国，法律人格也是自然人能否适用民法、享有民事权利、成为权利主体的区分标准（李萱，2008）。德国法也对人格颇重视。1900 年的《德国民法典》创设了现代法人制度，并落实了它的法律关系问题。其中关于自然人和团体法人"权利能力"的部分就是对法律人格的表达（尹田，2003）。

人格论的内在逻辑是视法律主体为自然人，在法律中只有自然人的法律人格或通过类比自然人的法律人格，例如公司或社团，但也并不是所有自然人都会成为法律的权利主体。围绕自然人和法律人格的概念，对于中国学术界不是十分清晰，"法律人格"是从"自然人"中抽象出来的，西南民族大学法学教授温晓莉（2014）在研究古罗马法和基督教神学基础上，使用"位格"的概念来翻译古罗马法中"人"，厘清了中国学术界对这个概念的模糊认识。这就可以理解在古罗马法中，奴隶是自然人，但没有法律上的权利。按位格翻译之法，在法理上就可以这样解释，古罗马法中，具有法律位格的必然是自然人，而自然人不一定具有法律位格。古罗马奴隶没有被赋予法律上的位格，虽然奴隶是自然人，但仍然没有法律上的权利。在古罗马法中，"法律位格"形成后并不是一成不变的，是可以进行"位格加等"或"位格减等"处理的。在西方法哲学及成文法与普通法的法律实践中，这一人格论思维方式具有悠久历史。

（二）人工智能系统本身能否获得法律主体的逻辑起点

人工智能系统能否成为知识产权法律主体而承担起法律赋予的权利义务的责任是围绕法律主体的内在逻辑展开的。通过北京航空航天大学法学院院长龙卫球教授（2000）在20年前提炼出的"法律主体预定论"不难发现，这是因为现代实在法法律体系遵循"法律主体预定论"这项基础理论，知识产权法也不例外。龙教授所提出的"法律主体预定论"的内容是：法律主体性是全部实在法律概念体系的预设起点，权利主体性是法律概念的根本所在，实在法是主观权利的客观法，但首先是权利主体的法。由此，他认为，实证主义下法律概念体系的必要顺序是：首先是法律主体，其次是权利和能力，再往后是义务、责任、赔偿、制裁、豁免和起诉等概念。其中，法律主体是最基础的概念，代表法律的目的和基本价值来源。权利和能力用来确定主体性内容的法律形式。

人工智能不论是弱人工智能还是强人工智能，归根结底人工智能不是自然人，而是人造之物，在现行法律上并不具备法律主体地位。在对人工智能能否成为知识产权法的法律主体而承担起知识产权法的权利义务责任进行法学理论研究时，欧洲与中国学者通常都是通过对人工智能所具有的特性进行深入挖掘，探讨能否按"位格减等"的反向"位格加等"思维方式，对人工智能提升到类比自然人的法律位格，就像法人制度设计那样对人工智能实施"位格加等"，使之具有法律主体资格。

欧洲与中国学者按这一法律主体逻辑方式展开对人工智能能否具有法律主体地位进行法理研究，得出相对的两个结论：一个结论是可以赋予人工智能法律主体资格，另一个结论是不能赋予人工智能法律主体地位。就现有科技与法律的发展程度，后一种结论占上风。

第二节　人工智能与专利法的交互

一、从人工智能方向来看

（一）人工智能的专利主题问题

根据专利法中的一项著名含义，太阳底下任何由人类创造的东西，都可以申请为专利。人工智能出现之后，显然，这项含义面临复杂的人工智能系统在申请专利方面的严峻挑战。人工智能先进系统正在取代人工劳作，有些人工智能也正在改善人类研发活动与所研发产品的功能。这尽管听起来像科幻小说，实际却正在发生。人工智能系统已经能够写报纸文章、新闻报道、创造具有创意的故事、生产绘画、创作音乐作品、编写软件、生成其他人工智能系统，甚至设计发明。人工智能系统，无论是否嵌入什么机器算法，是否已经创造一系列具有创新性、新颖性的产品和服务，很快将生产出更多的其他产品。如果它们是由人类生成的，根据现行的专利法，就可能被申请成专利。那么，现有的知识产权法律制度是否有必要进行重大改革，以跟上这些技术的最新发展呢？

对于人工智能在知识产权法中的法律地位，人工智能是否具有法律主体地位或具有法律权利客体地位，在学术界中均有主张。主张具有权利客体地位的学说主要有工具说、软件代理说、财产说等。主张具有法律主体地位的学说主要有代理人说、电子人格说、有限人格说、拟制人格说等。

美国专利法第 101 条解释了谁可以获得专利和什么可构成专利的发明："任何人发明或发现任何新的和有用的工艺、机器、制造物或物质的组成，或任何新的和有用的改进，可以获得专利，但以本章的条件和要求为限。"除了美国，这也是大多数国家专利主题的资格条件，也是专利法对在授予专利专属权方面的第一道门槛。不满足这一主题资格的要求，任何所谓的发明或创新主题都将与专利权具有的专属权无缘。因此，无论理论学说如何，对人工智能系统及其生成物可以被赋予专利法保护的讨论最终都会回到这条法条及其解释上来。

不过，除了对主题的要求，人工智能若想成为专利法的权利客体，还需要满足新颖性、创造性、实用性、符合专利撰写要求等法律要件。专利申请主题及专利说明书能否达到如上要求是人工智能及其生成物能否获得专利授权的关键。主题资格要求是申请专利的"入场券",而满足其他针对主题的技术要求是专利申请一阶晋级,撰写合格的权利要求和技术说明书是二阶晋级。只有通过入门并取得一阶与二阶晋级才能获得专利授权。

此外,在解读美国专利法第101条时,人工智能可以成为其中所指的"任何发明人"吗?美国专利法第100条将"发明人"定义为"个人,或者,如果是联合发明,是指发明了……发明主题的个人集合"。"联合发明人"和"共同发明人"是指进行发明或发现联合发明的任何个人。美国现有法律不考虑非人类发明人的可能性。由于法律规定明确,这也造成目前人工智能的知识产权法律主体资格并没有在美国引发广泛讨论。

(二)人工智能创造性

人工智能是如何表现出其创造性的,萨里大学法学教授瑞安·阿伯特(Ryan Abbott,2016)在阐述人工智能的创造性时采用具有时代特征的三个例子。第一个例子是关于创造力机器的。1994年,斯蒂芬·泰勒(Stephen Thaler,2013)博士表示已发明出创新机器,它所采用的计算范式是一种类似虚拟模仿的基本机制,能够通过网络联结产生新颖的想法。它在当时所使用的软件是人工神经网络,能够自动连接到窗体的开关,是一款开关集合都无须人工干预的软件。泰勒博士将创新机器的工作过程与人类的大脑作了比较。创新机器像人脑一样,也能产生创造性信息,并对新的信息模式进行分类,而不是简单地将开关控制器关联起来。并且,它能够适应新的场景而不需要额外的人力投入。泰勒博士声称,他的创新机器本质上不同于计算机软件。泰勒博士以他个人为发明人的名义申请名称为"基于原型系统和方法的神经网络"发明专利,并于1998年获得专利授权。

第二个例子是发明机器。创新机器并不是唯一的计算机发明来源,例如关于模仿生物进化过程的软件。基因编译技术已经具有独立产生可被专利保护的发明的效果。早在1996年就有基因编译的专利主题,但不止如此,基因编译技术一方面可能会侵权已有的专利权,另一方面可能会产生新的可专利主题。然而,大量无人工干扰的发明机器产生的可专利主题使得美国专利商标局对专利申请陷入困惑,因为这些专利申请通常不讲清楚发明的工作过程,并且专利法没有载明计算机可以作为发明人。

第三个例子是沃森。沃森是IBM开发的计算机系统。IBM声称沃森是新一代具有计算创造力的机器,它可以"产生出世界上从未有过的想法"。沃森采用的是一种更为传统的逻辑演绎体系结构,能够访问包含人类知识积累的海量数据库和专业知识。它具有产生专利法所追求的创造性、新颖性和实用性的想法的能力。沃森不仅可以设计出一个从未出现过的新技术方案，而且该技术方案也不是现有技术方案的明显变化。如果是人类发明人发明了可专利化的新技术方案，该人类发明人就可以获得该新技术方案的专利。显然，沃森的结果确使它的开发者和其他发明人感到惊讶。

不过，这些都只是早期人工智能发明的例子，现在已经有大量其他的情况存在。但是由于在该领域的技术贡献与思想贡献，泰勒已经成为世界闻名的计算机学家和人工智能专家。

二、从专利法方向来看

(一) 人工智能的专利主题资格

人工智能的结果表现如上所述，其创造能力确实是出乎人类意料之外，但即使这样就可以具有专利法所要求的专利主题资格吗？在获得专利保护之前，具有专利主题资格的文本材料同样必须满足几个前提条件——新颖性、创造性、实用性。只有满足这几个条件，不论是人工智能还是任何代表它的人才都有可能针对该人工智能获得专利。换言之，只有专利申请者能够证明具有专利主题资格的人工智能技术具有这些技术特性且不损害公共利益，才可以获得专利。然而，在专利申请中，阻碍人工智能技术获得专利申请首要因素就是专利法中对专利主题资格的要求。虽然在美国专利法中，规定专利主体资格的法律内容也同样提出专利实用性这一要求，但通常证明一项涉及人工智能的专利申请技术是有用的并不难。

1. 抽象概念的判定

相对来说，专利主题资格的要求对于人工智能相关技术的申请挑战性较大。不是所有的技术和发明都可以获得专利保护，例如美国通过判例法明确了专利不保护抽象概念、自然现象和自然法。其中，涉及算法和软件的人工智能技术最容易被抽象概念这一专利主题资格的排除要求拒之门外。

2014 年 6 月，美国最高法院发布对爱丽丝案 [*Alice Corp. v. CLS Bank International*，573 U. S. 208（2014）] 的判决后，美国计算机界再次整体陷入对专利主题资格进行判定的困惑。爱丽丝案是对美国专利法关于抽象概念排除法的解读，提出了排除涉及抽象概念的专利申请和专利的两步法测试。第一步，判定一项专利申请或专利中的发明是否是或包含一项抽象概念。如果不是也不包括，则该发明不涉及抽象概念问题。如果是或包括，则进行第二步测试：该抽象概念是否具备新颖的附加要素，可以使得抽象概念被转化为一项具备可专利性的发明。

2. 爱丽丝案的影响

受美国专利法的严格要求与爱丽丝案中司法语言模糊造成的双重影响，多类涉及人工智能核心和应用技术的相关专利申请都无法通过审查，也有不少相关发明人被阻吓在专利系统门外。据伊利诺伊大学厄本那香槟分校法学教授杰伊·盖桑（Jay Kesan）与笔者合作的一项实证研究发现，受到爱丽丝案影响最严重的领域和技术类型是商业方法（Kesan & Wang, 2020）。其中，多项涉及软件和算法这些人工智能技术相关的电子商务类商业方法都遭受重创，无法通过专利法对专利主题资格的要求。同时，被认为是人工智能技术重要组成部分的生物信息也同样面临大量的专利申请被拒。虽然人工智能核心技术部分（技术单位 2121 与技术单位 2129）并没有受到太大影响，但和大多数其他软件主体行业部分一样，相关技术领域的人员在爱丽丝案之后进行自我调整，并由于自乱阵脚，新提交的专利申请被拒比例有所提升，相关专利申请充满了不确定性。

（二）专利说明与权利要求的撰写

根据美国专利法，专利申请书要求专利申请人在其中的说明部分要满足描述性与实现性。为了明确专利的保护范围，即专利权人的权利范围，要求专利书中的各项专利权利要求应具有确定性。

2011～2016 年的美国专利审查记录显示，描述性与实现性这两项理由是，美国专利审查员对各类有可能涉及人工智能技术的软件或生物计算机技术基于专利法的专利说明提出拒绝而给出的最多理由。一方面，是由于专利审查员在判定确定性问题时，会与对抽象概念的判定形成关联印象，认为不符合专利主题范围的专利申请很可能也同时不具备权利要求的确定性，并具有描述性与实现性不足等问题。不只是专利审查员会产生对专利主题范围和确定性的混淆，法院在面对人工智能技术的专利申请诉讼时也常常产生混淆，而作出对专利申请人不利的判决。例如，伊利诺伊大学芝加哥分校法学教授达里尔·林（Daryl Lim, 2018）发现，特拉华州联邦地区初审法院在卡沃诉亚马逊一案［*Kaavo Inc. v. Amazon. com Inc.*, 323 F. Supp. 3d 630（2018）］中表示，具有人工智能技术特性的专利申请由于披露不足，专利权利要求内容不具有确定性，无法满足创造性主题资格要求，因而专利申请被拒。

人工智能技术通常涉及多项数据的使用、披露，技术本身又可能缺乏透明性，例如黑匣子一般的分析与机器学习过程，会使得专利申请人难以作出审查员眼中合格的专利申请书。在这一点上，欧美专利制度存在共识。并且，缺乏透明性的专利申请披露也同时会造成专利技术难以被再现，从而失去专利制度鼓励发明的意义。

（三）创造性、新颖性和实用性对人工智能专利主题的要求

回顾专利法的内容，专利发明需满足新颖性和创造性的要求。很多技术由于本领域的现有技术累积量过大，且多数技术创新度不高，明显缺乏新颖性和创新性，这两项要求成为很多专利申请成功的一大阻碍。当技术具有人工智能的技术特性，针对这两条的审查要求会给专利申请人、审查员、专利复审委法官或专利复审员与司法法官都带来新的挑战。

首先，即使法律语言非常明确，专利主题资格问题与新颖性、创造性都分属不同的法律与事实问题。与专利主题资格的遭遇类似，美国专利申请人、专利审查员和联邦法院在判定专利主题资格问题时，也会产生混淆。尤其是在爱丽丝案后，如何判定具有抽象概念特性的发明是否可以通过足够具有新颖性和创造性，而克服不具备专利主题资格的缺陷，令美国专利各界都非常困惑。显然，这样的困惑对饱受抽象概念阻碍的软件相关技术影响最大，其中就包括很多人工智能相关技术。

其次，人工智能技术本身的复杂性与不透明性，会增加原本判定专利新颖性仅进行有限检索现有技术的专利审查员的工作难度及判定标准的一致性。美国专利法虽然不要求专利申请人提供现有技术，但专利商标局已经开始使用人工智能技术对现有技术进行检索和将检索出的现有技术与专利申请进行比对的工作，这必然会提升创造性的判定标准。并且，当人工智能技术的自我交互程度越高，例如机器学习阶段，对相关技术的现有技术检索和合理判定的难度就越大。即使可以检索到合适的现有技术，在进行创造性判断时，美国专利法所要求的基于同期本领域技术人员判定出的非显而易见这一标准，在人工智能技术领域也非常难稳定实现。

这样的影响不仅停留在专利申请这一步骤，而是渗透到整个专利体制中。密歇根大学法学教授丽贝卡·艾森伯格（Rebecca Eisenberg）曾根据美国联邦巡回上诉法院的判决，毫不留情地批判它的法官们总会激进地混淆处理法律与事实问题。专利审查员对现有技术的检索以及判断不仅会影响专利申请这一个阶段对新颖性及非显而易见性的判定，也会极大影响整个专利体系对这些问题的判定（Rai, 2019）。

（四）专利法对专利发明人和专利所有权人的要求

1. 专利法对专利发明人的要求

专利法要求专利发明人和共同发明人必须是"人"。这里的"人"，并不一定指生理上的人类，而是指被专利法认可有资格的人，即我们所说的"法律人格"。

很显然，人工智能无论是作为机器还是软件，即便具有再高的自主性，在现行专利法中，由于不具有"法律人格"而不能被考虑为发明人的资格。然而，在这一点上，美国在现阶段以回归宪法内容的方式，已基本形成共识。但欧洲与中国学术界并没有达成共识，并还在对人工智能是否可以具有人格权进行争论。学术界多年来的主要争议点更在于，是否需要修改专利法的相关内容，以授予人工智能的发明人资格。这些争论的具体内容将在后面的内容中进行介绍。

2. 谁拥有对人工智能技术产物的发明人资格和专利权人资格

在确立关于人工智能技术产物的专利申请中发明人资格的问题上，学术界争议的另一项要点是，无论人工智能本身是否可以被列为发明人，除了人工智能本身，还有哪些人可以具有发明人资格或专利权人资格？

人工智能离不开与人的交互，交互主体包括程序员、数据提供者、人工智能训练者、人工智能系统所有者、人工智能系统操作者，以及来自其他人工智能所有者的新雇员、公众、政府、投资者、人工智能系统本身。这些人员中的任何一员，在提出人工智能专利申请时都可以声称拥有被申请的发明。那如何确认谁有资格拥有保护该发明的专利的所有权？

作为一名独立发明人或一名联合发明人，要对满足专利的技术条件作出显著的贡献。发明人对发明过程直接作出重大贡献，是指源于发明且具有合格的专利事项的发明过程。

在实际情况中，美国判例中可以看出，已有法院明确人工智能的投资人、拥有人和运行人不足以构成人工智能产物的发明人。但是，如果人工智能技术仅以辅助人类进行发明创造，即使研发产物利用人工智能的自主性，人作为发明人，相关产物也可以获得专利。佐治亚大学法学教授迈克尔·舒斯特（Mike Schuster，2018）基于美国现有的判例断定，如果人工智能技术与人类构成共同发明人，人类发明人是有可能对相关发明产物获得专利的。但对这一观点还留有的争议是，由于人工智能技术本身与发明产物的交互程度难以判定，人工智能技术在发明过程中交互的人类对象多且复杂，人类的贡献水平与质量不一，恐怕难以支撑它们发明人或共同发明人的身份。

如果无法有效建立起人工智能技术或与它产生交互的群体的发明人资格，就无法建立起对人工智能技术成果获得专利权的有效分配。例如，美国在2011年颁布的《美国发明法案》于2012年9月16日就专利所有权问题进行修改。在该法案生效前所提交的专利申请，专利权最初是授权予署名的发明人的，再由发明人根据约定转让至其他人或企业。在此次修改之后提交的专利申请，专利申请人为专利权人。问题是，这些专利申请依然需要满足专利法对发明人资格的要求。

法律中不确定性的部分是，当人使用人工智能技术，通过辅助或交互而产生的发明成果，是否一定有资格作为专利发明人。美国和世界各国的现行专利系统一样，不要求专利申请人披露是否有人工智能技术参与创作过程。因此现实中，不可避免地会出现人类冒认人工智能技术充当发明人的情况。但是，一旦被查出事实上的发明人并非真正的发明人，专利会随时被无效。所以，支持或反对人工智能技术及其交互团队获得专利法认可的发明人资格，是开放性探讨中必不可少的内容。在众多和人工智能技术产生交互的群体中，谁有权声称为专利法认可的发明人和权利人，依然是学界在为人工智能产物建立专利保护与否时争辩的要点。

三、人工智能技术能否作为专利法主客体资格的法理研究

按现行专利法，专利发明人只能是自然人，专利权所有人也只能是自然人、法人和社团组织。以人类为中心的传统专利权法着重于识别发明背后的人，以便将专利权和相应的保护转让给此人。依据人工智能工作过程的"黑箱"特征，在人工智能系统与人交互过程中，除人工智能系统本身外，其余交互主体均不能清楚地说明人工智能是具体如何工作的。关键是，人工智能本身更不能说清楚这个问题。这就达不到专利说明书所要求的清晰描述发明的工艺过程。

（一）赋予人工智能法律主体地位说及分析

简单地说，如要赋予人工智能专利发明人资格，只有两种途径：一种是修改现行专利法，修改确定把自然人作为发明人的条款；另一种办法是把人工智能列入专利发明人行列。学术研究中主要选择第二种途径，即通过所谓"位格加等"赋予人工智能专利主体的资格，使之获得具有专利法的法律人格地位。

主张赋予人工智能技术法律主体地位的学说主要有代理人说、电子人格说、有限人格说和拟制人格说等。反对赋予人工智能技术法律主体地位的学说主要有劳动成果论说、工具说和权利义务说等。

1. 代理人说

这个学说曾由上海大学的陈吉栋（2018）老师向我国读者初步介绍过。该学说认为，人工智能与使用者之间是代理与被代理的关系，人工智能作为代理人在代理事务的范围内行使权利、承担义务。但代理人说最明显的局限是，它只是在人工智能应用层面的一种交互关系中把人工智能自然视同为合同法中的代理人，而并没有对赋予人工智能法律主体地位展开过正当性论述。

2. 电子人格说

此说法在国内外学者中均有主张，主要是基于客观存在的现实，如日本、欧洲、美国、沙特阿拉伯等国家或地区都有将人工智能机器称作"电子人"的实例。围绕这一学说，河南师范大学法学院的郭少飞（2018）教授直接采纳"电子人"的说法，也有人提出"电子法人"的观点（孙艺萌，2019）。总的来说，电子人格说在本质上与代理人说如出一辙。

3. 有限人格说

该学说的意思是，人工智能具有深度学习能力，具有自治和自我行为。但其结构构造与人类存在根本性不同，并且由于其承担后果的行为能力有限，应予以适用特殊的法律规范与侵权责任体系，使其具有有限的法律人格。该学说曾被我国学者袁曾（2017）博士深入介绍过。但是，这个学说的局限是，它与其说是赋予人工智能法律人格地位，还不如说是给予人工智能一定的特殊政策，同样经不起法律主体地位的正当性检验。

4. 拟制人格说

拟制人格说曾被张绍欣教授详细推广过。该学说的实质是采用"位格加等"的办法来赋予人工智能的法律主体地位。智能机器人及人工智能在现行法上并不具备法律主体地位，但是，按照和法人制度同样的法理，未来的人工智能法理学可以考虑通过"位格加等"，而把人造的智能机器提升到类比自然人的法律位格。这个类比自然人和"位格加等"的结果，可以是一个既有别于自然人又有别于动物和团体法人的某种新的位格位阶，于此，人工智能通过"人格加等"便享有人为拟制出来的法律人格（张绍欣，2019）。

在立法史上，对公司及社团赋予法律人格，从而使之获得拟制的法律主体地位，学术界曾进行过争论，最后主要从经济意义和社会意义两个方面确立所谓的"拟制人格"。在经济意义上，平衡赋予公司法人法律主体地位所产生的收益与这样做所造成对自然人人格的减损最终得到认同。因为社会经济活动离不开公司的经济功能。在社会意义上，公司法人获得社会重要性的关键环节是能够在社会中发挥足够重要的作用，这一作用并不在于为社会带来多少财富和价值，而是在于与社会形成"关系交互"。公司或社团的决策其实是公司背后内部的人作出的，公司的法律人格离不开内部人的法律人格，它终究没有摆脱人和人的交互模式。同时，由于公司的设计制度，虽然是公司背后的内部人在作出决定，但不能损害公司的利益，自然人作出决定但却摆脱单个自然人的意志控制，使得公司具备独立的意志，有自己的理性选择，这是公司法律人格正当性的根本所在。人工智能即使采用拟制的方法赋予其有限的人格，最多也只能满足经济意义，根本不符合社会意义的要求。

5. 洛克劳动成果论

从劳动者角度看，论述知识产权法律保护正当性的学者最常引入就是洛克的劳动成果论——劳动成果归劳动者所有。洛克所说的的劳动者就是自然人，他没有明言除了自然人其他可以被视为他哲学思想下的劳动者。无论人工智能多么复杂、多么智慧，但不可否认的事实是，人工智能系统是人造物，它属于人的劳动成果，应当归属于人。

6. 工具－目的二元论

从工具角度来看，康德说过，人是目的而不是工具。人工智能系统最核心的就是它的算法，人工智能所表现出的功能是算法与人交互的结果，而最初的算法是程序员编译或发明的工作结果。通过算法和与人的交互模式，人工智能本身就成为人的工具。尽管某些人工智能可能具有自治能力，但是这种自治能力其实有"黑箱"属性，这与自由意志是两回事，所以人工智能也就不能具有法律人格。

7. 权利义务说

人工智能系统具备法律主体地位的说法遭到人工智能不能承担起法律主体责任及履行其义务的强烈质疑。从义务角度来看，当人工智能技术或其生成物侵权时，最终承担侵权义务的责任人只能是人工智能背后的人，而不是人工智能本身。当侵权人履行侵权义务时，不仅是受到经济、形式的处罚，更主要的是作为侵权方要认识到侵权是非正当的，受到的处罚是对非正当行为的反馈，从而要进行事前规避。但是人工智能没有这个感受和觉悟，它没有价值判断，也没有正义是非观，所以人工智能不具备法律主体地位。无论是从自然法角度还是从实在法角度，在履行法律义务上，都不可能授予人工智能法律主体地位。

8. 小结

我国学术界在对人工智能法律地位研究中关于法律主体问题尚未统一，认为人工智能不具备法律主体地位者居多（张弛，2020）。人工智能是人造物，绝不可升格为法律主体。就像华东政法大学的韩旭至（2019）教授说的那样，人工智能不存在自主意识、自由意志与人类理性，不可能是自然人，也不可能是法人。鉴于人工智能的法律属性不明确将带来一系列伦理、道德、法律问题，学界一直建议进行深入研究，这是技术发展的必然所引发的问题。

在人类文明的演化史中，法律赋予不同主体以不同的法律人格、地位、身份、权利、资格和责任，造成社会演化的复杂性。张绍欣（2019）教授曾总结过，在近现代法律主体概念建构史上，奴隶解放、女权主义、劳工组织、公司法人制度、股份融资证券的发明，还有当代关于尸体、植物人、胚胎、基因的法律争议，都不断突破着现代法律主体理论，显示了法律位格概念的历史变迁和可塑性。但是，人类文明史在演进过程中，就人类自己创制的法律来讲，法律主体从来没有离开人的核心。虽然公司、社团可以取得法律主体地位，但都离不开背后的人类。像浙江大学法学院的胡长兵（2015）博士总结过的，法律主体具有的特征包括人的唯一性、人的普遍性、人的时间性、人的社会性、人的主体性和人的法上权义性。这些特征充分说明法律主体概念中的人类中心主义。作为合格的法律主体，需要具备法律认可的享受权利、履行义务的资格，若其中之一缺失，恐无法成为法律主体。

（二）人工智能法律客体地位说及分析

人工智能系统已经可以生产数量惊人的创新或发明，并且编写与提交大量的专利申请，甚至可以评估或监控专利申请的风险（Karkhanis & Parenti，2016）。虽然人工智能法律主体地位学说被否定，但人工智能的权利客体说似乎成立的机会更大。人工智能权利客体地位说主要有工具说、软件代理说、财产说等，语义学学者菲尔·麦克纳利（Phil McNally，1989）、广东商学院法学教授孙占利（2018）等多位学者都对它们曾有所讨论。

工具说的定义和观点主要认为，人工智能是一种为了更好地实现和服务于人类的生产和生活而被创造和开发出来的智能工具。软件代理说是工具说的延伸，认为人类作者把软件作为工具来创建一个可以追溯并归因于他们的语句，人工智能系统仅仅是这些软件的代理，不具有主体地位。财产说包含一般意义上的客体说，即作为客体的物都是其所有人的财产，不具有主体地位。

除了这些学说，黑格尔的人格权理论同样可以被适用于其中。思想的所有权属于它的创造者，因为它的创造者具有人格权。所以人工智能技术是否能构成专利法客体这一问题的关键是人工智能是否是人造之物。毋庸置疑，由人设计出的人工智能算法与技术是人造物，那么，人工智能生成物是人造物吗？当人工智能生成物是人使用人工智能这个工具产生的，归根结底它也是人造物。

四、专利法中对人工智能法律地位的法理研究

（一）从人工智能技术产物的专利侵权问题来看

随着人工智能技术的发展和普及，所发明的产物造成的专利侵权问题不可避免。因此，除了对人工智能技术及其生成物的权利争取，学界也呼吁对它的知识产权侵权行为进行考量。如果人工智能技术开发出的产品与他人既存的专利权或著作权的保护对象形成冲突，是否构成专利或著作权侵权？

舒斯特教授认为，讨论人工智能技术产物是否对其他著作权人构成侵权的关键点在于确认侵权人身份。由于人工智能技术与各群体产生的交互与水平在各阶段都不一致，连谁是相关产物的所有者都难以确定，就更难以确定谁需要对它的著作权侵权问题进行负责（Schuster，2018）。即便确认权利所有者，也未必意味着是同一群体构成共同侵权责任人。对于自主性高的人工智能技术，人类没参与它的"侵权"行为，从而这种情况下不构成著作权侵权。这些说法秉承权利义务说，被用来说明人工智能本身不具有法律主体地位。

（二）从专利法法律效率来看

在探讨就人工智能技术产物实行专利保护的专利法发展路线问题时，几乎每一篇英文文献都会涉及法经济学理论。通常，学者们会将法经济学与其他法学理论体系进行对比，再强调法经济学的重要性。专利奖励与动机理论及保护效率是必提及的内容。

1. 科斯定理视角

在这些文献中，比较有特点的是舒斯特教授通过适用科斯定理，为专利体制的进一步发展提供指导性建议（Schuster，2018）。科斯定理是法经济学的经典理论。如果交易成本为零，社会就不需要法律。换言之，交易成本从不会为零，而法律应被设定为可降低交易成本，才是有效率的法律。在这样的理论下展开分析，舒斯特教授建议将人工智能产物的专利权分配给人工智能的使用者。

2. 功利主义视角

其他文献多是沿着功利主义理论，讨论如何有效通过专利保护促进人工智能技术的创新活动和对它的投资。专利机制实现创新效率平衡的关键在于，如何在激励发明人与分享知识与技术之间实现平衡。一方面，人工智能的所有者以及与它产生交互的多个群体都希望获得排他性权利；另一方面，社会各界都希望免费获取更多知识。对人工智能技术产物提供专利保护不足的最大危害是，有可能会损害对人工智能技术发展和应用的投资动机。也恰恰是投资人这个群体，最关注人工智能技术产物获取专利权的可能性。但这些人从功利理论中得到的支持非常有限，艾勃特教授通过整理学界多重说法，得出"功利论体系下，虽对人工智能提供专利保护在不同技术产业效果不一，但整体利大于弊"这一结论（Abbott，2016）。其中，具体的理由有如下四方面。

第一，使用人工智能技术进行创新活动的成本并不高，尤其是在软件行业中。美国的法经济学家和知识产权学者都反复提出过类似观点。第二，根据经典法经济学理论——"反公地悲剧"，过多的专利保护会阻碍社会创新。通过人工智能技术进行创新所造成的此类问题更加严重，因为机器的工作效率和水平都超过人类，而且相关产物的更新换代又非常快。这就导致第三个关键问题——阻碍有效竞争，进而阻碍创新。专利权不仅为专利权人增加保护成本，还限制其他人进入相关行业和使用相关技术。这一理论不仅适用于软件行业，也适用于当今的生物技术领域。第四，专利无法为人工智能技术提供有效创新动机。就动机而言，艾勃特教授等都认为专利在使用人工智能技术创新和开发时是失效的，因为专利无法为机器提供创新动机。即便专利法在授予专利权时看重的是发明结果而非过程，哈佛大学法学教授马克·图施奈（Mark Tushnet，2009）早在对知识产权的经济分析中表示，创造与发明值得被鼓励的是过程，而非结果。

（三）从公平与权责平衡角度来看

在对人工智能技术产物是否应授予专利权、授予谁的专利权的问题探讨中，洛克的劳动成果论被频繁提及。但是，有两点必须注意到：第一，劳动成果论本身不足以说服学者们为人工智能技术争取专利发明人资格；第二，劳动成果论已经随着专利法的发展而被边缘化，目前仅被用于补充法经济学理论（Yanisky - Ravid，2017）。

由于人工智能技术在创新上相对人类的天然优势，学者们更多的是担心为它的研发成果提供专利保护会侵害公共利益。对美国专利问题研究的欧洲学者纷纷表示，除了专利权，公有领域也应该受到保护（Erickson，2016）。美国学者对同一问题的解读通常会回归到法经济学理论中来，认为基于人工智能产物而不当授予专利权会对其他创新人产生寒蝉效应，从而损害创新。杨百翰大学法学教授克拉克·阿塞（Clark Asay，2020）曾明确表示，一旦专利法放开对人工智能技术的发明人资格要求，一切其他专利法的要求在资金的帮助下，对于人工智能技术来说都不再是阻碍，从而会形成"大企业专利越来越多，小企业拿不到专利，最后会放弃使用专利体系"这一割据局面。

权责平衡角度的讨论一般是由欧洲学者而非美国学者进行的。他们分别以合同法下的对价理论和公司法理论进行探讨。第一，即便给予人工智能技术产物专利权保护，它们对社会创新的贡献度也无法满足专利法的目的，这是它们技术的不透明特性所造成的，从而违反合同法的对价交换原则（Denicola，2016）。第二，通过与人工智能技术的交互而创新，特拉维夫大学法学教授阿米尔·库利（Amir Khoury，2017）等欧洲学者认为，人工智能技术的高自主性造成的人与机器交互程度有限，很多交互群体对消费者、其他专利持有者的权利和义务也有限，可能不为机器的行为承担包括专利侵权在内的多种法律责任。因此，他们也相应地呼吁，不给予人工智能技术产物知识产权保护。

（四）从专利法中的伦理道德要求看

在对专利法进行讨论时，除了以合规和效率为目的，众多法学家都呼吁专利法和政策制定者在处理人工智能技术产物的保护问题上，需要考虑由人工智能正在造成的伦理道德危机。伦理道德危机是从人类中心主义的人权而来，"人类至上"是地球人类的第一原则。

伦理道德危机主要来自，如果对人工智能技术成果授予专利权，那么对人类创新能力将产生负面影响：第一，新颖性和创新性水平被提高，人类不仅无法超越，甚至无法达到机器的创新水平，从而专利系统对人类发明人作用失效；第二，大量创新技术被人工智能技术掠夺，公众所能免费接触到的知识范围被缩小；第三，对未来的人类发明人的发明动机形成阻吓作用，违背基本伦理道德初衷。

（五）从实施专利法的政策看

法律的实施是受政策影响的，专利法的实施同样不能例外。虽然人工智能技术是否会获得发明人资格，它的产物是否被会授予专利权、授予谁，最终是由当政政策制定者来把握，但如以上的讨论路径显示，学者们从未放弃通过对伦理道德或不同经济发展路线来辅助和指导政策制定者作出决策。这也是因为对人工智能技术的发展把握是一项政策问题。

回顾一下第四章讨论过的专利制度的机理，无论是采用激励理论还是采用专利前景理论，专利制度的最终目标都是通过披露将新的发明或创新设计和技术引入公共领域。换句话说，专利保护有两个功能——激励创新和确保公众获取知识。人工智能似乎很难满足这两个要求。为了有效地激励创新，专利法规定，奖励应该足够高，以促进创新，并涵盖发明者的研发成本、失败的可能性和意想不到的障碍。

遗憾的是，由于奖励和成本之间的权衡严重依赖于实际情况，传统的功利主义理论只能提供有限的指导。经典功利主义理论在交易成本低到足以被忽略时最有效。然而，交易成本，如专利检索，将不可避免地随着人工智能发明数量的增加而增加。另外，如果交易成本增加太多，创新的动机就可能无法抵消这些成本。在这种情况下，创新将会停滞。

总而言之，依据现行法律和众多学者的研究，倾向是不能授予人工智能的专利法主体地位。人工智能生成物能否成为被授予专利的权利客体，既要受技术主题资格和技术条件要求的限制，还要受到发明人主体资格的影响。由于人工智能本身的黑箱行为及专利审查对专利主题资格及技术要求理解的模糊，人工智能生成物能否成为专利权保护的客体具有不确定性。

五、对人工智能专利问题的研究现状概括

通过如上各个方面对这个问题的研究可以了解到，面对人工智能技术及产物可专利性这一随着科技发展而暴露出的法律问题，法学界的相关研究具有三个特点：①学科交叉化；②内容细致化；③态度保守化。本部分将从学者的研究方法和观点的趋势进行整理和解读。

（一）学科交叉化

学科交叉化体现在法学内部专利法与其他法律的交叉，以及法学外部与其他学科的交叉。在比较法研究上，多数欧洲学者会将专利法与公司法、侵权法理论相比较，用以认定人工智能技术与其交互对象的关系及责任匹配，以及与合同法相比较，用来探讨专利法在保护人工智能技术产物的合理性。而多数美国学者通常仅倾向将专利问题与著作权问题相比较。除法学领域外，基于对技术与科学发展的认知与追踪，学者们通常借助法经济学理论、经济学理论与研究方法以及哲学理论来探讨专利法的发展方向，这从本书第二章和第三章的讨论内容就可以反映出来。

（二）内容细致化

研究内容细致化主要体现在学者们通过对法律内容的探讨，对人工智能技术及其生成物可专利性的合法性进行分析时，关于发明人资格的定义、可专利性与其他专利审查标准的判定方法等。中国也有很多学者对人工智能技术产物可专利性的法律问题进行全面分析，但与使用案例对法条进行分析的美国研究相比，大多研究显得太过浅显、抽象、理论化、脱离实际。

（三）态度保守化

虽然社会上对人工智能技术的发展讨论得如火如荼，但学术界对通过专利系统给予人工智能技术及其生成物专利权利的态度却愈发保守。这主要是出于对人工智能技术的过度发展而产生的担心。一方面，霍金、埃隆·马斯克（Elon Musk）等科技大佬发表的人工智能技术"人类终结论"让时刻关注社会发展的法学专家提高了警惕，出现了专门建议政府提高对人工智能技术进行发展限制和管制的学术文章。另一方面，通过使用法经济学理论等工具手段对人工智能技术及产物在专利领域的发展前景进行预测后，学界整体不看好通过专利保护鼓励人工智能技术的使用与发展。因此，也有很多篇文章建议通过专利以外的手段，例如公开信息、先发优势、政府补贴等机制，来替代专利补偿。

第三节　人工智能与著作权法

在著作权中，人工智能能否成为其自身生成物的作品作者的争论始于20世纪70年代。进入21世纪后，人工智能系统和机器学习已经成为我们生活的一部分，人工智能创作出的作品越来越多。人工智能与知识产权法交互最密切就是著作权法。它们的交互存在两大问题，其一是人工智能技术能否成为其生成物的作品作者，其二就是人工智能生成的作品能否受到著作权的保护。

一、主张人工智能系统是作者的研究分析

主张人工智能技术可以成为其作品生成物作者的法学理论研究主要是从以下两个方面来论述的，即人工智能技术的自身特征使之具有作者的身份以及法律创制作者身份。

传统上，知识产权法特别是著作权法，是以人类作者为基础的，由人类创

造性、原始、独立地创作出作品。但是随着人工智能技术与系统的出现，现在很多作品有可能由算法独立完成，并没有人类作者在背后参与创作过程。人工智能系统作为自动化、自主化、先进的机器，会独立、出人意料、创造性地进行创作，在创作出什么和如何创作的问题上拥有自决和独立的选择。即使出现不良的结果，例如侵犯他人的权利或出现造假的情况，也可能是完全独立实现的，没有人进行干预，也无法指责任何人。创作艺术作品的人工智能系统，在某种程度上，融合人工智能的各种特征。一旦了解人工智能系统独立自主地创作作品，我们就会意识到，著作权法下的部分权利不能只赋予人类作者。也因此，就像亚尼斯基－拉韦德教授主张的那样，传统的著作权法可能并不再适用。

（一）人工智能的意识特征使其具有作者资格

随着技术的进步，人工智能系统越来越能够模仿我们曾经认为是人类大脑创造力的部分固有功能。人类对人工智能系统的研究，使得人类认为人工智能系统能够体验意识。伦敦帝国理工学院工学教授伊戈尔·亚历山大（Igor Aleksander，2007）曾提出十几条关于人工意识的特征，包括意识和无意识状态、学习、记忆、预测、自我意识、意义的表现、语言、意志、本能和情感。人工意识方法的目标是探索机器的认知能力，确定是否以及如何在一台数字计算机等工程设备中合成与人类意识一致的各方面能力。这些机器与世界的互动方式与人类大脑相似。这种方法下，人工智能系统被视为一个人，因此能够承担权利和义务。哈佛大学法学教授格伦·科恩（Glenn Cohen，2016）认为，人工智能已经展现许多的人类特征，鉴于历史上我们曾经历过某些人的人权被剥夺再被恢复，我们应该认识到，机器人就应像人一样，拥有人权。这样的观点不仅反映他认为人工智能已经做了人类所能做的大部分事情，而且也反映这样一个事实，即模仿人类智能的系统与技术可能已经远远优于人类的智能。

最近，一些西方学者已经接受这样的观点，即人工智能系统的自主性、创造性和自发进化导致人工智能系统以及机器人嵌入式系统作为独立的法律实体，有权享有法律和商事的权利和义务（Chopra & White，2001）。换句话说，人工智能具有自治性，是另一个法律实体，应该独立地为它自己的行为或失误负责（Davies，2011）。这句话背后的意思是人工智能具有多个特征，具有法律主体资格，另外，人工智能系统类似于公司，公司是独立、非人类的法律实体，能够拥有合法的权利、利益和责任。然而，就像前一节中专利部分所讨论过的，这种思路还是饱受争议，而且缺乏稳定的法理基础。

（二）法律为人工智能技术创制的作者身份

亚历山大（2007）教授在研究中提出人工智能具有意识性，因此可以被赋予作者权利，同时他建议可以按公司或社会团体的角度给人工智能系统规定相应的权利和义务。公司是受法律制度约束的法律实体，所受的法律约束包括知识产权法、商法、经济法、刑法等。若公司作为一个法律实体成为人工智能系统实施权利和义务的法律依据，与人工智能实体有关的问题就变成：人工智能实体日益增长的智力，是否使它像其他法律实体一样，受到法律的规制（Fisse & Braithwaite，1988）。基于这种思路，以色列奥诺学院刑法教授加布里埃尔·哈雷维（Gabriel Hallevy，2013）提出，人工智能系统应该对系统所犯的任何罪行负责。还有，欧洲正在经历一场强烈思想运动，主张机器人应该纳税（Weller，2017）。如果从著作权法的角度来评估，人工意识方法将导致人工智能系统对其产生的知识产权产品和过程拥有所有权，尤其是完全体现其自主意识的著作权作品和专利发明。根据这种观点，人工智能系统是世界的主角，当它自主行动时，是一个作品或产品的真正创作者或发明人。

有类似的观点强调，由于知识产权法的重点恰恰就是维护发明和作品创造者的贡献，机器应该被视为著作权作品的作者。但是，这些观点不仅会颠覆几十年来对著作权的固有认知，也会引发一系列著作权法律问题，例如包括著作权期限、权利内容和责任范围的不确定性等。

二、主张人工智能系统不能成为作者的研究分析

主张人工智能系统不可以成为其生成物作品的作者的法学理论研究主要是从以下几个方面来论述的。

（一）基于著作权法的分析

1. 从著作权法对作者定义的角度来看

根据世界上大部分国家的现行著作权法，人工智能的源代码可以作为文学作品受到保护。软件保护延伸到原始表达，但不包括软件的功能方面，例如格式、逻辑或系统设计。受著作权保护的客体必须有原创的部分，因为作者必须通过自己的技能、判断和努力来创作出作品。无论是对一项作品的构思还是实施都不足以使一个人由此类行为而获得著作权保护资格。但是，以美国为例，著作权法虽然赋予作者权利，却没有对这个术语进行明确定义。

人工智能系统作为作品真正的作者，一种可能是，法律会将人工智能系统视为人类的共同作者，甚至是作品的唯一作者。著作权法赋予助手合著权，让

他们参与阐述其合作者的概念。当助手在指定的工作范围内执行分配的任务、创作作品时，作者仍然是指导这些助手的人。如果助手所收到的指令仅仅是一般概念，而助手能够设计自己的计划，则著作权法会授予助手单独的署名权等作者人身专属权。在人工智能领域，人工智能系统虽然具有自治性和"黑箱"特征，但总是在执行人的命令，这不符合法律对助手成为著作权人的规定要求。

美国版权局对登记著作权有明确的要求，作品是"由人类创造"的作品，不包括在没有任何创造性的输入或人类作者的干预下，由机器或机械过程随机或自动运行出的作品。1984年美国版权局规定，著作权登记须以人类著作权为条件，并在其2014年汇编中公布一份最新的"人类著作权规定"中指出，作品必须由人类创作，才有资格成为著作权法意义上的"作者"。美国版权局不会为由大自然、动物或植物创作的作品登记著作权。同样，如果没有人类作者的任何创造性投入或干预，美国版权局也不会为由机器或机械程序随机或自动处理的作品登记著作权。中国《著作权法》更是明确规定作者只能是公民、法人或非法人单位。欧洲很多国家的法律也已体现在人机结合判定思想的考量后对人类作者的保护。例如，1988年英国《著作权、设计和专利法案》（*Copyright*, *Designs and Patents Act 1988*）采取的方法是，著作权保护是负责计算机创作的适当的人。就此，本质上结束了人工智能系统作为其生成物作品著作权意义上的作者的多年争论。

2. 从创作行为的角度来看

人工智能本身绝不是创作力的源泉。相反，人工智能所展示的创作力，要么来自设计和训练它的算法，要么来自操作它的用户所提供的指令。机器学习允许人工智能以超越人类程序员手工实现的方式独立开发程序。大多数机器学习需要输入数据集，这通常需要对数据进行数字复制，现有工作被输入系统进行训练。一旦经过训练，该算法就可以在输入作品的影响下再创造出一个作品。机器学习倾向于创建非常复杂的模型，以至于它们变成了"黑匣子"，使设计算法的人类程序员无法解读和理解它们是如何工作的（Rich, 2015）。然而，人工智能系统背后总有一个人。阿瑟·米勒（Arthur Miller, 1993）教授就曾说过，"每一个机器人背后都有一个人"。归根结底，人工智能系统还是辅助人类的工具，不能独立创作。

3. 从著作权法立法目的来看

人工智能产生的作品是否在著作权保护范围之外，应该是项结论，而不是像一些学者研究的那样，是个起点。如果创作中体现的创作点是来自有效的外部激励，那么以激励创作为目的的著作权法就有义务去寻找适当的工具来赋予作品一定的表达价值，无论这个工具是人工智能、人类还是公司或其他社团组织。然而，问题的关键是谁应该是被激励的对象，激励创作作品的对象总是人，而不是机器。同时，机器也无法通过经济或情感上的激励而获得创作的动机。

4. 从权利人利益分配的现实来看

大多数国家的现行著作权法不可避免地无法应对人工智能系统的生产力和创造力。一个重要原因是，太多利益相关者参与人工智能系统本身的创建过程，可能没有谁是作品的主要贡献者（Yanisky – Ravid，2017）。对于传统作品，创作人或者在某些情况下，他们的雇主或委托商有权对他们创作的艺术品享有著作权。然而，开发下一代创造性人工智能系统涉及许多参与者，包括软件程序员和他们所工作的单位、那些借由算法形成作品的人、提供数据和对数据进行训练的人员、使用算法或系统的用户以及许多其他贡献者。软件的程序员可以享有对他所书写程序的著作权，但未必能拥有人工智能系统所创造的未来作品的权利（Yanisky – Ravid，2017）。

（二）围绕侵权责任的分析

权利与责任通常是匹配的。了解人工智能技术是否可以享有作者权利时，也自然要参考它是否可以承担著作权法下的法律责任。特拉维夫大学教授汉诺赫·达根（Hanoch Dagan）与哥伦比亚大学法学教授迈克尔·海勒（Michael Heller）就曾提出，知识产权等财产权的所有权不仅是排除他人享有、使用或许可财产的权利所带来的利益问题，也要考虑其他人和组织在有权利的情况下使用它而负担的责任问题（Dagan & Heller，2001）。这里，在讨论人工智能的问题时也不例外。人工智能系统等先进技术迫使我们现在的社会正面临新的道德和法律挑战，并需要重新思考所有权和责任等基本法律概念。

当深入讨论涉及人工智能系统的著作权侵权责任时就会发现很多问题。乔治城大学法学教授戴维·弗拉德克（David Vladeck，2014）曾表示，虽然人工智能的核心是算法，但算法背后的程序员、训练员等人已经成为涉及人工智能系统造成损害和触及其他法律的重要关联人物，例如刑法或侵权法。因此，学术界讨论的问题依然集中于，当人工智能系统独立创作出诸如艺术作品之类的利益，或造成人身或财产损害伤害时，该如何在人类之间进行权利和责任分配。这同样是个难题。耶鲁大学法学教授杰克·鲍金（Jack Balkin，2015）曾解释说，这个问题的困难在于，机器人和人工智能系统的行为是"迫近的"，它们的行为可能是不可预测的，或者不受人类期望的约束。

除了考虑人工智能生成物的侵权责任问题，人工智能系统在运行过程中也会涉及著作权侵权风险。训练人工智能所使用的资料是否需要从资料作者处获得著作权许可就是另一个重要的问题。除非可以认定使用人工智能来接收和处理资料是合理使用，否则根据资料类型与来源，很有可能会被视为著作权侵权。这个问题的核心依然是如何在人工智能系统后的人类间分配责任，而人工智能技术本身是否要作为共同责任人这个元问题已不那么重要。

虽然确立责任方面还有很多诸多困难有待解决，但一些情况下著作权侵权责任在人工智能领域是可以被有效排除的。人工智能技术会创作出一些非表达型的作品，这时可以被视为不侵犯其他著作权的转换性使用。非表达型的合理使用在人工智能领域适用甚广。例如，相关技术允许将图片制作成缩略图，以方便互联网搜索，这样的技术比源代码检索更进一步。此处，表达性元素被复制并以微型形式呈现给公众，但由于是被用以检索而非表达，很可能构成转换性使用而不被视为侵犯著作权。这样的人工智能技术甚至还可以维护著作权系统，例如通过在网站上寻找特定的图像来检测与监测盗版活动。

（三）基于国际条约的分析

在第五章专门论述著作权时已经讨论过，国际条约是著作权实施的一个重要法源，也是法律理论讨论展开的重要思路。波士顿大学法学教授乔治·安纳斯（George Annas, 2000）首次从这个角度，以人权为切入点，探讨了人工智能和著作权的交集。在18~19世纪的浪漫主义作家的强力影响下，保护作者的人权已经成为现代著作权制度的一项支撑。毫无疑问，欧洲作家对自己的作品享有自然权利，在这一观点被庄严载入《世界人权宣言》时，作者对自己作品享有的权利被赋予普遍权利的地位。《世界人权宣言》保护作者因科学、文学或艺术作品而产生的精神和物质利益。但是，安纳斯教授遗憾地表示，虽然对机器和其产品提供著作权保护的正当性已经广泛成为被争论的主题，却没有人能够深刻而有力地论述机器是否应该拥有人权。由此，这也极有可能成为人工智能系统被"位格加等"的阻碍。

（四）基于法哲学理论的分析

1. 劳动成果论

洛克劳动成果论阐述了劳动成果归属于个人的正当性，不言而喻，这里所指的劳动是人的劳动。洛克在《公民政府论第二篇》中写道，"每个人都有自己的财产，这个人除了自己，没有任何权利。他身体的劳动和他自己双手的劳动，我们可以说，恰恰是属于他的"（Locke，1690）。因此，根据洛克的劳动成果论，一位作家对他的劳动创作果实有一种与生俱来的权利，就像他对自己思想和灵魂的果实一样。这样，依据洛克的劳动成果论，是不支持人工智能对其生成物作品享有作者资格的。

2. 人格理论

康德认为，理性与智能是两个概念。理性包括纯粹理性和实践理性，它区别且高于智能。人是理性的，虽然这并不完美，但不减损人的自主性，人可以作出理性选择。毫无疑问，人工智能具有智能，但尚不具备完备的自主性。虽然有的学者认为人工智能具有自主性，其实那只不过是"黑箱"行为罢了，但黑箱行为不能替代理性。所以人工智能并不具有真正的理性，也就不具有康德所说的人的必备要素。同样，由于人工智能系统不具有完备的自主性，它也就不具有自由意志。基于康德工具目的论，人工智能受算法和交互群体的影响，必然摆脱不了工具的地位，所以注定它成不了法律上的"人格"。

人格理论是以黑格尔认为财产权是人格发展和实现的手段为基础的。他经典的理论是，"一个思想属于它的创造者，因为这个思想是创造者人格的表现"（Hegel，1821）。人工智能的创造归根结底是被一个个算法的逻辑左右，而不是所谓的完全自治性产生。所以，中国有学者依此认为，人工智能系统不能对其创造和发明享有专利权，它应该完全归属于人类。这一逻辑同样适用于创作作品与著作权。

（五）围绕法经济学的分析

功利主义的法经济学认为，知识产权的初衷是激励，而这个激励是激励发明与创作背后的人。一旦我们了解激励机制的性质就会明白，我们需要人工智能，也非常需要促进人工智能技术与系统的发展。在这种情况下，所有权可能是实现这种激励的最有效工具。所以，需要鼓励由人类控制人工智能系统的功能，并为其结果承担责任。相反，我们并不需要激励机器人或人工智能系统运转，因为激励人工智能系统去生成它们通过内部编程而去生成作品是毫无意义的。人工智能系统不像人类，创作文学作品或设计出艺术品不需要由激励而产生，它们也无法对激励作出反馈。但是，人类程序员却实实在在需要激励来创造和开发高级的自动化人工智能系统，他们的管理者与投资人也同样看重著作权，借此来对他们的工作进行评估和考察。

然而，积极给予人就人工智能系统的著作权保护也同样存在问题。在训练人工智能系统的训集由无数作品组成的环境中，在电子产品中出现的专利的困境——"反公地悲剧"可能也会在这里发生。著作权法如何对待这些数据集的使用将决定人工智能产生的作品是否能够可靠地发展而不受到持续的诉讼威胁。如果这种威胁突然变成实质的著作权侵权责任，可能削弱很多市场创新主体，甚至是一些大公司。

总的来看，法经济学在分析知识产权正当性问题中正被美国学者广泛使用，但这种广泛使用却在道德等方面一直引起麻烦，如讨论著作权中的人权问题。无关结论与立场，单纯从理论依据来说，人权问题也的确是人工智能知识产权法律地位的主要考虑依据。这也是为什么现在很多人仅凭生活经验和道德方面的直觉就会认为人工智能系统、复杂的机器人和机器不应该拥有权利和义务，它们也不应该拥有著作权。

第四节　人工智能发展鼓励政策路径

一、人工智能创造的红利及挑战

我们已经生活在一个汽车驾驶、药物合成、疾病识别、医学症状分析、投资咨询工具等都实现智能与自动化的时代。语言翻译、面部识别、答录机、智能治疗师甚至自动生成法律意见、合同和其他法律文书的"人工智能律师"等，都已成为我们日常生活的一部分。所有这些都在不同程度上依赖人工智能系统（Scherer, 2016）。鉴于人工智能对人类社会方方面面带来的深刻影响和会产生巨大红利的深刻变化，世界各主要经济发达国家都已将促进鼓励发展人工智能战略作为国家发展战略。

在这样一个趋势下，面对在人工智能影响下未知的未来，包括霍金在内的很多顶尖科技人物都表示过担忧与不安。我们不应该恐惧或者武断地面对这个新领域，而应该意识到现行法律需要重新评估和新的解决方案，而不是不适用框架的延续（Deplorer, 2014）。

前面几节从不同角度论述了人工智能与知识产权的交互关系。从现行知识产权法来看，无论是专利法还是著作权法，在人类中心主义的现代法律框架、内容与思想下，都不能赋予人工智能以法律主体的地位。那种试图通过所谓"人格加等"方法来实施人工智能的优先人格，不仅与现行法律冲突，更与人类中心主义下的伦理道德不相容。

二、促进人工智能规范发展的路径

人工智能技术的发展对人类社会发展影响及所带来的红利，对于人类社会而言不可或缺。然而，人工智能在给人类社会带来福利的同时，它的特性同样具有两面性，对现行法律的冲击、挑战，对伦理道德带来的问题同样不能回避。这是大力鼓励和支持人工智能发展所应持有的态度，也是人类理性的表现。

鼓励、促进人工智能技术快速健康发展的政策路径开辟新思路，应满足以下两个条件。

第一，采取非法律的政策手段促进、鼓励人工智能的发展。例如，对参与与人工智能交互的各方人员实施荣誉奖励，使之具有对社会公共福利进行共享的精神获得感；对参与与人工智能交互的各方人员实施政府奖励，按照人工智能功能能力的高低实施对参与交互人的资金奖励；对人工智能系统的开发以产品形式进入市场和人工智能生成物进入市场给予交易成本减免的鼓励或奖励，或两者并用，如税务、融资政策等。

第二，不授予人工智能本身法律主体地位的资格，即人工智能不能成为专利法认可的发明人与著作权法保护的作者，并且人工智能生成物如若被申请专利或登记成著作权，必须符合相关知识产权法的主题资格与技术或创新要求。纯粹的人工智能生成物的发明与作品由于创作主体不适格，不适用现行专利法与著作权保护。

可以考虑将人工智能单独开辟第五知识产权路径，为开展与现行其他传统知识产权法不同的路径进行鼓励、促进、发展和规范。例如，深入挖掘人工智能参与者，对他们的权利义务进行分配。但也要考虑到人工智能的技术势力，适当平衡市场势力。例如，允许他人反向工程使用人工智能系统及其生成物，宽泛地适用合理使用原则等。涉及人工智能的知识产权立法最核心的不仅是对法律功利主义的适用，更不能离开人类中心主义立场原则。

参考文献

中文文献

［1］奥斯丁，2013. 法理学的范围［M］. 2 版. 刘星，译. 北京：北京大学出版社.

［2］柏拉图，2007. 法律篇［M］. 张智仁，何勤华，译. 上海：上海人民出版社.

［3］边泌，2000. 道德与立法原理导论［M］. 时殷弘，译. 北京：商务印书馆.

［4］伯尔曼，2018. 法律与革命：第 2 卷［M］. 袁瑜琤，苗文龙，译. 北京：法律出版社.

［5］伯尔曼，2019. 法律与宗教［M］. 梁治平，译. 北京：商务印书馆.

［6］博登海默，2017. 法理学：法律哲学与法律方法［M］. 邓正来，译. 北京：中国政法大学出版社.

［7］陈德顺，2010. 西方宪政民主理论来源探析［J］. 政治学研究，（1）：79－85.

［8］陈吉栋，2018. 论机器人的法律人格：基于法释义学的讨论［J］. 上海大学学报（社会科学版），35（3）：78－89.

［9］陈蕾，耿宾涛，2008. 论科学技术与法律的关系［J］. 法制与社会（10）：381.

［10］德沃金，2016. 法律德国［M］. 许杨勇，译. 上海：上海三联书店.

［11］杜颖，2007. 商标淡化理论及其应用［J］. 法学研究，（6）：44－54.

［12］凡勃伦，2012. 有闲阶级论：关于制度的经济研究［M］. 李华夏，译. 北京：中央编译出版社.

［13］冯晓青，2008. 著作权法的利益平衡理论研究［J］. 湖南大学学报（社会科学版），22（6）：113－120.

［14］冯晓青，2012. 注册驰名商标反淡化保护之探讨［J］. 湖南大学学报（社会科学版），26（2）：137－146.

［15］盖尤斯，1990. 法学阶梯［M］. 黄凤，译. 北京：中国政法大学出版社.

［16］高海奎，2005. 商标侵权中混淆理论的构建［J］，中华商标，（1）：63－67.

［17］格劳秀斯，2017. 战争与和平法［M］. 何勤华，译. 上海：上海人民出版社.

［18］郭少飞，2018. "电子人"法律主体论［J］. 东方法学，（3）：38－49.

［19］哈特，2017. 法律的概念［M］. 3 版. 徐家馨，李冠宜，译. 北京：法律出版社.

［20］韩旭至，2019. 人工智能法律主体批判［J］. 安徽大学学报（哲学社会科学版），43（4）：75－85.

[21] 何勤华, 2016. 西方法学史纲 [M]. 3 版. 北京：商务印书馆, 2016.

[22] 黑格尔, 2007. 法哲学原理 [M]. 杨东柱, 尹建军, 王哲, 译. 北京：北京出版社.

[23] 胡长兵, 2015. 法律主体考略：以近代以来法律人像为中心 [J]. 东方法学, (5)：46-54.

[24] 胡吕银, 2004. 知识产权的法理解析 [J]. 南京大学法律评论. (2)：178-190.

[25] 胡玉鸿, 2008. 法律主体概念及其特性 [J]. 法学研究, 30 (3)：3-18.

[26] 黄立君, 2006. 康芒斯的法经济学思想及其贡献 [J]. 中南财经政法大学学报, (5)：92-96, 144.

[27] 黄跃庆, 2003. 试论科学技术与法律的关系 [J]. 重庆师院学报（哲学社会科学版）, (2)：115-120.

[28] 焦佩锋, 2013. 《〈政治经济学批判〉序言》导读 [M]. 北京：中共中央党校出版社.

[29] 卡多佐, 2019. 司法过程的性质 [M]. 苏力, 译. 北京：商务印书馆.

[30] 卡内冈, 2017. 英国普通法的诞生 [M]. 2 版. 李红梅, 译. 北京：商务印书馆.

[31] 康德, 1991. 法的形而上学原理：权利的科学 [M]. 沈叔平, 译. 北京：商务印书馆.

[32] 康德, 2007. 三批判书 [M]. 武雨南川, 李光荣, 译. 北京：人民日报出版社.

[33] 康芒斯, 1997. 制度经济学（上）[M]. 于树生, 译. 北京：商务印书馆.

[34] 康芒斯, 2017. 制度经济学 [M]. 赵睿, 译. 北京：华夏出版社.

[35] 考夫曼, 哈斯墨尔, 2013. 当代法哲学和法律理论导论 [M]. 邓永流, 译. 北京：法律出版社.

[36] 昆兹曼, 2011. 哲学百科 [M]. 黄添盛, 译. 南宁：广西人民出版社.

[37] 李顺德, 2006. WTO 的 TRIPS 协议解析 [M]. 北京：知识产权出版社.

[38] 李萱, 2008. 法律主体资格的开放性 [J]. 政法论坛, (5)：50-58.

[39] 李奕伯, 2009. 西方自然法思想的发展与演变 [J]. 大众商务, (24)：231.

[40] 林喆, 1987. 古代西方自然法思想的演变 [J]. 思想战线, (2)：26-33.

[41] 刘春田, 2000. 知识产权法 [M]. 北京：中国人民大学出版社.

[42] 刘娟, 2020. 法与人工智能的交叉理论探索 [J]. 北京政法职业学院学报, (1)：37-42.

[43] 龙卫球, 2000. 法律主体概念的基础性分析（上）：兼论法律的主体预定理论 [J]. 学术界, (3)：50-66.

[44] 卢梭, 2007. 社会契约论 [M]. 施新州, 编译. 北京：北京出版社.

[45] 罗素, 2009. 西方哲学史（精华本）[M]. 程舒伟, 吴秦风, 译. 北京：中国商业出版社.

[46] 洛克, 2007. 政府论 [M]. 刘晓根, 译. 北京：北京出版社.

[47] 马俊驹, 2006. 人与人格分离技术的形成、发展与变迁：兼论德国民法中的权利能力

[J]．现代法学，28（4）：44－53．

［48］麦考密克，2019．法律制度［M］．陈锐，王琳，译．北京：法律出版社．

［49］麦克里兰，2014．西方政治思想史［M］．彭淮栋，译．北京：中信出版社．

［50］MCNALLY P，INAYATULLAY S，邵水浩，1989．机器人的权利：二十一世纪的技术、文化和法律（上）［J］．世界科学，（6）：49－52．

［51］梅特兰，2015．欧陆法律史概览：事件，渊源，人物及运动［M］．屈文生，译．上海：上海人民出版社．

［52］梅雪芹，1996．关于约翰·洛克"财产"概念的一点看法［M］．世界历史，（6）：118－119．

［53］梅因，2018．古代法［M］．沈景一，译．北京：商务印书馆．

［54］孟德斯鸠，2018．论法的精神［M］．祝晓晖，刘宇飞，卢晓菲，译．北京：北京理工大学出版社．

［55］米勒，戴维斯，1998．知识产权法概要［M］．周林，译．北京：中国社会科学出版社．

［56］宁洁，2008．西方自然法传统再解读：以法律伦理学为视角［J］．湘潭大学学报，（8）：49－54．

［57］庞德，2017．法律史解释［M］．郑正来，译．北京：商务印书馆．

［58］庞德，2018．普通法精神［M］．唐前宏，廖湘文，高雪原，译．北京：法律出版社．

［59］庞德，2019．法哲学导论［M］．于柏华，译．北京：商务印书馆．

［60］乔仕彤，2006．自然法复兴与纽伦堡审判［J］．政法论丛，（3）：93－96．

［61］萨顿，1989．科学史和新人文主义［M］．陈恒六，译．北京：华夏出版社．

［62］萨维尼，1993．现代罗马法的体系：第1卷［M］．小桥一郎，译．东京：成文堂．

［63］沈宗灵，1992．西方现代法理学［M］．北京：北京大学出版社．

［64］粟源，2008．知识产权的哲学、经济学和法学分析［J］．知识产权，18（5）：3－32．

［65］孙艺萌，2019．论智能机器人的法律属性［J］．现代交际，（7）：71－73．

［66］孙占利，2018．智能机器人法律人格问题论析［J］．东方法学，（3）：10－17．

［67］汤涛，2008．从商标功能的发展看商标保护理论的演变［J］．商场现代化，（13）：183．

［68］腾讯研究院，中国信通院互联网法律研究中心，腾讯 AI Lab，等，2017．人工智能［M］．北京：中国人民大学出版社．

［69］万胜，2015．法哲学与法理学词源发展与关系浅析［J］．法学研究，（19）：1．

［70］汪灵，王雅霖，2013．对法与科学技术关系的再思考［J］，社会纵横，20（6）：104－105．

［71］王鹤岩，杨帆，2020．浅谈威廉斯论经济基础与上层建筑关系［J］．大庆社会科学，（2）：53－55．

［72］王久彬，2006．做优势的管理者［M］．银川：宁夏人民出版社．

［73］王久彬, 2011. 西方哲学快车 ［M］. 北京：中国文化出版社.

［74］王觉非, 2007. 欧洲历史大辞典（上）［M］. 上海：上海辞书出版社.

［75］王克金, 2008. 自然法思想的起源和它的形而上学本性 ［J］. 法制与社会发展, 2008 (3)：22-30.

［76］王迁, 2016. 知识产权法教程 ［M］. 北京：中国人民大学出版社.

［77］王润华, 2021. 第四知识产权：美国商业秘密保护 ［M］. 北京：知识产权出版社.

［78］王翔, 赵泓任, 2006. 从商标功能的演变看商标保护理论的发展 ［J］. 中国工商管理研究, (7)：28-29.

［79］王勇飞, 1986. 正确认识法和科学技术的关系 ［J］. 中南政法学院学报, (2)：31-35.

［80］韦之, 2001. 知识产权论究 ［M］. 北京：知识产权出版社.

［81］温晓莉, 2014. 罗马法人格权与胎儿权利的神学基础 ［J］. 东方法学, (1)：10-30.

［82］沃尔克, 1991. 基督教会史 ［M］. 孙善玲, 段琦, 朱代强, 译. 北京：中国社会科学出版社.

［83］吴汉东, 2003. 法哲学家对知识产权法的哲学解读 ［J］. 法商研究, (5)：77-85.

［84］吴汉东, 2005. 知识产权基本问题研究 ［M］. 北京：中国人民大学出版社.

［85］吴萍萍, 刘丹, 伍嘉庆, 等, 2020. 人工智能在实际应用中的主体资格研究 ［J］. 湖北经济学院学报（人文社会科学版）, 17 (10)：90-100.

［86］希尔贝克, 吉列尔, 2016. 西方哲学史 ［M］. 董世骏, 郁振华, 刘进, 译. 上海：译文出版社.

［87］谢尔曼, 2006. 现代知识产权法的演进 ［M］. 金海军, 译. 北京：北京大学出版社.

［88］谢尔曼, 本特利, 2012. 现代知识产权法的演进：英国的历程 ［M］. 金海军, 译. 北京：北京大学出版社.

［89］尹田, 2003. 论法人的权利能力 ［J］. 法制与社会发展, 9 (1)：76-82.

［90］余俊, 2011. 商标法律进化论 ［M］. 武汉：华中科技大学出版社.

［91］袁曾, 2017. 人工智能有限法律人格审视 ［J］. 东方法学, (5)：50-57.

［92］张弛, 2020. 论人工智能的法律地位 ［J］. 上海法学研究, (5)：8-21.

［93］张莉, 2003. 商标淡化理论的法理基础及运用 ［J］. 华侨大学学报（哲学社会科学版）, (4)：79-96.

［94］张绍欣, 2018. 普罗米修斯精神与人工智能前史：人工智能概念的历史规范主义回顾 ［J］. 中国图书评论, (7)：18-25.

［95］张绍欣, 2019. 法律位格、法律主体与人工智能的法律地位 ［J］. 现代法学, 41 (4)：53-64.

［96］张世英, 2010. 西方哲学史 ［M］. 北京：中国大百科全书出版社.

［97］张文显, 2006. 二十世纪西方法哲学思潮研究 ［M］. 北京：法律出版社.

[98] 张艳芳, 2005. 法律制度与科技创新的相互作用 [J], 科教文汇, (2): 125-126.

[99] 章翰韵, 2015. 科学技术与法律的关系研究 [J]. 法制博览, (23): 62-63.

[100] 赵林, 2008. 西方文化概念 [M]. 2 版. 北京: 高等教育出版社.

[101] 中国法学会研究部, 2010. 马克思恩格斯论法 [M]. 北京: 法律出版社.

[102] 周俊强, 2004. 知识、知识产品、知识产权: 知识产权法基本概念的法理解读 [J]. 法制与社会发展. (4): 43-49.

英文文献

[1] ABBOTT R, 2016. I think, therefore I invent: creative computers and the future of patent law [J]. Boston college law review, 57 (4): 1079-1126.

[2] AFORI O, 2004. Human rights and copyright: the introduction of natural law human rights and copyright: the introduction of natural law considerations into American copyright law [J]. Fordham intellectual property, media and entertainment law journal, 14: 497-565.

[3] ALLISON J, LEMLEY M, 1998. Empirical evidence on the validity of litigated patents [J]. American intellectual property law association quarterly journal, 25: 185-275.

[4] ALLISON J, LEMLEY M, 2000. Who's patenting what? an empirical exploration of patent prosecution [J]. Vanderbilt law review, 53: 2099-2174.

[5] ANNAS G, 2000. The man on the moon, immortality, and other millennial myths: the prospects and perils of human genetic engineering [J]. Emory law journal, 49 (3): 753-782.

[6] APPLIEDA I, 2020. "AI is always just a tool" – interview with Philipp Hartmann, director of AI strategy atappliedAI [EB/OL]. (2020-10-05) [2021-06-14]. https://www.unternehmertum.de/en/topics/ai/ai-is-always-just-a-tool-interview-with-philipp-hartmann-director-of-ai-strategy-at-appliedai.

[7] ARMOND M, 2003. Introducing the defense of independent invention to motions for preliminary injunctions in patent infringement lawsuits [J]. California law review, 91: 117-162.

[8] ARROW K J. 1962. Economic welfare and the allocation of resources for invention [M] //Universities – National Bureau Committee for Economic Research, Committee on Economic Growth of the Social Science Research Council. The rate and direction of inventive activity: economic and social factors: New Jersey: Princeton University Press.

[9] ASAY C, 2016. Intellectual property law hybridization [J]. University of Colorado law review, 87: 65-141.

[10] ASAY C D, 2020. Artificial stupidity [J]. William and Mary law review, 61: 1187-1257.

[11] ATKINSON R D, 2007. Expanding the R&D tax credit to drive innovation, competitiveness and prosperity [J]. Journal of technology transfer, 32: 617-628.

[12] BALKIN J M, 2015. The path of robotics law [J]. California law review circuit, 6: 45-60.

［13］BANTERLE F, 2018. Ownership of inventions created by artificial intelligence ［J/OL］. SSRN, ［2021 – 06 – 14］. https：//ssrn. com/abstract = 3276702.

［14］BARZEL Y, 1968. Optimal timing of innovations ［J］. Review of economic and statistics, 50：348 – 355.

［15］BIOGRAPHY C E, 2014. Ada Lovelace biography ［EB/OL］. (2020 – 07 – 29) ［2021 – 06 – 14］. https：//www. biography. com/people/ada – lovelace – 20825323.

［16］BOSTROM N, 2014. Superintelligence：paths, dangers, strategies ［M］. New York：Oxford University Press.

［17］BOUND J, CUMMINS C, GRILICHES Z, et al., 1982. Who does R&D and who patents? ［J/OL］. NBER. ［2021 – 06 – 14］. https：//www. nber. org/papers/w0908.

［18］BOZICEVIC K, 1989. The "reverse doctrine of equivalents" in the world of reverse transcriptase ［J］. Journal of patent & trademark office society, 71：353 – 373.

［19］BROWN K M, 1984. The elusive carrot：tax incentives for R&D ［J］. Regulation, 8 (1)：33 – 38.

［20］BURK D, LEMLEY M, 2003. Policy levers in patent law ［J］. Virginia law review, 89：1575 – 1696.

［21］CHANG H, Patent scope, antitrust policy, and cumulative innovation ［J］. The RAND journal of economics, 26 (1)：1995：34 – 57.

［22］CHAPMAN A, 2001. Approaching intellectual property as a human right：obligations related to article ［EB/OL］. ［2021 – 04 – 21］. https：//www. wipo. int/edocs/mdocs/tk/en/wipo_unhchr_ip_pnl_98/wipo_unhchr_ip_pnl_98_5. pdf.

［23］CHOPRA S, WHITE L, 2011. A legal theory for autonomous artificial agents ［M］. Ann Arbor：University of Michigan Press.

［24］CICERO M T, 1943. De Re Publica ［M］. Cambridge：Harvard University Press.

［25］CIMOLI M, DOSI G, MASKUS K, et al., 2014. The role of intellectual property rights in developing countries：some conclusions ［M］//CIMOLI M, DOSI G, MASKUS K, et al. Intellectual property rights：legal and economic challenges for development. New York：Oxford University Press.

［26］COASE R H, 1937. The nature of the firm ［J］. Economica, 4 (16)：386 – 405.

［27］COHEN G, 2016. Should we grant AI moral and legal personhood? ［EB/OL］. (2016 – 09 – 24) ［2021 – 06 – 21］. https：//www. newworldai. com/should – we – grant – ai – moral – and – legal – personhood/.

［28］CONOCIMIENTO V, 2016. The true father of artificial intelligence ［EB/OL］. (2016 – 09 – 04) ［2021 – 06 – 14］. https：//www. bbvaopenmind. com/en/the – true – father – of – artificial – intelligence.

［29］CORIAT B, ORSENIGO L, 2014. IPRs, Public health and the pharmaceutical industry：

issues in the post – 2005 TRIPS agenda ［M］//CIMOLI M, DOSI G, MASKUS K, et al. Intellectual property rights: legal and economic challenges for development. New York: Oxford University Press.

［30］COTTER T, 1997. Pragmatism, economics, and the droit moral ［J］. North Carolina law review, 76: 1 – 97.

［31］CUMMING D, JOHAN S, 2010. Phasing out an inefficient venture capital tax credit ［J］. Journal of industry, competition and trade, 10: 227 – 252.

［32］DAGAN H, HELLER M A, 2001. The liberal commons ［J］. Yale law journal, 110: 549 – 624.

［33］DAGAN H, 2012. Pluralism and perfectionism in private law ［J］. Columbia law review, 112 (6): 1409 – 1446.

［34］DAMICH E, 1988. The right of personality: a common—law basis for the protection of the moral rights of authors ［J］. Georgia law review, 23: 1 – 96.

［35］DAMSTEDT B G, 2003. Limiting locke: a natural law justification for the fair use doctrine ［J］. Yale law journal, 112: 1179 – 1221.

［36］DASGUPTA P, 1988. Patents, priority and imitation or, the economics of races and waiting games ［J］. The economics journal, 98: 66 – 80.

［37］DAVIES C, 2011. An evolutionary step in intellectual property rights artificial intelligence and intellectual property ［J］. Computer law & security review, 27: 601 – 619.

［38］DAVIS T, 2017. The AI revolution: Is the future finally now? ［EB/OL］. (2017 – 04 – 14) ［2021 – 06 – 14］. https: //www. networkworld. com/article/3189964/the – ai – revolution – is – the – future – finally – now. html.

［39］DENICOLÒ V, FRANZONI L A, 2012. Weak intellectual property rights, research spill – overs and the incentive to innovate ［J］. American law economic review, 14: 111 – 40.

［40］DENICOLA R, 2016. Ex machina: copyright protection for computer – generated works ［J］. Rutgers university law review, 69: 251 – 288.

［41］DENNEMEYER GROUP, 2019. The evolution of trademarks – from ancient egypt to modern times ［EB/OL］. (2019 – 12 – 10) ［2021 – 04 – 10］. https: //www. mondaq. com/trademark/873224/the – evolution – of – trademarks – – from – ancient – egypt – to – modern – times.

［42］DEPLORER B, 2014. Intellectual property infringements & 3D printing: decentralized piracy ［J］. Hastings law journal, 65: 1483 – 1504.

［43］DIETZ A, 1994. The moral rights of the author: moral rights and the civil law countries ［J］. The Columbia journal of law & the arts, 19: 199 – 228.

［44］DURIE D, LEMLEY M, 2008. A realistic approach to the obviousness of inventions ［J］. William & Mary law review, 50: 989 – 1020.

[45] DWORKIN G, 1995. The moral right of the author: moral rights and the common law countries [J], The Columbia journal of law & the arts, 19: 229 – 268.

[46] EAFFER M A, 2010. Understanding copyright law [M]. 5th ed. New York: Lexisnexis.

[47] EISENBERG R, 2000. Analyze this: a law and economics agenda for the patent system [J]. Vanderbilt law review, 53 (6): 2081 – 2098.

[48] EISENBERG R, 2015. Diagnostics need not apply [J]. Boston University journal of science & technology law, 21: 256 – 286.

[49] ENGSTROM D F, HO D E, SHARKEY C M, Government by algorithm: artificial intelligence in federal administrative agencies [R/OL]. (2020 – 02 – 28) [2021 – 06 – 14]. https: //www – cdn. law. stanford. edu/wp – content/uploads/2020/02/ACUS – AI – Report. pdf.

[50] ERICKSON K, 2016. Defining the public domain in economic terms – approaches and consequences for policy [J]. Nordic journal of applied ethics, 10 (1): 1 – 14.

[51] EUROPEAN PATENT OFFICE, 1991. In re president and fellows of Harard College [J]. International Revien of Intellectnal Property and Copyind Law, 22 (1): 74 – 84.

[52] FALK R, 1992. Cultural foundations for the international protection of human rights [M] //AN – NA'IM A. human rights in cross – cultural perspectives: a quest for consensus. Pennsylvania: University of Pennsylvania Press.

[53] FINK C, 2005 (a) . Intellectual property rights and U. S. and German international transactions in manufacturing industries [M] // FINK C, MASKUS K. Intellectual property and development: lessons from recent economic research. New York: The World Bank and Oxford University Press.

[54] FINK C, 2005 (b) . Patent protection, transnational corporations, and market structure: a simulation study of the Indian pharmaceutical industry [M] // FINK C, MASKUS K. Intellectual property and development: lessons from recent economic research. New York: The World Bank and Oxford University Press.

[55] FISHER W, 2001. Intellectual Property and Innovation: Theoretical, Empirical, and Historical Perspectives [M] //MUNZER S. New Essays in the Legal and Political Theory of Property. Cambridge: Cambridge University Press.

[56] FISSE B, BRAITHWAITE J, 1988. The allocation of responsibility for corporate crime: individualism, collectivism and accountability [J]. Sydney law review, 11 (3): 468 – 513.

[57] FRASER E, 2016. Computers as inventors: legal and policy implications of artificial intelligence on patent law [J/OL]. Scripted, 13 (3): 305 – 333. doi: 10. 2966/scrip. 130316. 305.

[58] FRIEDMAN B, 1994. From deontology to dialogue: the cultural consequences of copyright [J]. Cardozo arts & entertainment law journal, 13 (1): 157 – 186.

[59] FRÜH A, 2019. Transparency in the patent system—artificial intelligence and the disclosure requirement [C/OL] // PACUD Z, AND RAFAŁ S, ZAKRZEWSKI P. Rethinking patent law as an incentive to innovation. [2021 – 06 – 14]. https：//papers. ssrn. com/sol3/papers. cfm? abstract_id = 3309749.

[60] FUEGI J, FRANCIS J, 2003. Lovelace & Babbage and the creation of the 1843 "notes" [J]. IEEE annals of the history of computing, 25 (4)：16 – 26.

[61] GANSLANDT M, MASKUS K, WONG E, 2005. Developing and distributing essential medicines to poor countries: the defend proposal [M] //FINK C, MASKUS K. Intellectual property and development: lessons from recent economic research. New York: The World Bank and Oxford University Press.

[62] GILBERT R, SHAPIRO C, 1990. Optimal patent protection and breadth [J]. RAND journal of economics, 21: 106 – 112.

[63] GINSBURG J, 2003. The concept of authorship in comparative copyright law [J]. Depaul law review, 52: 1063 – 1092.

[64] GOLDEN J, KIEFF F, NEWMAN P, SMITH H, et al., 2018. Principles of patent law: cases and materials [M]. 7th ed. New York: Foundation Press.

[65] GOMPERS P, LERNER J, 2004. The Venture Capital Cycle [M]. 2nd ed. Cambridge: MIT Press.

[66] GORDON W, 1993. A property right in self – expression: equality and individualism in the natural law of intellectual property [J]. The Yale law journal, 102: 1533 – 1609.

[67] GREENHALGH C, ROGERS M, 2010. Innovation, intellectual property, and economic growth [M]. Princeton: Princeton University Press.

[68] GUELLEC D, BRUNO P, 2000. Applications grants and the value of patent [J]. Economics letters, 69: 109 – 114.

[69] GURGULA O, 2020. AI – assisted inventions in the field of drug discovery: readjusting the obviousness analysis [J]. International journal of social science and public policy, 2: 7 – 21.

[70] HACKER P, RAZ J, 1977. Law, morality, and society: essays in honour of H. L. A. Hart [M]. Oxford: Clarendon Press.

[71] HALLEVY G, 2013. When robots kill: artificial intelligence under criminal law [M]. Boston: Northeastern University Press.

[72] HALL B H, 1993. R&D tax policy during the 1980s: success or failure? [J] Department of economics, working paper series.

[73] HALL B H, ZIEDONIS R H, 1999. The patent paradox revisited: determinants of patenting in the U. S. semiconductor industry, 1980 – 94 [J/OL]. [2021 – 06 – 14]. NBER. https：//www. nber. org/papers/w7062.

［74］ HALL B H, ZIEDONIS R H, 2001. The patent paradox revisited: an empirical study of patenting in the U. S. semiconductor industry, 1979 – 1995 ［J］. RAND journal of economics, 32 (1): 101 – 28.

［75］ HARDESTY L, 2016. Artificial – intelligence system surfs web to improve its performance ［EB/OL］. (2016 – 11 – 10) ［2021 – 06 – 14］. https://news. mit. edu/2016/artificial – intelligence – system – surfs – web – improve – performance – 1110.

［76］ HAYEK F, 1945. The use of knowledge in society ［J］, The American economic review, 35: 519 – 530.

［77］ HEALD P, 2005. A transaction costs theory of patent law ［J］. Ohio state law journal, 66 (3): 473 – 509.

［78］ HEGEL G W F, 1821. Philosophy of Right ［M］. 1996 ed. DYDE S W, trans. , Amherst: Prometheus Books.

［79］ HELFER L, 2003. Human rights and intellectual property: conflict or coexistence ［J］. Minnesota intellectual property review, 5 (1): 1 – 26.

［80］ HOLMES O W, 2009. The common law ［M］. Cambridge: Harvard University Press.

［81］ HU A G Z, JAFFE A B, 2014. Lessons from the economics literature on the likely consequences of international harmonization of IPR protection ［M］//CIMOLI M, DOSI G, MASKUS K, et al. Intellectual property rights: legal and economic challenges for development. New York: Oxford University Press.

［82］ HUGHES J, 1988. The philosophy of intellectual property ［J］. Georgetown law journal, 77: 287 – 366.

［83］ ALEKSANDER I, 2007. Machine consciousness ［M］//VELMANS M, SCHNEIDER S. The blackwell companion to consciousness. Hoboken: Wiley.

［84］ JORDAN M I, MITCHELL T M, 2015. Machine learning: trends, perspectives, and prospects ［J］. Science management, 349: 255 – 260.

［85］ KAHNKE R, BUNDY K, LIEBMAN K, 2008. Doctrine of Inevitable Disclosure ［J/OL］. ［2021 – 06 – 14］. Faegre & Benson. https://www. faegredrinker. com/webfiles/Inevitable%20Disclosure. pdf.

［86］ KAY J, 1993. The economics of intellectual property rights ［J］. International review of law & economics, 13 (4): 337 – 348.

［87］ KAMINSKI M, YANISKY – RAVID S, 2014. The Marrakesh treaty for visually impaired persons: why a treaty was preferable to soft law ［J］. University of Pittsburgh law review, 75 (3): 255 – 300.

［88］ KAPLOW L, 1984. The patent – antitrust intersection: a reappraisal ［J］. Harvard law review, 97: 1813 – 1892.

［89］ KARKHANIS A R, PARENTI J, 2016. Toward an automated first impression on patent claim validity: algorithmically associating claim language with specific rules of law [J]. Stanford technology law review, 19 (2): 196 – 220.

[90] KENNEDY J, WATKINS W, BALL E, 2012. How to invent and protect your invention: a guide to patents for scientists and engineers [M]. Hoboken: Wiley.

[91] KESAN J P, WANG R, 2020. Eligible subject matter at the patent office: an empirical study of the influence of Alice on patent examiners and patent applicants [J]. Minnesota law review, 105: 527 – 617.

[92] KESSLER F, 1941. Theoretic bases of law [J]. University of Chicago law review, 9: 98 – 112.

[93] KHOURY A, 2010. Differential patent terms and the commercial capacity of innovation [J]. Texas intellectual property law journal, 18 (3): 373 – 418.

[94] KHOURY A, 2017. Intellectual property rights forhubots: on the legal implications of human – like robots as innovators and creators [J]. Cardozo arts & entertainment law journal, 35: 635 – 668.

[95] KITCH E, 1977. The nature and function of the patent system [J]. Journal of law and economics, 20 (2): 265 – 90.

[96] KLEMPERER P, 1990. How broad should the scope of patent protection be? [J], RAND journal of economics, 21: 113 – 130.

[97] KOHLHEPP P, 2008. Note: when the invention is an inventor: revitalizing patentable subject matter to exclude unpredictable processes [J]. Minnesota law review, 93 (2): 779 – 814.

[98] KROGH A, 2008. What are artificial neural networks? [J]. Nature biotechnology, 26 (2): 195 – 197.

[99] LADD D, 1983. The harm of the concept of harm in copyright: the thirteenth Donald c. Brace memorial lecture [J]. Journal of copyright society U. S. A. , 30: 421 – 433.

[100] LANDES W M, POSNER R A, 2003. The Economic Structure of Intellectual Property Law [M]. Cambridge: Harvard University Press.

[101] LARSSON S, HEINTZ F, 2020. Transparency in artificial intelligence [J/OL]. Internet policy review, 9 (2) [2016 – 06 – 14]. https: //doi. org/10. 14763/2020. 2. 1469.

[102] LEE E, 2010. Technological fair use [J]. Southern California law review, 83 (4): 797 – 874.

[103] LEMLEY M, 1997. The economics of improvement in intellectual property law [J]. Texas law review, 75: 989 – 1084.

[104] LEMLEY M, 2000. Reconceiving patents in the age of venture capital [J]. Journal of small & emerging business law, 4: 137 – 148.

[105] LEMLEY M, 2007. Should patent infringement require proof of copying [J]. Michigan

law review, 105: 1525 – 1536.

[106] LEMLEY M, 2008. The surprising virtues of treating trade secrets as IP rights [J]. Stanford law review, 61: 311 – 353.

[107] LEMLEY M, 2012. The myth of the sole inventor [J]. Michigan law review, 110: 709 – 760.

[108] LERNER J, 1995. Patenting in the shadow of competitors [J]. Journal of law and economics, 38: 463 – 495.

[109] LEWINSOHN – ZAMIR D, 1988. Consumer preferences, citizen preferences, and the provision of public goods [J]. Yale law journal, 108: 377 – 406.

[110] LIM D, 2018. AI & IP: Innovation & creativity in an age of accelerated change [J]. Arkon law review, 52: 813 – 875.

[111] LOCKE J, 1690. The second treatise on civil government [M]. 1986 ed. New York: Prometheus.

[112] LUGER G, 2016. Artificial intelligence: structures and strategies for complex problem solving [M]. 6th ed. Boston: Pearson Education.

[113] MACHLUP F, PENROSE E, 1950. The patent controversy in the nineteenth century [J]. The journal of economic history, 10 (1): 1 – 29.

[114] MAINE H, 2005. Ancient Law [M]. New York: Cosimo Classics.

[115] MANSFIELD E, 1986. Patents and innovation: an empirical study [J]. Management science, 32 (2): 173 – 81.

[116] MARCO AC, SARNOFF JD, DEGRAZIA CA, 2016. Patent claims and patent scope [C/OL]. [2021 – 12 – 28]. http://hooverip2. org/up – content/uploads/ip2 – wp/6001 – paper. pdf.

[117] MASKUS K, DOUGHERTY S, MERTHA A, 2005. Intellectual property rights and economic development in China [M] //FINK C, MASKUS K. Intellectual property and development: lessons from recent economic research. New York: The World Bank and Oxford University Press.

[118] MASKUS K, OKEDIJI R, 2014. Legal and economic perspectives on international technology transfer in environmentally sound technologies [M] //CIMOLI M, DOSI G, MASKUS K, et al. Intellectual property rights: legal and economic challenges for development. New York: Oxford University Press.

[119] MAURER S, 2013. Ideas into practice: how well does U. S. patent law implement modern innovation theory? [J]. The John Marshall review of intellectual property law, 12: 644 – 696.

[120] MCCARTHY J, MINSKY M, ROCHESTER N, et al. , 1955. A proposal for the Dartmouth summer research project on artificial intelligence [C/OL]. [2021 – 06 – 14]. http://

jmc. stanford. edu/articles/dartmouth/dartmouth. pdf.

［121］ MCCARTHY J, 2003. Dilution of trademark: European and United States law compared ［J］. Trademark report, 94: 1163 – 1181.

［122］ MCGURK M, 2015. The intersection of patents and trade secrets ［J］, Hastings science and technology law journal, 7 (2): 189 – 214.

［123］ MEI X, LEE H, DIAO K, 2020. Artificial intelligence – enabled rapid diagnosis of patients with COVID – 19 ［J］. Nature Medicine, 26: 1224 – 1228.

［124］ MERGES R, NELSON R, 1990. On the complex economics of patent scope ［J］. Columbia law review, 90 (4): 839 – 916.

［125］ MENELL P, LEMLEY M, MERGES R, et al. , 2012. Intellectual property in the new technological age ［M］. 6th ed. New York: Aspen Publishers.

［126］ MILLER A R, 1993. Copyright protection for computer programs, databases, and computer – generated works: is anything new since CONTU? ［J］. Harvard law review, 106 (5): 977 – 1073.

［127］ MUMFORD L, 1983. Philosophy and technology ［M］. New York: The Free Press.

［128］ ODDI A, 1989. Beyond obviousness: invention protection in the twenty – first century ［J］. American university law review, 38: 1907 – 1148.

［129］ NELSON R, 1994. Intellectual property protection for cumulative systems technology ［J］. Columbia law review, 94 (8): 2674 – 2677.

［130］ NORDHAUS W, 1969. Invention, growth, and welfare: a theoretical treatment of technological change ［M］. Cambridge: MIT Press: 75 – 80.

［131］ NUVOLARI A, TARTARI V, 2014. Innovation, appropriability and productivity growth in agriculture: a broad historical viewpoint ［M］//CIMOLI M, DOSI G, MASKUS K, et al. Intellectual property rights: legal and economic challenges for development. New York: Oxford University Press.

［132］ OECD, 2006. Government R&D funding and company behaviour: measuring behavioural-additionality ［R］. Paris: OECD Publishing.

［133］ OLIAR D, 2009. The (constitutional) convention on IP: a new reading ［J］. UCLA law review, 57: 421 – 480.

［134］ OLWAN R M, 2011. Intellectual property and development: theory and practice ［M］. New York: Springer.

［135］ OROZCO – ALZATE M, CASTELLANOS – DOMINGUEZ C, 2006. Comparison of the nearest feature classifiers for face recognition ［J］. Machine vision and applications, 17: 279 – 285.

［136］ Ostergard R L, 1999. Intellectual property: a universal human right? ［J］. Human rights quarterly, 21 (1): 156 – 178.

［137］ OTHA M, 2019. Artificial intelligence is just a tool ［EB/OL］. （2019 – 01 – 22） ［2021 – 06 – 14］. https：//towardsdatascience. com/artificial – intelligence – is – just – a – tool – aab880f1bbdd. f

［138］ OSEITUTU J, 2015. Corporate "human rights" to intellectual property protection? ［J］. Santa Clara law review, 55：1 – 51.

［139］ PALMER T, 1990. Are patents and copyrights morally justified? the philosophy of property rights and ideal objects ［J］. Harvard journal of law and public policy, 113：817 – 865.

［140］ PANAGOPOULOS A, PARK I, 2008. Patent protection, takeovers, and startup innovation：a dynamic approach ［J/OL］. The centre for market and public organisation ［2016 – 06 – 21］. http：//www. bris. ac. uk/media – library/sites/cmpo/migrated/documents/wp201. pdf.

［141］ PIGOU A, 1960. The economics of welfare ［M］. 4th ed. London：Palgrave Macmillan.

［142］ PIOTRAUT J, 2006. An author's rights – based copyright law：the fairness and morality of French and American law compared ［J］. Cardozo arts & entertainment, 24 （2）：549 – 616.

［143］ POSNER R, 1979. Utilitarianism, economics, and legal theory ［J］. The journal of legal studies, 8 （1）：103 – 140.

［144］ PULSINELLI G, 2007. Freedom to explore：using the eleventh amendment to liberate researchers at state universities from liability for intellectual property infringements ［J］. Washington law review, 82：275 – 376.

［145］ RAHMATIAN A, 2013. A fundamental critique of the law – and – economics analysis of intellectual property rights ［J］. Marquette intellectual property law review, 17：191 – 229.

［146］ RAI K, 2019. Machine learning at the patent office：lessons for patents and administrative law ［J］. Iowa law review, 104 （5）：2617 – 2641.

［147］ RAO D, 1997. Neural networks：here, there, and everywhere—an examination of available intellectual property protection for neural networks in Europe and the United States ［J］. George Washington journal of international law and economics, 30 （2）：509 – 540.

［148］ REGALADO A, 2014. What it will take for computers to be conscious ［EB/OL］. （2014 – 10 – 02） ［2021 – 06 – 14］. https：//www. technologyreview. com/2014/10/02/171077/what – it – will – take – for – computers – to – be – conscious/.

［149］ REICHMAN J H, RAI A, NEWELL R, et al. , 2014. Intellectual property and alternatives：strategies for green innovation ［M］ //CIMOLI M, DOSI G, MASKUS K, et al. Intellectual property rights：legal and economic challenges for development. Oxford：Oxford University Press.

［150］ REENEN J, 2002. Economics issues for the U. K. biotechnology sector ［J］. New genetics and society, 21 （2）：1 – 25.

［151］ RICH M, 2015. Machine learning, automated suspicion algorithms, and the fourth amendment [J]. University of Pennsylvania law review, 164 (4): 871 – 930.

[152] RIESTER D, WIRSCHING F, SALINAS G, et al. , 2005. Thrombin inhibitors identified by computer – assistedmultiparameter design [C]. Proceedings of the national academy of sciences of the United States of America, 102 (24): 8597 – 8602.

[153] ROOSA S B, 2009. The Next generation of artificial intelligence in light of in reBilski [J]. Intellectual property & technology law journal, 21 (3): 5 – 10.

[154] RUSSELL S J, NORVIG P, 2020. Artificial intelligence: a modern approach [M]. 4th ed. New York: Pearson.

[155] SALTER B, SMITH M E, The UK's stake in the biotechnology debate: global competition and regulatory politics [J/OL]. [2016 – 06 – 21]. http: //www. cepr. org/meets/wkcn/ 3/3517/papers/salter. pdf.

[156] SAMPLE I, 2017. Google's DeepMind makes AI program that can learn like a human [EB/OL]. (2017 – 03 – 14) [2021 – 06 – 14]. https: //www. theguardian. com/glob- al/2017/mar/14/googles – deepmind – makes – ai – program – that – can – learn – like – a – human.

[157] SCHECHTER F, 1927. The rational basis of trademark protection [J]. Harvard law re- view, 40: 813 – 833.

[158] SAMUEL A L, 1959. Some studies in machine learing using the gane of checkers [J]. IBM journal of research and elevelopment, 3 (3): 210 – 229.

[159] SCHERER M, 2016. Regulating artificial intelligence systems: risks, challenges, compe- tencies, and strategies [J]. Harvard journal of law & technology, 29 (8): 353 – 400.

[160] SCHWARTZ A, 1973. The corporate preference for trade secret [J], Ohio state law jour- nal, 74 (4): 623 – 668.

[161] SCHUSTER W M, 2018. Artificial intelligence and patent ownership [J]. Washington and Lee law review, 75 (4): 1945 – 2004.

[162] SCOTCHMER S, 1996. Protecting early innovators: should second – generation products be patentable? [J]. The RAND journal of economics, 27 (2): 322 – 331.

[163] SCOTCHMER S, 2004. The political economy of intellectual property treaties [J]. Journal of law, economics, and organization, 20 (2): 415 – 437.

[164] SHAPIRO C, 2006. Prior user rights [J]. The American economic review, 96 (2): 92 – 96.

[165] SIMONITE T, 2016. Software dreams up new molecules in quest for wonder drug [EB/ OL]. (2016 – 11 – 03) [2021 – 06 – 14]. https: //www. technologyreview. com/s/ 602756/software – dreams – up – new – molecules – in – quest – for – wonder – drugs.

[166] SKEETERS D E, 1970. Legal considerations in computer – assisted testing, counseling and guidance [C/OL] //Annual meeting of the american personnel and guidance associa-

tion in New Orleans, Louisiana. [2021 - 06 - 14]. https: //files. eric. ed. gov/fulltext/ED039595. pdf.

[167] SMITH H, 2005. Regulating science and technology: the case of the UK biotechnology industry [J]. Law & Policy, 27: 189 - 212.

[168] STEINER H, ALSTON P, 2000. International human rights in context: law, politics, morals: text and materials [M]. 2nd ed. New York: Oxford University Press.

[169] STEWART S, SANDISON H, 1989. International copyright and neighboring rights: the Berne Convention and beyond [M]. 2nd ed. New York: Oxford University Press.

[170] SUHL N, 2002. Moral rights protection in the united states under the berne convention: a fictional work? [J]. Fordham intellectual property media & entertainment law journal, 12: 1203 - 1228.

[171] SWACK C, 1998. Safeguarding artistic creation and the cultural heritage: a comparison of droit moral between France and the United States [J]. The Columbia journal of law & the arts, 22: 361 - 406.

[172] SWANSON T, GOESCHL T, 2014. The Distributive Impact of Intellectual property regime: a report from the "Natural Experiment" of the Green Revolution [M] //CIMOLI M, DOSI G, MASKUS K, et al. Intellectual property rights: legal and economic challenges for development. Oxford: Oxford University Press.

[173] TANDON P, 1982. Optimal patents with compulsory licensing [J]. Journal of political economy, 90: 470 - 486.

[174] TEECE D, 2012. Next - generation competition: new concepts for understanding how innovation shapes competition and policy in the digital economy [J]. Journal of law, economics & policy, 9 (1): 97 - 118.

[175] THALER S, 2013. Creativity machine paradigm [M] //CARAYANNIS E. Encyclopedia of creativity, invention, innovation, and entrepreneurship. New York: Springer.

[176] TORREMANS P L C, 2007. Is copyright a human right? [J]. Michigan state law review, 2007: 271 - 291.

[177] TURING A M, 1936. On computable numbers, with an application to the entscheidungsproblem [J]. Proceedings of the London mathematical society, s2 - 42: 230 - 265.

[178] TURING A M, 1950. Computing machinery and intelligence [J]. Mind, 59: 433 - 460.

[179] TURNER J, 1998. The nonmanufacturing patent owner: toward a theory of efficient infringement [J]. California law review, 86: 179 - 210.

[180] TUSHNET R, 2009. Economies of desire: fair use and marketplace assumptions [J], William and Mary law review, 51: 513 - 546.

[181] U. S. Department of Commerce, 1967. Technological innovation: its environment and management [R].

[182] VLADECK D, 2014. Machines without principals: liability rules and artificial intelligence [M]. Washington law review, 89 (1): 117 – 150.

[183] WALDRON J, 1993. From authors to copiers: individual rights and social values in intellectual property [J]. Chicago – Kent law review, 68 (2): 841 – 888.

[184] WAKEFIELD J, 2020. Coronavirus: ai steps up in battle against Covid – 19 [N/OL]. BBC News, 2020 – 04 – 18 [2021 – 06 – 14]. https://www.bbc.com/news/technology – 52120747.

[185] WANG R, 2016. Stimulating technical innovation by small and medium – sized enterprises in China [D/OL]. Champaign: University of Illinois at Urbana – Champaign. [2021 – 06 – 14]. https://www.ideals.illinois.edu/handle/2142/92906.

[186] WANG R, 2020. New private law? intellectual property "common – law precedents" in china [J]. UMKC law review, 89 (2): 353 – 410.

[187] WANG R, 2020. Do tax policies drive innovation by SMEs in China? [J/OL]. Journal of small business management. [2021 – 06 – 14]. https://doi.org/10.1080/00472778.2019.1709381.

[188] WEISSBRODT D, SCHOFF K, 2003. Human rights approach to intellectual property protection: the genesis and application of sub – commission resolution 2000/7 [J]. Minnesota intellectual property review, 5: 1 – 45.

[189] WELLER C, 2017. Bill gates says robots that take your job should pay taxes [J/OL]. Business insider, [2021 – 06 – 14]. http://www.businessinsider.com/bill – gates – robots – pay – taxes – 2017 – 2.

[190] WENDLAND B V, 2012. R&D & I – state aid rules at the crossroads – taking stock and preparing the revision [J]. European state aid law quarterly, 11 (2): 389 – 409.

[191] WU T, 2006. Intellectual property, innovation, and decentralized decisions [J]. Virginia law review, 92: 123 – 148.

[192] YANISKY – RAVID S, 2017. Generating rembrandt: artificial intelligence, copyright, and accountability in the 3a era—the human – like authors are already here—a new model [J]. Michigan state law review: 659 – 726.

[193] YANISKY – RAVID S, 2017. The hidden though flourishing justification of intellectual property laws: distributive justice, national versus international approaches [J]. Lewis & Clark law review, 21: 1 – 43.

[194] YANISKY – RAVID S, LIU X, 2018. When artificial intelligence systems produce inventions: an alternative model for patent law at the 3a era [J]. Cardozo law review, 39: 2215 – 2265.

[195] YELDERMAN S, 2016. Coordination – focused patent policy [J]. Boston university law review, 95: 1565 – 1616.

[196] YU P, 2007. Reconceptualizing intellectual property interests in a human rights framework

[J]. U. C. Davis law review, 40: 1039 – 1149.

[197] YU P, 2016. The anatomy of the human rights framework for intellectual property [J]. SMU law review, 1 (3): 37 – 95.

[198] ZEMMAR A, LOZANO A, NELSON B, 2000. The rise of robots in surgical environments during COVID – 19 [J]. Nature machine intelligence, 2: 566 – 572.

[199] ZIEDONIS R H, HALL B H, 2001. The effects of strengthening patent rights on firms engaged in cumulative innovation: insights from the semiconductor industry [M] // HOSKINSON S, KURATKO D. Advances in the study of entrepreneurship innovation economic growth: volume 13. England: Emerald.

书中引用的案例:

[1] Alice Corp. v. CLS Bank International, 573 U. S. 208 (2014).

[2] Beech Aircraft Corp. v. EDO Corp. , 990 F. 2d 1237 (Fed. Cir. 1993).

[3] 35 U. S. 261.

[4] E. I. DuPont de Nemours Powder Co. v. Masland, 244 U. S. 100 (1917).

[5] Diamond v. Chakrabarty, 447 U. S. 303 (Fed. Cir. 1980).

[6] Grant v. Raymond, 31 U. S. 6 Pet. 218 (1832).

[7] Kaavo Inc. v. Amazon. com Inc. , 323 F. Supp. 3d 630 (D. Del. 2018).

[8] TS Holdings, Inc. v. Schwab, No. 09 – CV – 13632, 2011 WL 13205959 (E. D. Mich. Dec. 16, 2011).

[9] Peabody v. Norfolk, 98 Mass. 452 (1868).

书中提及的部分法案:

[1] Copyright, Designs & Patents Act (1988).

[2] Defend Trade Secrets Act of 2016 (2016).

[3] Economic Espionage Act of 1996 (1996).

[4] Restatement of torts, Explanatory Notes § 757cmt. b at 5 (1939).

[5] Restatement (third) of unfair competition (1985).

[6] Uniform Trade Secrets Act with 1985 amendments § 1 (1985).

[7] U. S. Copyright Office, 2017. Compendium of U. S. copyright office practices § 313. 2 [R]. 3d ed.

[8] U. S. Const. art I, § 8, cl. 8.